Mini-Wörterbuch

Spanisch – Deutsch
Deutsch – Spanisch

Neuentwicklung 2011

PONS GmbH
Stuttgart

PONS Miniwörterbuch
Spanisch

Bearbeitet von: Marieluise Schmitz, Johann-Friedrich Weber

Warenzeichen, Marken und gewerbliche Schutzrechte
Wörter, die unseres Wissens eingetragene Warenzeichen oder Marken oder sonstige gewerbliche Schutzrechte darstellen, sind als solche – soweit bekannt – gekennzeichnet. Die jeweiligen Berechtigten sind und bleiben Eigentümer dieser Rechte. Es ist jedoch zu beachten, dass weder das Vorhandensein noch das Fehlen derartiger Kennzeichnungen die Rechtslage hinsichtlich dieser gewerblichen Schutzrechte berührt.

1. Auflage 2011 (1,01 – 2011)

PONS Produktinfos und Shop: www.pons.de
E-Mail: info@pons.de
PONS Sprachenportal: www.pons.eu

Projektleitung: Christiane Mackenzie, Gabriela Neumann
Sprachdatenverarbeitung: Dr. Wolfgang Schindler
Logoentwurf: Erwin Poell, Heidelberg
Logoüberarbeitung: Sabine Redlin, Ludwigsburg
Satz: Dörr + Schiller, Stuttgart
Druck: Gmähle-Scheel Print-Medien GmbH, Waiblingen
Printed in Germany

ISBN 978-3-12-517079-7

Inhaltsverzeichnis

Zeichen und Abkürzungen
Símbolos y abreviaturas

|	zusammengesetztes, trennbares Verb	verbo con prefijo separable
®	Warenzeichen	marca registrada
≈	entspricht etwa	equivale a
RR	reformierte Schreibung	grafía reformada
a.	auch	también
Abk., abr	Abkürzung	abreviatura
abw	abwertend	peyorativo
adj	Adjektiv	adjetivo
ADMIN	Verwaltung	administración
adv	Adverb	adverbio
AERO	Luftfahrt	aeronáutica
akk	Akkusativ	acusativo
Am	Lateinamerikanismus	americanismo
ANAT	Anatomie	anatomía
ARCHIT	Architektur	arquitectura
Arg	Argentinien	República Argentina
argot	Slang	argot
art best, art det	bestimmter Artikel	artículo determinado
ARTE	Kunst(geschichte)	(historia del) arte
art unbest, art indet	unbestimmter Artikel	artículo indeterminado
ASTR	Astrologie, Astronomie	astrología, astronomía
AUTO	Auto und Verkehr	automóvil y tráfico
aux	Hilfsverb	verbo auxiliar
BIOL	Biologie	biología
BOT	Botanik	botánica
CHEM	Chemie	química
CINE	Film	cinematografía
COM	Handel	comercio
compar	Komparativ	comparativo
conj	Konjunktion	conjunción
dat	Dativ	dativo
DEP	Sport	deporte
ECOL	Ökologie	ecología

ECON	Wirtschaft	economía
EISENB	Eisenbahn	ferrocarril
ELEK, ELEC	Elektrotechnik	electrotecnia
elev	gehoben, literarisch	elevado, literario
ENS	Schulwesen	enseñanza
etw	etwas	algo
f	Femininum	femenino
fam	umgangssprachlich	familiar
FERRO	Eisenbahn	ferrocarril
fig	übertragen, figurativ	sentido figurado
FILM	Film	cinematografía
FIN	Finanzen, Börse	finanzas, bolsa
FOTO	Fotografie	fotografía
GASTR	Gastronomie	gastronomía
geh	gehoben, literarisch	elevado, literario
gen	Genitiv	genitivo
GEO	Geographie, Geologie	geografía, geología
HIST	Geschichte	historia
inf	Infinitiv	infinitivo
INFOR	Informatik	informática, ordenadores
interj	Interjektion	interjección
inv	invariabel, unveränderlich	invariable
jdm	jemandem	alguien (dativo)
jdn	jemanden	alguien (acusativo)
jds	jemandes	alguien (genitivo)
JUR	Jura/Recht	jurisdicción/derecho
kompar	Komparativ	comparativo
konj	Konjunktion	conjunción
LING	Linguistik, Grammatik	lingüística, gramática
loc	Wendung	locución
m	Maskulinum	masculino
MATH	Mathematik	matemáticas
MED	Medizin	medicina
METEO	Meteorologie	meteorología
mf	Maskulinum und Femininum	masculino y femenino
MIL	Militär	fuerzas armadas

MUS, MÚS	Musik	música
NAUT, NÁUT	Nautik, Seefahrt	náutica, navegación
nom	Nominativ	nominativo
nordd	norddeutsch	Alemania del Norte
nt	Neutrum	neutro
o	oder	o
ÖKOL	Ökologie	ecología
pey	abwertend	peyorativo
pl	Plural	plural
POL	Politik	política
präp, prep	Präposition	preposición
präs, pres	Präsens	presente
pret	‚Pretérito'	pretérito indefinido
pron	Pronomen	pronombre
PSYCH	Psychologie	psicología
RADIO	Rundfunk	radio
reg	regional	regional
REL	Religion	religión
s.	siehe	véase
SCH	Schulwesen	enseñanza
sg	Singular	singular
sl	Slang	argot
SPORT	Sport	deporte
subj	'Subjuntivo'	subjuntivo
südd	süddeutsch	Alemania del Sur
superl	Superlativ	superlativo
t.	auch	también
TEAT	Theater	teatro
TECH, TÉC	Technik	técnica
TEL	Telekommunikation	telecomunicación
THEAT	Theater	teatro
TV	Fernsehen	televisión
TYPO	Typografie	tipografía
Ud.	Sie (Singular)	Usted
UNIV	Universität	universidad
v.	siehe	véase

vi	intransitives Verb	verbo intransitivo
vimpers	unpersönliches Verb	verbo impersonal
vr	reflexives Verb	verbo reflexivo
vt	transitives Verb	verbo transitivo
vulg	vulgär	vulgar
vunpers	unpersönliches Verb	verbo impersonal
WIRTSCH	Wirtschaft	economía
ZOOL	Zoologie	zoología

Aa

a *prep* ❶ (*dirección*) zu +*dat;* **ir ~ Barcelona** nach Barcelona fahren; **llegar ~ Madrid** in Madrid ankommen ❷ (*posición*) an +*dat;* **~ la derecha** rechts ❸ (*distancia*): **~ 10 kilómetros de aquí** 10 Kilometer von hier ❹ (*tiempo*) um +*akk;* (*hasta*) bis; **~ las tres** um drei (Uhr) ❺ (*modo*) **~ pie** zu Fuß; **~ oscuras** im Dunkeln ❻ (*complemento* (*in*)*directo*) **he visto ~ tu hermano** ich habe deinen Bruder gesehen
abajo *adv* (*movimiento*) hinunter; (*estado*) unten; **de arriba ~** von oben nach unten; **hacia ~** nach unten
abandonar *vt* verlassen
abanico *m* Fächer *m*
abeja *f* Biene *f*
abertura *f* Öffnung *f*
abierto, -a *adj* offen
abismo *m* Abgrund *m*
abogado, -a *m, f* (Rechts)anwalt, -wältin *m, f;* **~ defensor** (Straf)verteidiger *m*
abrazar <z → c> *vt, vr:* **~se** (sich) umarmen
abrazo *m* Umarmung *f;* **dar un ~ a alguien** jdn umarmen; **un** (**fuerte**) **~** (*en cartas*) liebe Grüße
abrelatas *m inv* Dosenöffner *m*
abreviatura *f* Abkürzung *f*
abridor *m* Öffner *m*
abrigarse <g → gu> *vr* sich warm anziehen
abrigo *m* Mantel *m*
abril *m* April *m*
abrir *vt* öffnen
absolver *vt* freisprechen
abstenerse *vr:* **~ de votar** sich der Stimme enthalten
abstraer I. *vt* abstrahieren **II.** *vr:* **~se en algo** sich in etw vertiefen
abuelo, -a *m, f* Großvater, -mutter *m, f;* **los ~s** die Großeltern
abundancia *f* Fülle *f*
abundante *adj* reichlich
aburrido, -a *adj* langweilig
aburrir *vt, vr:* **~se** (sich) langweilen
abusar *vi* missbrauchen (**de** +*akk*)
abuso *m* Missbrauch *m*
a.C. *abr de* **antes de Cristo** v. Chr.
acá *adv* hier; **¡ven ~!** komm her!
acabado, -a *adj* fertig
acabar I. *vi* enden (**en** mit +*dat*); **~ bien** gut ausgehen; **el libro acaba de publicarse** das Buch ist soeben erschienen; **este niño ~á conmigo** dieses Kind macht mich noch völlig fertig; **~ás por comprenderlo** du wirst es schließlich einsehen **II.** *vt* beenden **III.** *vr:* **~se** enden; **¡se acabó!** und damit basta!
académico, -a *adj* akademisch
acalorarse *vr* sich ereifern; **se acalora por nada** er/sie regt sich wegen Nichtigkeiten auf
acampar *vi* campen
acantilado *m* Steilküste *f*
acariciar *vt* streicheln
acarrear *vt* verursachen
acaso *adv* vielleicht; **¿está ~ enfermo?** ist er etwa krank?
acatarrarse *vr* sich erkälten
acceder *vi* (*consentir*) einwilligen (**a** in +*akk*); **~ a una petición** einer Bitte entsprechen
accesible *adj* zugänglich
acceso *m* Zugang *m*
accesorio *m* ❶ (*de vestidos*) Accessoire *nt* ❷ *pl* (*de máquinas*) Zubehör *nt*
accidente *m* Unfall *m;* **~ de circulación** Verkehrsunfall *m;* **sufrir un ~** einen Unfall haben; **por ~** zufällig
acción *f* Handlung *f;* (FIN) Aktie *f*
accionar *vt* betätigen
accionista *mf* Aktionär(in) *m(f)*
aceite *m* Öl *nt*
aceituna *f* Olive *f*
acelerador *m* Gaspedal *nt;* **pisar el ~** Gas geben
acelerar *vi, vt* beschleunigen
acelga *f* Mangold *m*
acento *m* Akzent *m;* **hablar alemán sin ~** akzentfrei Deutsch sprechen
acepción *f* Bedeutung *f*
aceptar *vt* akzeptieren
acequia *f* Bewässerungsgraben *m*
acera *f* Bürgersteig *m*
acerca *prep:* **~ de** (*sobre*) über +*akk*
acercar <c → qu> **I.** *vt* (näher)bringen **II.** *vr:* **~se** sich nähern (**a** +*dat*)
acero *m* Stahl *m*
acertar <e → ie> *vt* treffen; (*encontrar*) finden; (*adivinar*) erraten

acertijo *m* Rätsel *nt*

achaque *m* Beschwerde *f*

achicar <c → qu> I. *vt* einschüchtern II. *vr*: **~se** kleiner werden

achicoria *f* Zichorie *f*

ácido[1] *m* Säure *f*

ácido, -a[2] *adj* sauer

acierto *m* Treffer *m*

aclamar *vt* zujubeln +*dat*

aclarar I. *vt* erklären II. *vimpers*: **está aclarando** es heitert auf

aclimatar *vt, vr*: **~se** (sich) (ein)gewöhnen

acné *m o f* Akne *f*

acobardar I. *vt* einschüchtern II. *vr*: **~se** den Mut verlieren

acogedor(a) *adj* freundlich

acoger <g → j> *vt* aufnehmen

acometer *vi, vt* angreifen

acomodado, -a *adj* wohlhabend

acomodar *vt, vr*: **~se** (sich) anpassen

acompañado, -a *adj*: **bien ~** in guter Begleitung

acompañante *mf* Begleiter(in) *m(f)*

acompañar *vt* begleiten

acondicionado, -a *adj*: **aire ~** Klimaanlage *f*

acondicionar *vt* herrichten

aconsejar *vt* beraten; **~ algo a alguien** jdm etw raten

acontecer *vi* sich ereignen

acontecimiento *m* Ereignis *nt*

acordar <o → ue> I. *vt* vereinbaren; (*decidir*) beschließen II. *vr*: **~se** sich erinnern; **¡acuérdate de decírselo!** denk daran, es ihm/ihr zu sagen!

acortar I. *vt* kürzen; (*camino*) abkürzen II. *vr*: **~se** kürzer werden

acostar <o → ue> I. *vt* ins Bett bringen II. *vr*: **~se** ins Bett gehen; **estar acostado** im Bett sein; **~se con alguien** mit jdm schlafen

acostumbrado, -a *adj* gewohnt; **mal ~** verwöhnt

acostumbrar I. *vi*: **~ a hacer algo** gewöhnlich etw tun II. *vt* **~ a alguien a hacer algo** jdn daran gewöhnen etw zu tun III. *vr*: **~se** sich gewöhnen (**a** an +*akk*)

acreditar *vt* bestätigen

acreedor(a) *m(f)* Gläubiger(in) *m(f)*

acróbata *mf* Akrobat(in) *m(f)*

actitud *f* Haltung *f*; (*disposición*) Einstellung *f*

activar *vt* aktivieren; (*acelerar*) beschleunigen; **~ la digestión** die Verdauung fördern

actividad *f* Tätigkeit *f*; **~ profesional** Beruf *m*; **volcán en ~** aktiver Vulkan

activo, -a *adj* aktiv

acto *m* (TEAT) Akt *m*; **~ sexual** Geschlechtsakt *m*; **en el ~** auf der Stelle

actor, actriz *m, f* Schauspieler(in) *m(f)*; **~ de cine** Filmschauspieler *m*

actuación *f* Handeln *nt*; (TEAT, MÚS) Auftritt *m*; **~ en directo** Liveauftritt *m*

actual *adj* aktuell

actualidad *f* (*presente*) Gegenwart *f*; (*cualidad*) Aktualität *f*; **en la ~** heutzutage; **de ~** aktuell; **estar de ~** modern sein

actualizar <z → c> *vt* aktualisieren

actuar <*1. pres*: actúo> *vi* handeln

acudir *vi* sich einfinden (**a** zu +*dat*, **a** bei +*dat*)

acuerdo *m* (*convenio*) Vereinbarung *f*; **de ~** einverstanden; **ponerse de ~** sich einigen

acumular *vt* anhäufen

acusado, -a *m, f* Angeklagte(r) *mf*

acusar *vt* (*culpar*) beschuldigen; (*en juicio*) anklagen; **~ recibo de un pedido** einen Auftrag bestätigen

acuse *m*: **~ de recibo** Empfangsbestätigung *f*

adaptar *vt, vr*: **~se** (sich) anpassen

adecuado, -a *adj* angemessen; (*apto*) geeignet

adelantado, -a *adj*: **estar muy ~** weit fortgeschritten sein; **por ~** im Voraus

adelantar I. *vi* vorwärtskommen II. *vt* (*avanzar*) vorrücken; (*paga*) vorstrecken; **¿qué adelantas con esto?** was bringt dir das? III. *vr*: **~se** früher eintreffen

adelante *adv* vor(wärts); **¡~!** herein!; **de hoy en ~** von heute an; **véase más ~** siehe unten

adelgazar <z → c> *vi, vt* abnehmen

ademán *m* Gebärde *f*

además *adv* außerdem

adentro *adv* hinein; **mar ~** seewärts

aderezar <z → c> *vt* würzen

adeudar *vt* schulden

adicto, -a *adj* süchtig; **~ a las drogas** drogensüchtig

adivinar *vt* erraten

administración *f* Verwaltung *f*

administrar *vt* verwalten; (*medicamentos*) verabreichen

admirar I. *vt* bewundern; (*asombrar*) verwundern II. *vr*: **~se** sich wundern (**de** über +*akk*)

admitir *vt* zulassen (**en** zu +*dat*); (*reconocer*) zugeben

adolescente *mf* Jugendliche(r) *mf*

adonde *adv* wohin
adónde *adv* wohin
adorar *vt* verehren
adorno *m* Schmuck *m*
adquirir *vt* erwerben
adscribir *vt* zuschreiben
aduana *f* Zoll *m*
adulterar *vt* verfälschen
adulterio *m* Ehebruch *m*
adulto, -a *m, f* Erwachsene(r) *mf*
adversario, -a *m, f* Gegner(in) *m(f)*
adversidad *f* Unglück *nt*
advertencia *f* Warnung *f*
advertir *vt* hinweisen (auf +*akk*)
adyacente *adj* angrenzend
aéreo, -a *adj*: **compañía aérea** Fluggesellschaft *f;* **por vía aérea** per Luftpost
aeropuerto *m* Flughafen *m*
afán *m* Eifer *m;* ~ **de lucro** Gewinnstreben *nt*
afección *f* Leiden *nt*
afectar I. *vt* betreffen **II.** *vr*: **~se** (AM) sich anstecken
afecto *m* Zuneigung *f*
afeitar *vt, vr*: **~se** (sich) rasieren
aferrar *vt, vr*: **~se** (sich) festhalten (**a** an +*dat*)
afianzarse <z → c> *vr* sich behaupten
afición *f* Vorliebe *f*
afilar *vt* (an)spitzen
afiliarse *vr* beitreten (**a** +*dat*)
afín *adj* ähnlich
afinidad *f* Ähnlichkeit *f*
afirmación *f* Behauptung *f*
aflicción *f* Kummer *m*
afortunado, -a *adj* glücklich
afuera *adv* (*estado*) draußen; (*movimiento*) hinaus; **¡~!** (*fam*) raus!
afueras *fpl* Umgebung *f;* ~ **de la ciudad** Stadtrand *m*
agarrar I. *vt* packen **II.** *vr*: **~se** (*asirse*) sich festhalten (**a** an +*dat*); (AM: *coger*) ergreifen
agencia *f* Agentur *f;* ~ **inmobiliaria** Immobilienbüro *nt;* ~ **de transportes** Spedition *f;* ~ **de viajes** Reisebüro *nt;* ~ **de viaje compartido** Mitfahrzentrale *f*
agenda *f* Terminkalender *m*
agente *mf* (*representante*) Vertreter(in) *m(f);* ~ **de bolsa** Börsenmakler(in) *m(f);* ~ **judicial** Gerichtsvollzieher(in) *m(f);* ~ **de policía** Polizist(in) *m(f)*
ágil *adj* flink; (*hábil*) geschickt
agitado, -a *adj* hektisch
agosto *m* August *m*
agotar I. *vt* aufbrauchen **II.** *vr*: **~se** (*fuerzas*) sich erschöpfen
agradable *adj* angenehm
agradecer *vt* danken +*dat*
agrandar *vt, vr*: **~se** (sich) vergrößern
agrario, -a *adj* landwirtschaftlich
agravar *vt, vr*: **~se** (sich) verschlimmern
agredir *vt* angreifen
agregar <g → gu> *vt* hinzufügen
agricultor(a) *m(f)* Bauer, Bäuerin *m, f*
agrio, -a *adj* sauer
agrupar *vt, vr*: **~se** (sich) gruppieren
agua *f* Wasser *nt;* ~ **con gas** kohlensäurehaltiges Wasser; ~ **del grifo** Leitungswasser *nt;* ~ **nieve** Schneeregen *m;* ~ **potable** Trinkwasser *nt;* **~s residuales** Abwässer *ntpl*
aguacate *m* Avocado *f*
aguantar I. *vt* (*sostener, durar*) halten; (*soportar*) ertragen; **no aguanto más** mir reicht's **II.** *vr*: **~se** sich beherrschen
aguardar *vt*: ~ **algo/a alguien** auf etw/jdn warten
aguardiente *m* Schnaps *m*
agudo, -a *adj* spitz; (*sonido*) hoch
águila *f* Adler *m*
aguja *f* Nadel *f;* (*del reloj*) Zeiger *m*
agujero *m* Loch *nt;* ~ **de ozono** Ozonloch *nt*
ahí *adv* dort; **me voy por** ~ ich gehe kurz spazieren
ahogar <g → gu> **I.** *vt* (*en el agua*) ertränken; (*asfixiar*) ersticken **II.** *vr*: **~se** (*en el agua*) ertrinken; (*asfixiarse*) ersticken
ahora *adv* jetzt; (*dentro de un momento*) gleich; ~ **bien** allerdings; **¡ven ~ mismo!** komm sofort!; **¿y ~ qué?** was nun?
ahorcar <c → qu> *vt, vr*: **~se** (sich) erhängen
ahorrar *vt* sparen
ahorro *m* Sparen *nt;* **los ~s** die Ersparnisse
ahumar *vt* räuchern
aire *m* Luft *f;* (*viento*) Wind *m;* **hoy hace ~** heute ist es windig
aislar *vt, vr*: **~se** (sich) isolieren
ajedrez *m* Schach(spiel) *nt*
ajeno, -a *adj* fremd
ajillo *m*: **al ~** mit gehacktem Knoblauch und Petersilie gebraten
ajo *m* Knoblauch *m*
al = **a** + **el** dem, den

ala *f* Flügel *m;* ~ **del sombrero** Hutkrempe *f*
alabar *vt* loben
alambre *m* Draht *m*
alargar <g → gu> **I.** *vt* verlängern; ~ **la mano** die Hand hinhalten **II.** *vr:* ~**se** länger werden
alarma *f* Alarm *m;* **falsa** ~ blinder Alarm; **dar la** ~ Alarm geben
alba *f* Morgendämmerung *f;* **al rayar el** ~ bei Tagesanbruch
albahaca *f* Basilikum *nt*
albañil *mf* Maurer(in) *m(f)*
albaricoque *m* Aprikose *f*
albergue *m:* ~ **juvenil** Jugendherberge *f;* ~ **de montaña** Berghütte *f*
albóndiga *f* Fleischkloß *m*
albornoz *m* Bademantel *m*
alboroto *m* Krach *m*
alcachofa *f* Artischocke *f*
alcalde(sa) *m(f)* Bürgermeister(in) *m(f)*
alcance *m* Reichweite *f*
alcanzar <z → c> *vt* einholen; (*llegar*) erreichen
alcoba *f* Schlafzimmer *nt*
alcornoque *m* Korkeiche *f*
aldea *f* Dorf *nt*
alegrar I. *vt* erfreuen **II.** *vr:* ~**se** sich freuen
alegre *adj* fröhlich
alegría *f* Freude *f*
alejarse *vr* sich entfernen
alemán, -ana *adj* deutsch
Alemania *f* Deutschland *nt;* **República Federal de** ~ Bundesrepublik *f* Deutschland
alentar <e → ie> *vt* ermutigen
alergia *f* Allergie *f;* ~ **al polen** Heuschnupfen *m*
alerta *f* Alarm *m;* ~ **por vibración** (TEL) Vibrationsalarm *m*
aleta *f* Flosse *f;* (ANAT) Nasenflügel *m*
alfabeto *m* Alphabet *nt*
alfarero, -a *m, f* Töpfer(in) *m(f)*
alfombra *f* Teppich *m*
alga *f* Alge *f*
algo I. *pron* etwas; ~ **es** ~ besser das als nichts **II.** *adv* ein bisschen
algodón *m* Baumwolle *f*
alguien *pron* jemand
algún *adj ante sustantivo masculino singular:* **algún día** eines Tages
alguno, -a I. *adj ante sustantivo masculino singular: algún* ❶ (*antepuesto*) irgendein; **¿alguna pregunta?** irgendwelche Fragen?; **alguna vez** gelegentlich ❷ (*pospuesto*) kein(e); **en sitio** ~ nirgendwo **II.** *pron* jemand
aliento *m* Atem *m*
aligerar *vt* (*cargas*) erleichtern; (*aliviar*) lindern
alimentación *f* Ernährung *f*
alinear *vt* (*poner en línea*) in einer Reihe aufstellen; **país no alineado** blockfreies Land
aliñar *vt* würzen
alioli *m* Knoblauchölsoße *f*
alisar *vt* glätten
alivio *m* Erleichterung *f*
allá *adv* (*lugar*) dort; (*dirección*) dorthin; (*tiempo*) damals; **el más** ~ (REL) das Jenseits; **¡~ tú!** (*fam*) das ist deine Sache!
allegado, -a *m, f* Verwandte(r) *mf*
allí *adv* (*lugar*) dort; (*dirección*) dorthin; ~ **cerca, por** ~ dort in der Nähe; **¡~ viene!** da kommt er/sie!; **hasta** ~ bis dahin
alma *f* Seele *f;* **me llega al** ~ das geht mir sehr nahe
almacén *m* Lager *nt;* **grandes almacenes** Kaufhaus *nt*
almeja *f* Venusmuschel *f*
almendra *f* Mandel *f;* ~**s garapiñadas** gebrannte Mandeln
almendro *m* Mandelbaum *m*
almohada *f* (Kopf)kissen *nt*
almuerzo *m* Mittagessen *nt*
alojamiento *m* Unterkunft *f*
Alpes *mpl* Alpen *pl*
alquilar *vt* (*dejar*) vermieten; (*tomar*) mieten; **se alquila** zu vermieten
alquiler *m* Miete *f*
alrededor *adv* ringsherum; ~ **de** um
alrededores *mpl* Umgebung *f*
altavoz *m* Lautsprecher *m*
alterar *vt, vr:* ~**se** (sich) aufregen
alto[1] **I.** *interj* halt! **II.** *m* (*altura*) Höhe *f;* (*detención*) Pause *f;* **medir 8 metros de** ~ 8 Meter hoch sein; ~ **el fuego** Waffenstillstand *m* **III.** *adv* (*voz*) laut; (*lugar*) hoch
alto, -a[2] *adj* hoch; (*ser viviente*) groß; (*en la parte superior*) obere(r, s); **hablar en voz alta** laut sprechen; **clase alta** Oberschicht *f;* **la alta montaña** das Hochgebirge; **el** ~ **Rin** der Oberrhein
altura *f* Höhe *f*
alubia *f* Bohne *f*
alucinante *adj* (*fam*) unglaublich

alud *m* Lawine *f*
aludir *vi* anspielen (**a** auf *+akk*)*;* **darse por aludido** sich betroffen fühlen; **no darse por aludido** sich *dat* nichts anmerken lassen
alumbrar **I.** *vi* leuchten **II.** *vt* beleuchten
alumno, **-a** *m, f* Schüler(in) *m(f)*
alusión *f* Anspielung *f*
alzar <z → c> **I.** *vt* heben **II.** *vr*: **~se** sich auflehnen
ama *f*: **~ de casa** Hausfrau *f*
amable *adj* freundlich
amanecer **I.** *vimpers* dämmern **II.** *m*: **al ~** bei Tagesanbruch
amante *mf* Liebhaber(in) *m(f)*
amar *vt* lieben
amargo, **-a** *adj* bitter
amarillo, **-a** *adj* gelb
ambición *f* Ehrgeiz *m*
ambiente *m* (*medio*) Umgebung *f;* (*atmósfera*) Stimmung *f;* **medio ~** Umwelt *f*
ambiguo, **-a** *adj* mehrdeutig
ámbito *m* (*espacio*) Bereich *m;* **en el ~ nacional** auf nationaler Ebene
ambos, **-as** *adj* beide
ambulancia *f* Krankenwagen *m*
ambulatorio *m* Ambulanz *f*
amenazar <z → c> *vt* bedrohen
americana *f* Sakko *m o nt*
americano, **-a** **I.** *adj* (*de América del Sur*) südamerikanisch; (*estadounidense*) (US-)amerikanisch **II.** *m, f* (*de América del Sur*) Südamerikaner(in) *m(f);* (*estadounidense*) Amerikaner(in) *m(f)*
amigo, **-a** *m, f* Freund(in) *m(f)*
amistad *f* Freundschaft *f*
amontonarse *vr* sich häufen
amor *m* Liebe *f*
amortiguador *m* Stoßdämpfer *m*
amortizar <z → c> *vt* tilgen
amparo *m* Schutz *m*
amplio, **-a** *adj* geräumig; **en un sentido más ~** im weiteren Sinne
ampolla *f* Blase *f*
amputar *vt* amputieren
amueblar *vt* möblieren
amuleto *m* Amulett *nt*
analfabeto, **-a** *m, f* Analphabet(in) *m(f)*
analgésico *m* Schmerzmittel *nt*
analizar <z → c> *vt* analysieren
anaranjado, **-a** *adj* orange
ancho, **-a** *adj* breit; (*vestidos*) weit
anchoa *f* Anschovis *f*
anciano, **-a** *m, f* Alte(r) *mf*
ancla *f* Anker *m;* **echar ~s** vor Anker gehen; **levar ~s** den Anker lichten
andamio *m* (Bau)gerüst *nt*
andar *vi* (zu Fuß) gehen; **~ de prisa** schnell gehen; **~ detrás de algo** hinter etw *dat* her sein; **~ atareado** sehr beschäftigt sein
andén *m* Bahnsteig *m*
Andes *mpl* Anden *pl*
anécdota *f* Anekdote *f*
anexo, **-a** *adj* beiliegend
anfibio *m* Amphibie *f*
anfitrión, **-ona** *m, f* Gastgeber(in) *m(f)*
ángel *m* Engel *m;* **~ de la guarda** Schutzengel *m*
angina *f*: **~ de pecho** Angina pectoris *f;* **~s** Angina *f*
anguila *f* Aal *m*
ángulo *m* Winkel *m;* **~ recto** rechter Winkel; **en ~** winkelförmig
angustia *f* (*aprieto*) Beklemmung *f;* **~ vital** Lebensangst *f*
anhelar *vt* sich sehnen (nach *+dat*)
anidar *vi* nisten
anillo *m* Ring *m;* **~ de boda** Ehering *m*
animado, **-a** *adj* belebt
animal *m* Tier *nt*
animar **I.** *vt* aufmuntern **II.** *vr*: **~se** (*alegrarse*) in Stimmung kommen; **¿te animas?** machst du mit?
ánimo *m* (*espíritu*) Gemüt *nt;* **¡~!** Kopf hoch!; **cobrar ~** Mut fassen; **dar ~** Mut einflößen
aniquilar *vt* vernichten
anís *m* Anis *m*
aniversario *m* Jahrestag *m;* **~ de muerte** Todestag *m*
ano *m* After *m*
anoche *adv* gestern Nacht
anochecer **I.** *vimpers*: **anochece** es wird dunkel **II.** *m* **al ~** bei Einbruch der Dunkelheit
anónimo, **-a** *adj* anonym; **sociedad anónima** Aktiengesellschaft *f*
anotar *vt* notieren
ansiar <*1. pres*: ansío> *vt* sich sehnen (nach *+dat*)
ansiedad *f* Angst *f*
antagonista *mf* Gegner(in) *m(f)*
ante **I.** *m* Wildleder *nt* **II.** *prep* ❶ (*posición*) vor *+dat* ❷ (*con movimiento*) vor *+akk*

❸ (*en vista de*) angesichts +*gen*

anteayer *adv* vorgestern

antecedentes *mpl* Vorgeschichte *f*; **~ penales** Vorstrafe *f*

antemano *adv*: **de ~** im Voraus

antena *f* Antenne *f*; (ZOOL) Fühler *m*

antepasado, -a *m, f* Vorfahr(e), -in *m, f*

anterior I. *adj* vorige(r, s) II. *prep*: **~ a** vor +*dat*

antes I. *adv* vorher; (*antiguamente*) früher; (*comparativo*) lieber; **poco ~** kurz vorher; **cuanto ~** so schnell wie möglich; **~ de nada** zuerst; **~ que nada** vor allem II. *prep*: **~ de** vor +*dat* III. *konj* bevor; **~ (de) que llegues** bevor du kommst

anticiclón *m* Hoch(druckgebiet) *nt*

anticipado, -a *adj*: **por ~** im Voraus

anticipo *m* Vorschuss *m*

anticonceptivo, -a *adj*: **píldora anticonceptiva** Antibabypille *f*

anticuado, -a *adj* veraltet

antídoto *m* Gegengift *nt*

antigüedad *f* Altertum *nt*

antiguo, -a *adj* alt; (*anticuado*) überholt

antipático, -a *adj* unsympathisch

antojo *m* (*capricho*) Laune *f*; **tener ~s** Gelüste haben

antorcha *f* Fackel *f*

anual *adj* Jahres-

anular *vt* aufheben; (*contrato*) auflösen

anunciar *vt* bekanntgeben

anuncio *m* Anzeige *f*; **~ por palabras** Kleinanzeigen *fpl*

añadir *vt* hinzufügen

año *m* Jahr *nt*; **~ bisiesto** Schaltjahr *nt*; **en el ~ 1960** (im Jahre) 1960

añoranza *f* Sehnsucht *f*

apagar <g → gu> I. *vt* ausmachen II. *vr*: **~se** ausgehen

aparcamiento *m* Parkplatz *m*; **~ disuasorio** Park-and-ride-Parkplatz *m*

aparcar <c → qu> *vt* parken

aparecer *vi, vr*: **~se** erscheinen

apariencia *f* (*aspecto*) Aussehen *nt*; **en ~** dem Anschein nach; **guardar las ~s** den Schein wahren

apartado[1] *m*: **~ de Correos** Postfach *nt*

apartado, -a[2] *adj* abgelegen

apartamento *m* Wohnung *f*

apartar *vt* trennen; (*la vista*) abwenden; **¡apártate!** geh aus dem Weg!

aparte I. *adv* beiseite II. *prep* ❶ (*separado*): **él estaba ~ del grupo** er war abseits der Gruppe ❷ (*además de*) **~ de** abgesehen von +*dat* III. *adj* separat; **en un plato ~** auf einem extra Teller

apasionado, -a *adj* leidenschaftlich

apellido *m* Nachname *m*

apenas I. *adv* (*casi no*) kaum; (*tan sólo*) erst; **~ había nadie** es war kaum jemand da; **~ hace una hora** vor knapp einer Stunde II. *konj* kaum

apertura *f* Eröffnung *f*

apestar I. *vi* stinken II. *vr*: **~se** (AM) sich anstecken

apetecer *vi* Lust haben (auf +*akk*)

apio *m* Sellerie *m o f*

aplacar <c → qu> I. *vt* lindern II. *vr*: **~se** sich beruhigen

aplaudir *vi* applaudieren

aplicación *f* Anwendung *f*

aplicado, -a *adj* fleißig

aplicar <c → qu> I. *vt* anwenden II. *vr*: **~se** sich bemühen

apoderado, -a *m, f* Bevollmächtigte(r) *mf*

apodo *m* Spitzname *m*

apogeo *m* Gipfel *m*

aportar *vt* beitragen (**a** zu +*dat*)

apósito *m* Heftpflaster *nt*

apostar <o → ue> I. *vi* setzen (**por** auf +*akk*) II. *vt, vr*: **~se** wetten (um +*akk*); **¿qué apostamos?** worum wetten wir?

apoyar I. *vt* stützen (**en** auf +*akk*); (*ayudar*) unterstützen II. *vr*: **~se** sich stützen (**en** auf +*akk*)

apoyo *m* Stütze *f*; (*ayuda*) Unterstützung *f*

apreciar *vt* schätzen

apremiante *adj* dringend

aprender *vt* lernen; **~ a leer** lesen lernen; **~ de memoria** auswendig lernen

aprendiz(a) *m(f)* Lehrling *m*

apresurarse *vr* sich beeilen

apretar <e → ie> I. *vt* drücken II. *vr*: **~se el cinturón** den Gürtel enger schnallen

aprisa *adv* schnell

aprobación *f* Billigung *f*; **encontrar la ~ de alguien** jds Zustimmung finden

aprobar <o → ue> *vt* billigen; (*examen*) bestehen

apropiado, -a *adj* angebracht

apropiarse *vr* sich *dat* aneignen (**de** +*akk*)

aprovechar I. *vi* von Nutzen sein; **¡que apro-**

veche! guten Appetit! **II.** *vt, vr:* **~se** (aus)nutzen (**de** +*akk*)

aproximado, -a *adj* ungefähr

aproximarse *vr* sich nähern (**a** +*dat*)

apto, -a *adj* geeignet

apuesta *f* Wette *f*

apuntar I. *vt* (*con un arma*) zielen (**a** auf +*akk*); (*con el dedo*) zeigen (**a** auf +*akk*); (*anotar*) notieren **II.** *vr:* **~se** sich anmelden

apunte *m* Notiz *f;* **tomar ~s** sich *dat* Notizen machen

apurarse *vr* sich *dat* Sorgen machen (**por** wegen +*gen/dat*); (AM: *darse prisa*) sich beeilen; **¡no te apures!** (AM) es eilt nicht!

apuro *m* (*dificultad*) Schwierigkeit *f;* (AM: *prisa*) Eile *f;* **estar en un ~** in der Patsche sitzen; **sufrir grandes ~s** große Not leiden

aquél, aquélla, aquello *pron* <aquéllos, -as> der/die/das dort; **¿qué es aquello?** was ist das (dort)?

aquí *adv* ① (*de lugar*) hier; (*con movimiento*) hierher; **éste de ~** der hier ② (*de tiempo*): **de ~ en adelante** von nun an; **hasta ~** bis jetzt

Aquisgrán *m* Aachen *nt*

arándano *m* Heidelbeere *f*

araña *f* Spinne *f;* **tela de ~** Spinnennetz *nt*

árbitro, -a *m, f* Schiedsrichter(in) *m(f)*

árbol *m* Baum *m;* **~ genealógico** Stammbaum *m*

arbusto *m* Strauch *m*

arca *f* Truhe *f;* **las ~s del estado** die Staatskasse

arcilla *f* Ton *m*

arco *m* Bogen *m;* **~ iris** Regenbogen *m*

arder *vi* brennen

área *f* Fläche *f;* **~ de castigo** Strafraum *m*

arena *f* Sand *m;* **~s movedizas** Treibsand *m*

arenque *m* Hering *m*

argentino, -a *adj* argentinisch

argumento *m* Argument *nt;* (TEAT) Handlung *f;* (AM: *discusión*) Diskussion *f*

aria *f* Arie *f*

árido, -a *adj* trocken

arlequín *m* Harlekin *m*

arma *f* Waffe *f;* **~ blanca** Stichwaffe *f;* **~ de fuego** Schusswaffe *f;* **~ homicida** Tatwaffe *f*

armar *vt, vr:* **~se** (sich) bewaffnen

armario *m* Schrank *m;* **~ empotrado** Einbauschrank *m*

armisticio *m* Waffenstillstand *m*

arpa *f* Harfe *f*

arpón *m* Harpune *f*

arrabal *m* Vorstadt *f*

arrancar <c → qu> **I.** *vi* starten **II.** *vt* (her)ausreißen

arreglado, -a *adj* gepflegt

arreglar I. *vt* reparieren **II.** *vr:* **~se** sich zurechtmachen

arreglo *m* Reparatur *f*

arrendar <e → ie> *vt* (*ceder*) verpachten; (*tomar*) pachten

arrepentirse *vr* bereuen (**de** +*akk*)

arriba *adv* oben; **más ~** weiter oben; **de ~ abajo** von oben nach unten

arriesgar <g → gu> **I.** *vt* aufs Spiel setzen **II.** *vr:* **~se** sich einer Gefahr aussetzen

arroba *f* Klammeraffe *m*

arrodillarse *vr* (sich) niederknien

arrojar I. *vt* werfen; **~ beneficios** Gewinne abwerfen **II.** *vr:* **~se** sich stürzen; **~se al agua** ins Wasser springen

arroyo *m* Bach *m*

arroz *m* Reis *m*

arruga *f* Falte *f*

arruinar *vt, vr:* **~se** (sich) ruinieren

arte *m o f* Kunst *f*

artefacto *m:* **~ explosivo** Sprengkörper *m*

artesanía *f* Handwerkskunst *f*

artesano, -a *m, f* Handwerker(in) *m(f)*

artificial *adj* künstlich

artista *mf* Künstler(in) *m(f)*

artístico, -a *adj* künstlerisch

asaltar *vt* überfallen

asalto *m* Überfall *m*

asamblea *f* Versammlung *f;* **~ de trabajadores** Betriebsversammlung *f*

asar *vt* braten

ascender <e → ie> *vi* steigen

ascensor *m* Aufzug *m*

asco *m* Ekel *m*

aseado, -a *adj* sauber

asegurar I. *vt* versichern **II.** *vr:* **~se** sich absichern

asemejarse *vr* ähneln (**a** +*dat*)

asentir *vi* zustimmen (**a** +*dat*); **~ con la cabeza** nicken

aseo *m:* **~ personal** Körperpflege *f;* (**cuarto de**) **~** Badezimmer *nt*

asesinar *vt* ermorden

asesino, -a *m, f* Mörder(in) *m(f);* **~ (a sueldo)** Killer *m*

asfalto *m* Asphalt *m*
asfixiar *vt, vr*: **~se** ersticken
así I. *adv* so; **~ ~** einigermaßen; **¡~ es!** ja, genau!; **~ de grande** so groß **II.** *adj* solch; **un sueldo ~** solch ein Gehalt
asiento *m* Sitz *m;* **tomar ~** Platz nehmen
asignatura *f* Fach *nt*
asilo *m* Asyl *nt;* (*de ancianos*) Altenheim *nt*
asistente *mf* Teilnehmer(in) *m(f)*
asistir *vi* teilnehmen (**a** an +*dat*)
asma *m* Asthma *nt*
asno *m* Esel *m*
asombrarse *vr* sich wundern (**de** über +*akk*)
asombroso, -a *adj* erstaunlich
áspero, -a *adj* rau
aspiradora *f* Staubsauger *m*
aspirante *mf* Anwärter(in) *m(f)*
aspirar *vt* (*inspirar*) einatmen; (*pretender*) streben (**a** nach +*dat*)
asqueroso, -a *adj* ekelhaft
asterisco *m* Sternchen *nt*
astillero *m* (Schiffs)werft *f*
astro *m* Stern *m*
astucia *f* Schläue *f*
astuto, -a *adj* schlau
asunto *m* Angelegenheit *f*
asustar *vt, vr*: **~se** (sich) erschrecken; **no te asustes** (hab) keine Angst
atacar <c → qu> *vi, vt* angreifen
atajo *m* Abkürzung *f*
atar *vt* festbinden (**a** an +*dat*); (*a un cautivo*) fesseln
atardecer *m*: **al ~** bei Einbruch der Dunkelheit
atasco *m* (Verkehrs)stau *m*
ataúd *m* Sarg *m*
atención *f* Aufmerksamkeit *f;* **~ médica** ärztliche Betreuung; **falta de ~** Unaufmerksamkeit *f;* **¡~, por favor!** Achtung, Achtung!
atender <e → ie> *vt* (*escuchar*) zuhören +*dat;* (*cuidar*) sich kümmern (**a** um +*akk*); (*despachar*) bedienen; **¿le atienden?** werden Sie schon bedient?
atentamente *adv*: (**muy**) **~** mit freundlichen Grüßen
atento, -a *adj* aufmerksam
atenuar <*1. pres*: atenúo> *vt* abschwächen
aterrizar <z → c> *vi* landen
atípico, -a *adj* untypisch
atleta *mf* (Leicht)athlet(in) *m(f)*
atletismo *m* Leichtathletik *f*
atontado, -a *adj* dumm
atormentar *vt, vr*: **~se** (sich) quälen
atornillar *vt* festschrauben
atracción *f* Anziehungskraft *f;* **parque de atracciones** Vergnügungspark *m*
atraco *m* (Raub)überfall *m*
atraer *vt* anziehen
atrancar <c → qu> *vt* verriegeln
atrás *adv* (*hacia detrás*) nach hinten; (*detrás*) hinten; **¡~!** zurück(treten)!; **quedarse ~** zurückbleiben; **años ~** vor Jahren
atrasado, -a *adj* zurückgeblieben
atrasar I. *vt* verschieben; (*progreso*) hemmen **II.** *vr*: **~se** sich verspäten
atravesar <e → ie> *vt* überqueren
atreverse *vr*: **~ a hacer algo** sich trauen etw zu tun
atribuir *vt* zuschreiben
atributo *m* Eigenschaft *f*
atropellar *vt* (*vehículo*) überfahren
atroz *adj* grausam
atún *m* Thunfisch *m*
augurio *m* Vorzeichen *nt*
aula *f* Klassenzimmer *nt*
aullar *vi* heulen
aumentar *vi* zunehmen
aun I. *adv* (*hasta*) sogar; **~ así** (aber) trotzdem; **ni ~** nicht einmal **II.** *konj*: **~ cuando** selbst wenn
aún *adv* (*todavía*) (immer) noch; **~ no** noch nicht
aunque *konj* obwohl
auricular *m* (Telefon)hörer *m;* **colgar el ~** den Hörer auflegen
aurora *f* Morgenröte *f*
ausente *adj* abwesend; **estar ~** nicht da sein
austral *adj* Süd-
autobús *m* (Omni)bus *m*; **autocar** *m* (Reise)bus *m*; **autocarril** *m* (AM) Schnellstraße *f*
autóctono, -a *adj* einheimisch
autodefensa *f* Selbstverteidigung *f*
autonómico, -a *adj* autonom; **política autonómica** Regionalpolitik *f*
autónomo, -a *adj* autonom; **trabajar de ~** selb(st)ständig arbeiten
autopista *f* Autobahn *f;* **~ de peaje** gebührenpflichtige Autobahn
autorización *f* Erlaubnis *f*
autoservicio *m* Selbstbedienung *f*; **autovía** *f* Schnellstraße *f*
avalancha *f* Lawine *f*

avanzado, **-a** *adj* fortgeschritten
avanzar <z → c> *vi* vorankommen; **no ~ nada** keine Fortschritte machen
ave *f* Vogel *m*
AVE *m abr de* **Alta Velocidad Española** ≈ICE *m*
avena *f* Hafer *m*
avenida *f* Allee *f*
aventura *f* Abenteuer *nt*
avergonzarse *vr* sich schämen (**de/por** wegen *+gen/dat*)
avería *f* Panne *f*
aversión *f* Abneigung *f*
avión *m* Flugzeug *nt;* **por ~** per Luftpost
avioneta *f* Sportflugzeug *nt*
avisar *vt* benachrichtigen
aviso *m* (*notificación*) Benachrichtigung *f;* (*advertencia*) Warnung *f;* **~ de bomba** Bombendrohung *f*
avispa *f* Wespe *f*
ayer *adv* gestern
ayuda *f* Hilfe *f;* **~ en línea** (INFOR) Online-Hilfe *f*
ayudar *vt* helfen *+dat*
ayunar *vi* fasten
ayuno *m* Fasten *nt*
ayuntamiento *m* Rathaus *nt*
azafata *f* Stewardess *f;* **~ de congresos** (Messe)hostess *f*
azafrán *m* Safran *m*
azahar *m* Orangenblüte *f*
azar *m* Zufall *m;* **juegos de ~** Glücksspiele *ntpl;* **al ~** aufs Geratewohl
azúcar *m* Zucker *m*
azucarero *m* Zuckerdose *f*
azul *adj* blau

B b

bacalao *m* Kabeljau *m*
bachillerato *m* Abitur *nt*
bahía *f* (Meeres)bucht *f*
bailador(a) *m(f)* Tänzer(in) *m(f)*
bailar *vi, vt* tanzen
baile *m* Tanz *m*
bajada *f* Abstieg *m*
bajar I. *vi* hinuntergehen; (*disminuir*) abnehmen II. *vt* hinuntergehen; (*voz*) senken III. *vr:* **~se** (ab)steigen (**de** von *+dat*); (*del coche*) (aus)steigen (**de** aus *+dat*)
bajo[1] I. *adv* niedrig; (*voz*) leise II. *prep* (*con movimiento*) unter *+akk;* (*estado*) unter *+dat;* **~ la lluvia** im Regen
bajo, **-a**[2] *adj* ❶ *estar* tief (liegend) ❷ *ser* klein ❸ (*voz*) leise
balancearse *vr* schaukeln
ballena *f* Wal *m*
balneario *m* Kurort *m*
balón *m* Ball *m*
baloncesto *m* Basketball *m*
balonmano *m* Handball *m*
bancario, **-a** *adj* Bank-; **cuenta bancaria** Bankkonto *nt*
banco *m* Bank *f*
bandeja *f* Tablett *nt*
bandera *f* Fahne *f*
bandido, **-a** *m, f* Gauner(in) *m(f)*
bañador *m* Badeanzug *m*
bañar *vt, vr:* **~se** (sich) baden
bañera *f* Badewanne *f*
baño *m* Bad(ezimmer) *nt;* **ir al ~** auf die Toilette gehen
barato, **-a** *adj* billig
barba *f* Bart *m*
barbaridad *f:* **¡qué ~!** wie schrecklich!
barbilla *f* Kinn *nt*
barca *f* (Fischer)boot *nt*
barco *m* Schiff *nt*
barquillo *m* Waffel *f*
barra *f* (*pieza larga*) Stange *f;* (*de pan*) Baguette *f o nt;* (*en un bar*) Theke *f;* **~ de labios** Lippenstift *m;* (INFOR): **~ de navegación** Navigationsleiste *f*
barranco *m* Abgrund *m*
barrer *vt* kehren
barrera *f* Schranke *f*
barriga *f* Bauch *m;* **rascarse la ~** faulenzen
barril *m* Fass *nt*
barrio *m* (Stadt)viertel *nt;* **~ comercial** Einkaufsviertel *nt*
barro *m* Schlamm *m*

B

basarse *vr* basieren (**en** auf +*dat*)
base *f* Grundlage *f;* ~ **de datos** Datenbank *f*
básico, -a *adj* grundlegend
bastante I. *adj* genügend II. *adv* genug; (*considerablemente*) ziemlich
bastar *vi* genügen; **¡basta!** genug!
bastón *m* Spazierstock *m*
basura *f* Abfall *m*
batalla *f* Schlacht *f*
batata *f* Süßkartoffel *f*
batería *f* Batterie *f;* (MÚS) Schlagzeug *nt;* ~ **de cocina** (Koch)topf-Set *nt*
batidora *f* Mixer *m*
bautizar <z → c> *vt* taufen
bautizo *m* Taufe *f*
Baviera *f* Bayern *nt*
baya *f* Beere *f*
be *f* B, b *nt*
bebé *m* Baby *nt*
beber *vi, vt, vr:* ~**se** trinken
bebida *f* Getränk *nt*
beicon *m* Schinkenspeck *m*
belleza *f* Schönheit *f*
bello, -a *adj* schön
bendición *f* Segnung *f*
beneficiar I. *vt* nützen +*dat* II. *vr:* ~**se** Nutzen ziehen (**de/con** aus +*dat*)
berenjena *f* Aubergine *f*
berza *f* Kohl *m*
besar *vt, vr:* ~**se** (sich) küssen
beso *m* Kuss *m*
betún *m* Schuhcreme *f*
Biblia *f* Bibel *f*
bicicleta *f* Fahrrad *nt;* ~ **estática** Hometrainer *m*
bien I. *m* Wohl *nt;* (ECON) Gut *nt* II. *adv* gut; **y** ~ nun; **estar** ~ **de salud** gesund sein III. *konj:* ~... ~... entweder ... oder ...
bienestar *m* Wohlstand *m*
bienvenido, -a *interj* willkommen!
bifurcación *f* Abzweigung *f*
bigote *m* Schnurrbart *m*
billar *m* Billard(spiel) *nt*
billete *m* (*pasaje*) Fahrschein *m;* (FIN) (Geld)schein *m;* ~ **de ida y vuelta** Hin- und Rückfahrkarte *f*
bisabuelo, -a *m, f* Urgroßvater, -mutter *m, f*
bisnieto, -a *m, f* Urenkel(in) *m(f)*
bistec *m* (Beef)steak *nt*
bisutería *f* Modeschmuck *m*
bizcocho *m* Biskuit *m o nt*
blanco, -a *adj* weiß
blando, -a *adj* weich
bloque *m* Block *m;* ~ **de viviendas** Wohnblock *m*
bloquear *vt, vr:* ~**se** blockieren
blusa *f* Bluse *f*
bluyín <bluyines> *m* Bluejeans *f*
boca *f* Mund *m;* (*de animal*) Maul *nt*
bocacalle *f* Seitenstraße *f*
bocadillo *m* belegtes Brötchen *nt*
bochornoso, -a *adj* schwül; (*vergonzoso*) beschämend
bocina *f* Hupe *f*
boda *f* Hochzeit *f*
bodega *f* Weinkeller *m*
boina *f* Baskenmütze *f*
bol *m* Schale *f*
bola *f* Kugel *f*
boletería *f* (AM) Schalter *m*
boleto *m* (AM) Eintrittskarte *f*
bolígrafo *m* Kugelschreiber *m*
bollería *f* Feinbäckerei *f*
bolo *m* Kegel *m*
bolsa *f* (*bolso*) (Trage)tasche *f;* (FIN) Börse *f;* ~ **de basura** Abfalltüte *f*
bolsillo *m* Tasche *f;* **edición de** ~ Taschenausgabe *f*
bolso *m* Tasche *f*
bomba *f* Bombe *f;* (TÉC) Pumpe *f;* **a prueba de** ~**s** (*fig*) bombensicher
bombero, -a *m, f* ❶ Feuerwehrmann, -frau *m, f* ❷ *pl* (*cuerpo*) Feuerwehr *f*
bombilla *f* Glühbirne *f*
bombón *m* Praline *f*
bonificación *f* Gutschrift *f*
bonito[1] *adv* (AM) gut
bonito, -a[2] *adj* hübsch
bono *m* Gutschein *m*
boquerón *m* *Art Sardelle*
borde *m* Rand *m*
borracho, -a *adj* betrunken
borrar I. *vt* ausradieren II. *vr:* ~**se** austreten (**de** aus +*dat*)
bosque *m* Wald *m*
bostezar <z → c> *vi* gähnen
bota *f* Stiefel *m*
botar I. *vi* aufprallen; (*persona*) hüpfen II. *vt* (*pelota*) springen lassen; (AM: *tirar*) wegwerfen
bote *m* (*salto*) Sprung *m;* (*vasija*) Dose *f;* (NÁUT) Boot *nt;* ~ **salvavidas** Rettungsboot *nt*
botella *f* Flasche *f*

botón *m* Knopf *m*
boxear *vi* boxen
boya *f* Boje *f*
braga *f* Schlüpfer *m*
brasa *f* Glut *f;* **a la ~** gegrillt
brazalete *m* Armband *nt*
brazo *m* Arm *m*
brécol *m* Brokkoli *pl*
breve *adj* kurz; **en ~** in Kürze; **ser ~** sich kurzfassen
brillar *vi* glänzen
brincar <c → qu> *vi* hüpfen; **~ de alegría** außer sich *dat* vor Freude sein
brinco *m* Sprung *m;* **dar ~s** springen; **de un ~** mit einem Satz
brindar I. *vi*: **~ por alguien** auf jdn anstoßen **II.** *vt* (an)bieten; (TAUR) widmen **III.** *vr*: **~se** sich anbieten
brindis *m inv* (*frase*) Trinkspruch *m;* **echar un ~** einen Toast ausbringen
brío *m* Energie *f*
brisa *f* Brise *f*
broma *f* Scherz *m;* **~s aparte** Spaß beiseite
bronceado, -a *adj* (sonnen)gebräunt
bronceador *m* Sonnenschutzmittel *nt*
broqueta *f* (Brat)spieß *m*
brotar *vi* knospen
brote *m* Knospe *f;* (*erupción*) Ausbruch *m*
bruja *f* Hexe *f*
brújula *f* Kompass *m*
bruto, -a *adj* brutal
bucear *vi* tauchen
buen *adj* (*ante sustantivo masculino*): **hace ~ tiempo** es ist schönes Wetter
bueno, -a *adj* (*ante sustantivo masculino: buen*) gut, schön; **~s días** guten Morgen
buey *m* Ochse *m*
búfalo *m* Büffel *m*
bufanda *f* Schal *m*
bufé *m* Büfett *nt*
bujía *f* Zündkerze *f*
bullicio *m* Lärm *m*
bulto *m* (*tamaño*) Umfang *m;* (*paquete*) Gepäckstück *nt;* (MED) Geschwulst *f*
buñuelo *m*: **~ de viento** Windbeutel *m*
buque *m* Schiff *nt;* **~ de pasajeros** Passagierdampfer *m*
burbuja *f* (Luft)blase *f*
burgués, -esa *m, f* Bürger(in) *m(f);* (*pey*) Spießer(in) *m(f)*
burlarse *vr* sich lustig machen (**de** über +*akk*)
burro, -a I. *adj* dumm **II.** *m, f* Esel(in) *m(f)*
buscar <c → qu> *vi, vt* suchen; **ir a ~** (ab)holen
butaca *f* Parkettsitz *m*
buzón *m* Briefkasten *m;* **~ electrónico** Mailbox *f*

C c

C/ *abr de* **calle** Str.
cabalgar <g → gu> *vi, vt* reiten
caballero *m* Herr *m*
caballo *m* Pferd *nt*
cabaña *f* Hütte *f*
cabello *m* Haar(e) *nt(pl)*
caber *vi* (hinein)passen (**en** in +*akk*)
cabeza *f* Kopf *m*
cabina *f* Kabine *f*
cable *m* Kabel *nt*
cabo *m* (*extremo*) Ende *nt;* (GEO) Kap *nt;* **llevar a ~** vollbringen; **al ~ de** (*después de*) nach +*dat*
cabra *f* Ziege *f*
cacahuete *m* Erdnuss *f*
cacto *m* Kaktus *m*
cada *adj* jede(r, s); **~ uno/una** jeder/jede
cadena *f* Kette *f;* (TV) Programm *nt*
caer *vi* (herunter)fallen
cafeína *f* Koffein *nt*
cafetera *f* Kaffeekanne *f*
caja *f* (*recipiente*) Kasten *m;* (FIN) Kasse *f*
cajero *m*: **~ automático** Geldautomat *m*
calabacín *m* Zucchini *f*
calamar *m* Tintenfisch *m*
calcetín *m* Socke *f*
calefacción *f* Heizung *f*
calendario *m* Kalender *m*
calentar <e → ie> **I.** *vi* wärmen **II.** *vt* erhitzen; (*con calefacción*) heizen

calidad *f* Qualität *f;* **de primera ~** erstklassig; **en ~ de** als
cálido, -a *adj* warm
caliente *adj* heiß
C
calificación *f* Qualifizierung *f;* (*nota*) Note *f*
callar *vi, vr:* **~se** schweigen
calle *f* Straße *f;* **~ peatonal** Fußgängerzone *f*
calor *m* Hitze *f*
calzado *m* Schuhe *mpl*
calzoncillo(s) *m(pl)* Herrenunterhose *f*
cama *f* Bett *nt*
cámara *f* ❶ (FOTO) Kamera *f* ❷ (POL): **Cámara Alta** Oberhaus *nt;* **Cámara Baja** Abgeordnetenhaus *nt*
camarero, -a *m, f* Bedienung *f;* **¡~!** Herr Ober!
cambiar I. *vi* sich (ver)ändern; **~ de casa** umziehen **II.** *vt* (*trocar*) austauschen; (*variar*) (ver)ändern; **~ el chip** (*argot*) umdenken; **~ dinero** Geld wechseln **III.** *vr:* **~se** sich umziehen
cambio *m* (*alteración*) (Ver)änderung *f;* (*suelto*) Kleingeld *nt;* **~ de domicilio** Wohnungswechsel *m;* **en ~** stattdessen
caminar *vi* (zu Fuß) gehen
camino *m* Weg *m*
camión *m* Laster *m*, Lkw *m;* **~ de la basura** Müllwagen *m*
camisa *f* (Ober)hemd *nt*
camiseta *f* T-Shirt *nt;* (*interior*) Unterhemd *nt*
camisón *m* Nachthemd *nt*
campamento *m* Lager *nt*
campana *f* Glocke *f*
campaña *f:* **tienda de ~** Zelt *nt*
campesino, -a *m, f* Bauer, Bäuerin *m, f*
campo *m* Land *nt;* (*de cultivo*) Feld *nt;* **ir al ~** ins Grüne fahren
canasta *f* Korb *m*
cancelar *vt* (*rescindir*) aufheben; **~ una cita** eine Verabredung absagen
cáncer *m* Krebs *m*
canción *f* Lied *nt*
canela *f* Zimt *m*
cangrejo *m* Krebs *m*
cansado, -a *adj* müde
cantar *vi, vt* singen
cantidad *f* Menge *f*
canto *m* Gesang *m*
caña *f* (*de cereal*) Halm *m;* (*de pescar*) Angel (rute) *f;* (*de cerveza*) Glas *nt* gezapftes Bier; **~ de azúcar** Zuckerrohr *nt*
capa *f* Cape *nt;* **~ de nieve** Schneedecke *f;* **~ de ozono** Ozonschicht *f*
capacidad *f* Fähigkeit *f*
capaz *adj* fähig; (AM) vielleicht
capilla *f* Kapelle *f*
capital[1] *adj* Haupt-
capital[2] *f* Hauptstadt *f*
capítulo *m* Kapitel *nt*
capricho *m* Laune *f*
captar *vt* sammeln; (*comprender*) begreifen
cara I. *f* (*rostro*) Gesicht *nt;* (*lado*) Seite *f;* **echar en ~** vorwerfen; **tener mucha ~** (*fam*) unverschämt sein **II.** *prep:* **(de) ~ a** gegenüber +*dat;* **de ~ al futuro** in Hinblick auf die Zukunft **III.** *konj* **de ~ a** +*inf* um ... zu +*inf*
caracol *m* Schnecke *f*
caramba *interj* (*fam*): **¡(qué) ~!** Donnerwetter!
caramelo *m* Bonbon *m o nt*
caravana *f* Stau *m;* (*remolque*) Wohnwagen *m*
carburante *m* Treibstoff *m*
cárcel *f* Gefängnis *nt*
carecer *vi* nicht haben (**de** +*akk*)*;* **carece de importancia** es ist belanglos
cargar <g → gu> **I.** *vi:* **~ en cuenta** das Konto belasten **II.** *vt* (be)laden
caricia *f* Liebkosung *f*
caridad *f* Almosen *nt*
cariño *m* Zuneigung *f;* (*amor*) Liebe *f;* **¡~ (mío)!** (mein) Liebling!
carnaval *m* Karneval *m*
carne *f* Fleisch *nt;* **~ asada** Braten *m;* **~ picada** Hackfleisch *nt;* **~ de gallina** Gänsehaut *f*
carné *m*, **carnet** *m* Ausweis *m;* **~ de conducir**, **~ de manejo** (AM) Führerschein *m*
carnicería *f* Metzgerei *f*
caro, -a *adj* teuer
carpintero, -a *m, f* Tischler(in) *m(f)*
carrera *f* ❶ (*movimiento*) Laufen *nt* ❷ (DEP) (Wett)rennen *nt* ❸ (*profesión*) Karriere *f;* **hacer una ~** studieren
carretera *f* (Land)straße *f*
carril *m* Spur *f*
carta *f* Brief *m;* (*naipes*) Spielkarte *f;* (*mapa*) Karte *f;* (*menú*) Speisekarte *f;* **~ certificada** Einschreibebrief *m;* **Carta Magna** Grundgesetz *nt*
cartel *m* Plakat *nt*
cartera *f* Brieftasche *f*
casa *f* Haus *nt;* **a ~** nach Hause; **en ~** zu Hause
casarse *vr* heiraten (**con** +*akk*)

cascada *f* Wasserfall *m*
cáscara *f* Schale *f;* ~ **de limón** Zitronenschale *f;* **¡~s!** (*fig fam*) Manometer!
casco *m* ❶ (*para la cabeza*) Helm *m;* **los ~s azules** die Blauhelme ❷ (*botella*) Leergut *nt* ❸ (*de la ciudad*): ~ **antiguo** Altstadt *f* ❹ *pl* (*auriculares*) Kopfhörer *m*
casi *adv* fast
caso *m* Fall *m;* **en ~ de...** +*inf* falls ...; **hacer ~ a alguien** auf jdn hören
castaño, -a *adj* brünett
castañuela *f* Kastagnette *f*
castellano, -a *adj* kastilisch; **la lengua castellana** die spanische Sprache
castigar <g → gu> *vt* (be)strafen
castillo *m* Schloss *nt*
casual *adj* zufällig
casualidad *f* Zufall *m;* **¡qué ~!** so ein Zufall!
catarata *f* Wasserfall *m*
catorce *adj inv* vierzehn
causar *vt* verursachen; ~ **efecto** wirken; ~ **problemas** Probleme bereiten
cautela *f* Vorsicht *f*
cautivo, -a *adj* gefangen
cauto, -a *adj* vorsichtig
cava *m* (spanischer) Sekt *m*
cazar <z → c> *vt* jagen
cebolla *f* Zwiebel *f*
ceder *vi* nachgeben
celebrar *vt* feiern
celos *mpl* Eifersucht *f*
cementerio *m* Friedhof *m*
cena *f* Abendessen *nt*
cenar *vi, vt* zu Abend essen
cenicero *m* Aschenbecher *m*
ceniza *f* Asche *f*
ceño *m*: **fruncir el ~** die Stirn runzeln
cepillo *m* Bürste *f;* ~ **de barrer** Kehrbesen *m;* ~ **de dientes** Zahnbürste *f*
cerámica *f* Keramik *f*
cerca I. *adv* nah(e); **aquí ~** hier in der Nähe **II.** *prep*: ~ **de** (*lugar*) in der Nähe von +*dat;* (*cantidad*) fast
cerdo, -a *m, f* Schwein *nt*
cereales *mpl* Getreide *nt*
cerebro *m* (Ge)hirn *nt*
cereza *f* Kirsche *f*
cerilla *f* Streichholz *nt*
cero *m* Null *f*
cerradura *f* Schloss *nt*
cerrar <e → ie> *vt* schließen; (*con llave*) abschließen
certificado *m* Bescheinigung *f;* ~ **médico** ärztliches Attest
cerveza *f* Bier *nt*
cesar *vi* aufhören
cesta *f* Korb *m*
ceta *f* Z, z *nt*
chal *m* Schal *m*
chalé *m* Einfamilienhaus *nt*
chaleco *m* Weste *f*
champán *m*, **champaña** *m* Champagner *m*
chantaje *m* Erpressung *f*
chaqueta *f* Jacke *f*
charlar *vi* plaudern
cheque *m* Scheck *m*
chica *f* Mädchen *nt*
chicle *m* Kaugummi *m o nt*
chico *m* Junge *m*
chile *m* Chili *m*
chimenea *f* Schornstein *m;* (*hogar*) Kamin *m*
chispa *f* Funke(n) *m*
chiste *m* Witz *m*
chocar <c → qu> **I.** *vi* kollidieren **II.** *vt* aneinanderstoßen; (*escandalizar*) schockieren; ~ **las copas** anstoßen; **¡chócala!** (*fam*) schlag ein!
chocolate *m* Schokolade *f*
chofer *m*, **chófer** *m* Fahrer *m*
chorizo *m* luftgetrocknete Paprikawurst *f*
choza *f* Hütte *f*
chuleta *f* Kotelett *nt*
chupar *vt* lutschen
churro *m frittiertes Spritzgebäck*
ciberespacio *m* Cyberspace *m*; **ciberpostal** *f* E-Card *f*, Internetpostkarte *f*
cicatriz *f* Narbe *f*
ciclista *mf* Radfahrer(in) *m(f)*
ciego, -a *adj* blind
cielo *m* Himmel *m*
cien *adj inv* hundert
ciencia *f* Wissenschaft *f;* (*saber*) Wissen *nt*; **ciencia-ficción** *f* Sciencefiction *f*
científico, -a *m, f* Wissenschaftler(in) *m(f)*
ciento I. *adj* <cien> *inv* hundert **II.** *m*: **el cinco por ~** fünf Prozent
cifra *f* Ziffer *f*
cigarro *m* Zigarette *f*
cinco *adj inv* fünf
cincuenta *adj inv* fünfzig
cine *m* Kino *nt*

cinturón *m* ❶ (*ceñidor*) Gürtel *m* ❷ (*correa*) Gurt *m*; **ponerse el ~** sich anschnallen

circuito *m* (*trayecto de carrera*) Rennstrecke *f*; (ELEC) Stromkreis *m*; **corto ~** Kurzschluss *m*

circunstancia *f* Umstand *m*

ciruela *f* Pflaume *f*

cirugía *f* Chirurgie *f*

cita *f* (*convocatoria*) Termin *m*; (*encuentro*) Verabredung *f*

citar I. *vt* zu einem Termin einladen **II.** *vr*: **~se** sich verabreden

ciudad *f* Stadt *f*; **~ de vacaciones** Feriensiedlung *f*

ciudadano, -a *m, f* (Staats)bürger(in) *m(f)*

claro[1] **I.** *interj* (na) klar! **II.** *adv* deutlich

claro, -a[2] *adj* (*iluminado*) hell; (*evidente*) klar; **sacar en ~** klarstellen

clasificarse <c → qu> *vr* sich qualifizieren

cláusula *f* Klausel *f*

clavija *f* Stecker *m*

clavo *m* Nagel *m*

claxon *m* Hupe *f*

cobarde *m* Feigling *m*

cobijar *vt* (*proteger*) (be)schützen; (*albergar*) beherbergen

cobrar *vt* kassieren; **¿me cobra, por favor?** zahlen, bitte!

cocer *vi, vt* kochen

coche *m* Auto *nt*; **~ compartido** Fahrgemeinschaft *f*; **ir en ~** fahren

cochino, -a *m, f* Schwein *nt*; (*hembra*) Sau *f*

cocido *m* Kichererbseneintopf *m*

cocina *f* Küche *f*

cocinar *vi, vt* kochen

código *m* (*de señales*) Kode *m*; **~ bancario** Bankleitzahl *f*; **~ de barras** Balkenkode *m*; **~ de circulación** Straßenverkehrsordnung *f*; **Código Civil** Bürgerliches Gesetzbuch; **~ PIN** (*t.* TEL) PIN-Code *m*; **~ postal** Postleitzahl *f*

codo *m* Ell(en)bogen *m*

coger <g → j> *vt* (*agarrar*) festhalten; (*objeto caído*) aufheben; (*tocar*) in die Hände nehmen; (AM: *vulg*) ficken; **~ frío** sich erkälten; **~ el tren** den Zug nehmen

cohete *m* Rakete *f*

cojín *m* Kissen *nt*

col *m* Kohl *m*

cola *f* (*rabo*) Schwanz *m*; (*al esperar*) Schlange *f*; (*pegamento*) Leim *m*

colador *m* Sieb *nt*

colcha *f* Tagesdecke *f*

colchón *m* Matratze *f*

colección *f* Sammlung *f*

colegio *m* Schule *f*; (AM) Hochschule *f*; **ir al ~** zur Schule gehen

colgar *vi, vt* hängen; (TEL) auflegen

coliflor *f* Blumenkohl *m*

colilla *f* Zigarettenkippe *f*

colina *f* Hügel *m*

colocar <c → qu> **I.** *vt* stellen **II.** *vr*: **~se** eine Anstellung finden

Colón *m* Kolumbus *m*

Colonia *f* Köln *nt*

coloquial *adj* umgangssprachlich

color *m* Farbe *f*

columna *f* Säule *f*; **~ vertebral** Wirbelsäule *f*

coma[1] *m* Koma *nt*

coma[2] *f* Komma *nt*

comarca *f* (Land)kreis *m*

combate *m* Kampf *m*

combatir I. *vi* kämpfen **II.** *vt* bekämpfen

combustible *m* Kraftstoff *m*

comedia *f* (TEAT) Schauspiel *nt*; (CINE) Komödie *f*

comedor *m* Esszimmer *nt*; **~ universitario** Mensa *f*

comentario *m* Kommentar *m*

comenzar *vi, vt* anfangen

comer I. *vi* essen; (*almorzar*) zu Mittag essen **II.** *vt* essen

comercio *m* (*venta*) Gewerbe *nt*; (*tienda*) Geschäft *nt*; **~ exterior** Außenhandel *m*

comestibles *mpl* Lebensmittel *ntpl*

cometer *vt* begehen

cómico, -a *adj* witzig

comida *f* Essen *nt*; **~ casera** Hausmannskost *f*

comisaría *f* (Polizei)wache *f*

como I. *adv* wie; (*y también*) sowie; (*aproximadamente*) ungefähr; (*en calidad de*) als; **~ quien dice** sozusagen; **trabaja ~ camarero** er arbeitet als Kellner **II.** *konj* (*causal*) da; (*condicional*) wenn; **~ si** als ob; **~ para** um zu

cómo *adv* wie; (*por qué*) wieso; **¿~ estás?** wie geht's dir?; **¿~ no?** wieso nicht?

cómodo, -a *adj* bequem

compañero, -a *m, f* Gefährte, -in *m, f*; (*amigo*) Freund(in) *m(f)*; (*pareja*) Lebensgefährte, -in *m, f*; **~ de piso** Mitbewohner *m*

comparar *vt, vr*: **~se** (sich) vergleichen

compartim(i)ento *m* Abteilung *f*; (FERRO) Abteil *nt*

compartir *vt* teilen
compasión *f* Mitleid *nt*
compensar *vt* ausgleichen (**con** durch +*akk*)
competencia *f* (*t.* COM) Wettbewerb *m;* (*rivalidad*) Konkurrenz *f;* (*aptitud*) Kompetenz *f;* (*responsabilidad*) Zuständigkeit *f*
competir *vi* konkurrieren (**por** um +*akk*)
completo, -a *adj* vollständig; **pensión completa** Vollpension *f*
complicarse <c → qu> *vr* kompliziert werden
comportarse *vr* sich benehmen
compositor(a) *m(f)* Komponist(in) *m(f)*
comprar *vt* (ein)kaufen
comprender *vt* verstehen; **hacerse ~** sich verständigen; **~ mal** missverstehen
común *adj* gemeinsam
comunicar <c → qu> **I.** *vi* in Verbindung stehen; (*teléfono*) besetzt sein **II.** *vt* bekanntmachen
comunidad *f* Gemeinschaft *f*
con I. *prep* mit +*dat;* (*a pesar de*) trotz +*dat;* **¿vienes ~ nosotros?** kommst du mit (uns)?; **estar ~ la gripe** Grippe haben; **~ este tiempo** bei diesem Wetter **II.** *konj*: **~** +*inf* wenn ...; **~ que** +*subj* wenn ...; **~ sólo que** +*subj* wenn ... nur ...
concha *f* Muschel(schale) *f*
concierto *m* Konzert *nt*
concurrir *vi* zusammenkommen; (*concursar*) konkurrieren
concurso *m* Wettbewerb *m*
condena *f* Verurteilung *f;* **cumplir una ~** eine Strafe verbüßen
condición *f* Bedingung *f;* **a ~ de que...** +*subj* unter der Bedingung, dass ...; **sin condiciones** bedingungslos
condimento *m* Gewürz *nt*
condón *m* Kondom *nt*
conducir *vi* führen; (*pilotar*) fahren
conectar *vt* verbinden
conejo *m* Kaninchen *nt*
confesar <e → ie> *vt* (*admitir*) gestehen; (REL) beichten
confiar <*1. pres*: confío> **I.** *vi* vertrauen (**en** +*dat*) **II.** *vt, vr*: **~se** (sich) anvertrauen
confirmar *vt, vr*: **~se** (sich) bestätigen
confitería *f* Süßwarengeschäft *nt*
confundir I. *vt* verwechseln **II.** *vr*: **~se** sich täuschen (**de** in +*dat*)
congrio *m* Meeraal *m*
conmemorar *vt* gedenken +*gen*
conmigo *pron* mit mir, bei mir
conocer I. *vt, vr*: **~se** (sich) kennen; **~ de vista** vom Sehen kennen; **dar a ~** bekanntgeben **II.** *vi* sich auskennen (**de** mit +*dat*)
conquistar *vt* erobern
consciente *adj* bewusst (**de** +*gen*)**;** **estar ~** bei Bewusstsein sein
consecuencia *f* Auswirkung *f;* **a ~ de** infolge +*gen*
conseguir *vt* erreichen
consejo *m* (*recomendación*) Rat(schlag) *m;* (*organismo*) Rat *m;* **Consejo Europeo** Europäischer Rat
considerable *adj* beachtlich
consideración *f* (*reflexión*) Erwägung *f;* (*respeto*) Respekt *m;* **en ~ a** angesichts +*gen*
consigna *f* Gepäckaufbewahrung *f*
consigo *pron* mit sich *dat*, bei sich *dat*
consistir *vi* bestehen (**en** aus/in +*dat*)
consolar <o → ue> *vt, vr*: **~se** (sich) trösten
conspirar *vi* sich verschwören
constante *adj* konstant
constar *vi* bestehen (**de** aus +*dat*)**;** **hacer ~ algo** etw bekunden
constatar *vt* bestätigen
construir *vt* bauen
consuelo *m* Trost *m*
consulado *m* Konsulat *nt*
consulta *f*: **hora de ~** Sprechstunde *f*
consumir *vt* verbrauchen
contagiar *vt, vr*: **~se** (sich) anstecken
contaminación *f* Verseuchung *f;* **~ ambiental** Umweltverschmutzung *f*
contar <o → ue> *vt* zählen; (*narrar*) erzählen
contemplar *vt* betrachten
contemporáneo, -a *m, f* Zeitgenosse, -in *m, f*
contener I. *vt* enthalten **II.** *vr*: **~se** sich beherrschen
contenido *m* Inhalt *m*
contento, -a *adj* froh; (*satisfecho*) zufrieden
contestar *vi, vt* antworten
contigo *pron* mit dir, bei dir
contra *prep* gegen +*akk*
contrabando *m* Schmuggel *m*
contradecir *vt, vr*: **~se** (sich *dat*) widersprechen
contraindicación *f* Gegenanzeige *f*
contrario, -a *adj* entgegengesetzt (**a** +*dat*)**;** **al ~** (ganz) im Gegenteil; **en caso ~** andernfalls; **de lo ~** andernfalls
contraseña *f* Losungswort *nt*

C

contrato *m* Vertrag *m*
contribuir *vi, vt* beitragen
convencer <c → z> *vt, vr*: **~se** (sich) überzeugen
conveniente *adj* angemessen
convenio *m* Abkommen *nt;* **~ colectivo** Tarifvertrag *m*
convenir *vi, vt* vereinbaren
convento *m* Kloster *nt*
conversar *vi* sich unterhalten
convertir *vt, vr*: **~se** (sich) verwandeln (**en** in +*akk*)
cónyuge *mf* Ehemann, -frau *m, f*
coño *interj* verdammt!
copa *f* (Stiel)glas *nt*
copiar *vt* abschreiben; (*imitar*) kopieren
coraje *m* Mut *m;* **dar ~** wütend machen
coral *m* Koralle *f*
corazón *m* Herz *nt*
corbata *f* Krawatte *f*
cordero *m* Lamm *nt*
cordial *adj* herzlich
corona *f* (*adorno*) Krone *f;* (*de flores*) Kranz *m*
correcto, -a *adj* richtig
corregir *vt* korrigieren
correo *m* Post *f;* **~ aéreo** Luftpost *f;* **~ basura** (INFOR) Spammail *f o nt;* **~ caracol** (INFOR) Snailmail *f;* **~ electrónico** E-Mail *f;* **~ urgente** Eilzustellung *f*
correr *vi* rennen; **echarse a ~** losrennen
correspondiente *adj* entsprechend
corrida *f* Stierkampf *m*
corriente I. *adj* fließend **II.** *f* Strom *m*
corrupto, -a *adj* korrupt; (*inmoral*) (sittlich) verkommen
cortar *vi, vt, vr*: **~se** (sich) schneiden
Cortes *fpl* spanisches Parlament *nt*
cortés *adj* höflich
cortina *f* Vorhang *m*
corto, -a *adj* kurz
cosa *f* Sache *f;* (*asunto*) Angelegenheit *f;* **eso es ~ mía** das ist meine Sache; **¿sabes una ~?** weißt du was?
cosecha *f* Ernte *f*
costa *f* Küste *f*
costado *m* Seite *f;* **entrar de ~** seitwärts hereinkommen
costar <o → ue> *vi, vt* kosten
costilla *f* Rippe *f*
costumbre *f* (*tradición*) Brauch *m;* **como de ~** wie gewöhnlich
cotidiano, -a *adj* (all)täglich
cráneo *m* Schädel *m*
creación *f* Schöpfung *f*
crear *vt* erschaffen
crecer *vi* wachsen
credibilidad *f* Glaubwürdigkeit *f*
creer *vt* glauben
crema *f* Creme *f*
criar <*1. pres*: crío> *vt* aufziehen
criatura *f* Geschöpf *nt*
crimen *m* Verbrechen *nt*
crío, -a *m, f* Kleinkind *nt*
croqueta *f* Krokette *f*
cruasán *m* Croissant *nt*
cruce *m* Kreuzung *f*
crucero *m* Kreuzfahrt *f*
crucigrama *m* Kreuzworträtsel *nt*
crudo[1] *m* Rohöl *nt*
crudo, -a[2] *adj* roh
cruel *adj* grausam
cruz *f* Kreuz *nt;* **~ gamada** Hakenkreuz *nt;* **Cruz Roja** Rotes Kreuz; **¿cara o ~?** Kopf oder Zahl?
cruzar <z → c> **I.** *vt* überqueren **II.** *vr*: **~se** begegnen (**con** +*dat*)
cu *f* Q, q *nt*
cuaderno *m* Heft *nt*
cuadra *f* Stall *m*
cuadrado[1] *m* Quadrat *nt*
cuadrado, -a[2] *adj* quadratisch; **metro ~** Quadratmeter *m*
cuadro *m* Gemälde *nt*
cuajada *f* Quark *m*
cual *pron*: **el/la ~** der/die; **lo ~** was; **los/las ~es** die; **cada ~** jede(r) (Einzelne); **sea ~ sea su intención** was er/sie auch immer vorhat
cuál *pron* welche(r, s); **¿~ es el tuyo?** welches ist deins?
cualquiera *pron* (*ante sustantivo: cualquier*) irgendein(e, er, s); **a cualquier hora** jederzeit; **cualquier cosa** irgendwas
cuando *konj* wenn; (*con indefinido*) als; (*futuro; + subj*) sobald; **de ~ en ~** ab und zu; **~ quiera** jederzeit; **aun ~** auch wenn; **el lunes es ~ no trabajo** montags arbeite ich nicht
cuándo *adv* wann
cuanto[1] **I.** *adv*: **~... tanto...** je ..., desto ...; **~ antes** möglichst bald; **~ más que...** umso mehr, als ... **II.** *prep* **en ~ a** bezüglich +*gen* **III.** *konj* **en ~** (**que** +*subj*) sobald

cuanto, -a[2] **I.** *pron* ❶ (*neutro*) alles, was ...; **tanto...** ~ so viel ... wie ❷ *pl* alle, die ...; **la más hermosa de cuantas conozco** die Hübscheste von allen, die ich kenne **II.** *pron*: **unos ~s/unas cuantas** einige, ein paar
cuánto, -a *adj o pron* wie viel; **¿~ tiempo?** wie lange?; **¿cuántas veces?** wie oft?
cuarenta *adj inv* vierzig
cuartel *m* Kaserne *f*
cuarto[1] *m* Zimmer *nt;* ~ **de aseo** Toilette *f*
cuarto, -a[2] **I.** *adj* vierte(r, s) **II.** *m, f* Viertel *nt;* ~ **de hora** Viertelstunde *f*
cuatro *adj inv* vier
cubierto[1] *m* Besteck *nt;* **ponerse a ~** sich unterstellen
cubierto, -a[2] *adj* bewölkt
cubrir *vt, vr*: **~se** (sich) bedecken
cucaracha *f* Kakerlak *m*
cuchara *f* Löffel *m*
cucharada *f*: **una ~ de azúcar** ein Löffel (voll) Zucker
cucharilla *f* Teelöffel *m*
cuchillo *m* Messer *nt*
cuello *m* Hals *m*
cuenta *f* (*cálculo, factura*) Rechnung *f;* (*en el banco*) Konto *nt;* **tener en ~** bedenken; ~ **corriente** Girokonto *nt;* ~ **de crédito** Kreditkonto *nt*
cuento *m* (Kurz)geschichte *f;* ~ **chino** Lüge *f;* ~ **de hadas** Märchen *nt*
cuero *m* Leder *nt;* ~ **cabelludo** Kopfhaut *f*
cuerpo *m* Körper *m*
cuesta *f* Abhang *m;* ~ **abajo** bergab; ~ **arriba** bergauf
cuestión *f* Frage *f;* ~ **de confianza** Vertrauensfrage *f;* ~ **de gustos** Geschmackssache *f*
cuestionar *vt* diskutieren
cuestionario *m* Fragebogen *m*
cueva *f* Höhle *f*
cuidado *m* (*esmero*) Sorgfalt *f;* **¡~!** Achtung!
cuidar I. *vi* aufpassen (**de** auf +*akk*) **II.** *vt* pflegen; ~ **a los niños** die Kinder betreuen
culebra *f* Schlange *f*
culo *m* Hintern *m fam*
culpa *f* Schuld *f*
cultivar I. *vt* anbauen **II.** *vr*: **~se** sich bilden
culto, -a *adj* gebildet
cumpleaños *m inv* Geburtstag *m*
cuñado, -a *m, f* Schwager, Schwägerin *m, f*
cuota *f* Beitrag *m*
cura *m* Pfarrer *m*
curar I. *vt* heilen **II.** *vr*: **~se** genesen
curioso, -a *adj* neugierig
currículum (**vitae**) *m* Lebenslauf *m*

D d

D. *abr de* **Don** Hr.
Dª *abr de* **Doña** Fr.
danza *f* Tanz *m*
dañar I. *vi* schaden **II.** *vt* beschädigen
daño *m* (*perjuicio*) Schaden *m;* ~ **material** Sachschaden *m;* **~s y perjuicios** Schadensersatz *m;* **hacerse ~** sich verletzen
dar I. *vt* geben; **la vaca da leche** die Kuh gibt Milch; ~ **una fiesta** eine Party geben; **me das pena** du tust mir leid; ~ **recuerdos** Grüße ausrichten; ~ **un paseo** einen Spaziergang machen **II.** *vi*: (**me**) **da igual** das ist (mir) egal **III.** *vr* **~se de baja** sich krankschreiben lassen; **~se cuenta de algo** etw merken; **~se prisa** sich beeilen
dátil *m* Dattel *f*
dato *m* Angabe *f;* **~s personales** Personalien *pl*
de *prep* ❶ (*posesión*): **los hijos ~ Ana** Anas Kinder ❷ (*origen*) von +*dat*, aus +*dat;* **ser ~ Italia** aus Italien kommen ❸ (*material*) aus +*dat;* ~ **oro** golden ❹ (*temporal*) von +*dat* ❺ (*partitivo*) **un kilo ~ tomates** ein Kilo Tomaten ❻ (*loc*) ~ **niño** als Kind; ~ **no** (AM) ansonsten
debajo I. *adv* unten **II.** *prep*: ~ **de** (*local*) unter +*dat;* (*con movimiento*) unter +*akk*
deber I. *vi* (*suposición*): **deben de ser las nueve** es muss neun Uhr sein **II.** *vt* müssen; (*tener que dar*) schulden **III.** *m* ❶ (*obligación*) Pflicht *f* ❷ *pl* (*tareas*) Hausaufgaben *fpl;* **tener muchos ~es** viel aufhaben
débil *adj* schwach

década *f* Jahrzehnt *nt*
decenio *m* Jahrzehnt *nt*
decente *adj* anständig
decepción *f* Enttäuschung *f;* **llevarse una ~** enttäuscht werden
decidir *vi, vt, vr:* **~se** (sich) entscheiden
décimo, -a *adj* zehnte(r, s)
decir *vi, vt* sagen (**de** über *+akk*)*;* **~ que sí** ja sagen; **diga, dígame** (TEL) ja, hallo?; **¿cómo se dice en alemán?** wie sagt man das auf Deutsch?
decisión *f* Entscheidung *f*
declarar I. *vi* aussagen **II.** *vt* erklären; **~ a alguien culpable** jdn für schuldig erklären **III.** *vr:* **~se inocente** sich für unschuldig erklären; **~se en quiebra** Konkurs anmelden
decorado *m* Bühnenbild *nt*
decorar *vt* dekorieren
decreto *m* Verfügung *f;* **~ gubernamental** Regierungserlass *m*
dedicar <c → qu> *vt, vr:* **~se** (sich) widmen; **¿a qué se dedica Ud.?** was machen Sie beruflich?
dedo *m* (*de mano*) Finger *m;* (*de pie*) Zeh *m;* **~ del corazón** Mittelfinger *m;* **~ gordo** großer Zeh; **~ índice** Zeigefinger *m;* **~ meñique** kleiner Finger; **~ pulgar** Daumen *m;* **ir a ~** (*fam*) trampen
deducir *vt* folgern
defecto *m* Mangel *m;* **en su ~** bei Fehlen
defender <e → ie> *vt, vr:* **~se** (sich) verteidigen
defensa *f* Verteidigung
deformar *vt, vr:* **~se** (sich) verformen
degenerar *vi* degenerieren
degustación *f:* **~ de vinos** Weinprobe *f*
degustar *vt* kosten
dejar I. *vi:* **~ de** *+inf* aufhören zu *+inf;* **no ~ de** *+inf* nicht vergessen zu *+inf* **II.** *vt* lassen; (*abandonar*) verlassen; (*permitir*) zulassen; (*prestar*) leihen; **¡déjalo ya!** hör auf damit!; **~ la carrera** das Studium abbrechen; **~ claro** klarstellen; **~ en paz** in Ruhe lassen
del = **de + el** von, von dem
delante I. *adv* ❶ (*ante*) vorn(e); **de ~** von vorn; **abierto por ~** vorne offen ❷ (*enfrente*) davor **II.** *prep:* **~ de** (*local*) vor *+dat;* (*movimiento*) vor *+akk;* **~ mío** [*o* **de mí**] in meiner Gegenwart
delegar <g → gu> *vt* delegieren
deleite *m* Wonne *f;* **con ~** genüsslich
deletrear *vt* buchstabieren
delgado, -a *adj* dünn
delicado, -a *adj* (*frágil*) zart; (*atento*) feinfühlig; (*enfermizo*) anfällig
delicioso, -a *adj* köstlich
delimitar *vt* abgrenzen
delincuente *mf* Straftäter(in) *m(f)*
delito *m* Delikt *nt;* **~ de guerra** Kriegsverbrechen *nt*
demanda *f* (*petición*) Forderung *f;* (COM) Nachfrage *f* (**de** nach *+dat*)*;* (JUR) Klage *f;* **~ de empleo** Stellengesuch *nt*
demandante *mf* Kläger(in) *m(f)*
demás *adj* übrige(r, s); **... y ~...** ... und weitere ...
demasiado[1] *adv* (*+ adj*) (all)zu; (*+ verbo*) zu viel
demasiado, -a[2] *adj* zu viel; **hace ~ calor** es ist zu heiß
demoler <o → ue> *vt* abreißen
demonio *m* Teufel *m;* **¡~(s)!** zum Teufel!
demora *f* Verzug *m*
demostración *f* Beweis *m*
demostrar <o → ue> *vt* beweisen
denominación *f* Bezeichnung *f*
denso, -a *adj* dicht
dentadura *f* Gebiss *nt*
dentífrico *m* Zahncreme *f*
dentista *mf* Zahnarzt, -ärztin *m, f*
dentro I. *adv* (dr)innen; **a ~** innen **II.** *prep:* **~ de** (*local, temporal*) in *+dat;* (*con movimiento*) in *+akk;* **~ de lo posible** im Rahmen des Möglichen; **~ de poco** bald
denunciar *vt* anzeigen
departamento *m* (*de un establecimiento*) Abteilung *f;* (FERRO) Abteil *nt;* (AM: *apartamento*) Wohnung *f*
depender *vi* abhängig sein (**de** von *+dat*)*;* **¡depende!** es kommt darauf an!
dependiente[1] *adj* abhängig
dependiente, -a[2] *m, f* Verkäufer(in) *m(f)*
deplorable *adj* bedauerlich
deporte *m* Sport *m;* **hacer ~** Sport treiben
deportista *mf* Sportler(in) *m(f)*
depositar *vt* deponieren; (FIN) einlegen
depósito *m* (*el guardar*) Aufbewahrung *f;* (AUTO) Tank *m;* **en ~** in Verwahrung
deprimirse *vr* Depressionen bekommen
deprisa *adv* schnell

derecha *f* (*mano*) rechte Hand *f;* **a la ~** rechts
derecho[1] **I.** *adv* direkt **II.** *m* Recht *nt*
derecho, -a[2] *adj* (*diestro*) rechte(r, s); (*recto*) gerade
derivación *f* Ableitung *f*
derroche *m* Verschwendung *f*
derrota *f* Niederlage *f*
derrotar *vt* schlagen
derrumbar I. *vt* niederreißen **II.** *vr:* **~se** einstürzen
desabrochar *vt, vr:* **~se** aufknöpfen
desaconsejar *vt* abraten (von *+dat*)
desactivar *vt* entschärfen
desacuerdo *m* Unstimmigkeit *f;* **estar en ~** nicht übereinstimmen
desafinar *vi* verstimmt sein
desafío *m* Herausforderung *f*
desafortunado, -a *adj* unglücklich
desagradable *adj* unangenehm
desajustar *vt* verstellen
desaliento *m* Mutlosigkeit *f*
desamueblado, -a *adj* unmöbliert
desanimar I. *vt* entmutigen **II.** *vr:* **~se** den Mut verlieren
desaparecer *vi* verschwinden
desapercibido, -a *adj* unbemerkt; **pasar ~** nicht auffallen; **coger ~** völlig unvorbereitet treffen
desaprobar <o → ue> *vt* missbilligen
desarreglo *m* Unordnung *f;* (*molestia*) Störung *f*
desarrollar I. *vt* entwickeln; (*tratar en detalle*) darlegen; **~ relaciones comerciales** Handelsbeziehungen ausbauen **II.** *vr:* **~se** sich entwickeln
desarrollo *m* Entwicklung *f;* **país en vías de ~** Entwicklungsland *nt*
desarticular *vt* zerlegen; (*articulación*) ausrenken
desastre *m* Katastrophe *f*
desatar *vt* losbinden; (*zapatos*) aufschnüren
desatender <e → ie> *vt* vernachlässigen
desautorizado, -a *adj* unbefugt
desayunar *vi, vt* frühstücken; **~ fuerte** gut frühstücken
desayuno *m* Frühstück *nt;* **~ buffet** Frühstücksbuffet *nt*
desbarajuste *m* Durcheinander *nt*
descafeinado, -a *adj* koffeinfrei
descalzo, -a *adj* barfuß
descansar *vi* sich ausruhen; **¡que descanses!** schlaf gut!
descargar <g → gu> *vt* abladen; **~ algo de Internet** (INFOR) etw downloaden, herunterladen
descartar *vt* ausschließen
descendencia *f* Nachkommenschaft *f;* **tener ~** Nachwuchs bekommen
descender <e → ie> *vi* hinuntergehen; (*disminuir*) zurückgehen; (*proceder*) abstammen
descendiente *mf* Nachkomme *m*
descifrar *vt* entziffern
descolgar *vt* abhängen; (*teléfono*) abnehmen
desconectar *vi, vt* abschalten
desconfiar <*1. pres:* desconfío> *vi* misstrauen (**de** *+dat*)
descongelar *vt, vr:* **~se** auftauen
desconocer *vt* nicht wissen
descorchar *vt* entkorken
describir *vt* beschreiben
descripción *f* Beschreibung *f*
descubierto *m:* **al ~** unter freiem Himmel; (*cuenta*) überzogen
descubrimiento *m* Entdeckung *f*
descubrir *vt* entdecken; (*averiguar*) herausfinden
descuento *m* Abzug *m;* (COM) Rabatt *m*
descuidar I. *vi:* **¡descuida!** lass das nur meine Sorge sein! **II.** *vt, vr:* **~se** (sich) vernachlässigen
desde I. *prep* ① (*temporal: pasado*) seit *+dat;* (*a partir de*) ab *+dat;* **~... hasta...** von ... bis ...; **¿~ cuándo?** seit wann?; **~ entonces** seitdem ② (*local*) von *+dat;* **te llamo ~ una cabina** ich rufe von einer Telefonzelle (aus) an **II.** *adv:* **~ luego** selbstverständlich **III.** *konj* **~ que** seit(dem)
desdén *m* Verachtung *f*
desdeñar *vt* verschmähen
desdicha *f* Unglück *nt*
desear *vt* wünschen
desecho *m* Abfall *m;* **~s tóxicos** Giftmüll *m*
desembarcar <c → qu> **I.** *vi* landen **II.** *vt* ausschiffen
desembarque *m* Landung *f*
desembocadura *f* (Ein)mündung *f*
desembolso *m* Zahlung *f*
desempeñar *vt* ausüben; (*trabajo*) ausführen; **~ un papel** eine Rolle spielen
desempleado, -a *m, f* Arbeitslose(r) *mf*

D

desenchufar *vt* den Stecker herausziehen (von +*dat*)
desengaño *m* Enttäuschung *f*
desenlace *m* Ende *nt*
desenredar *vt* entwirren
desenroscar <c → qu> *vt* aufschrauben
deseo *m* Wunsch *m*
desértico, -a *adj* Wüsten-
desesperación *f* Verzweiflung *f;* **caer en la ~** verzweifeln
desesperar I. *vt* zur Verzweiflung treiben **II.** *vi, vr:* **~se** verzweifeln (**de** an +*dat*); **¡no te desesperes!** Kopf hoch!
desfiladero *m* Schlucht *f*
desgaste *m* Abnutzung *f*
desgraciado, -a *adj* unglücklich
deshabitado, -a *adj* unbewohnt
deshacer *vt* (*un paquete*) auspacken; (*romper*) kaputt machen; (*disolver*) auflösen
deshonra *f* Schande *f*
desierto[1] *m* Wüste *f*
desierto, -a[2] *adj* (menschen)leer
designar *vt* (*dar un nombre*) bezeichnen (**por** als +*akk*); (*nombrar*) ernennen (**para** zu +*dat*)
desigual *adj* ungleich
desilusión *f* Enttäuschung *f;* **sufrir una ~** enttäuscht werden
desinfectar *vt* desinfizieren
desinflarse *vr* die Luft verlieren
desintegrar *vt, vr:* **~se** (sich) auflösen
desistir *vi* aufgeben (**de** +*akk*)
desleal *adj* untreu; **competencia ~** unlauterer Wettbewerb; **publicidad ~** irreführende Werbung
desliz *m* Seitensprung *m*
deslizarse <z → c> *vr* (*escurrirse*) ausrutschen; **~ por un tobogán** eine Rutschbahn hinunterrutschen
desmayarse *vr* in Ohnmacht fallen
desmayo *m* Ohnmacht *f*
desmedido, -a *adj* maßlos
desmesurado, -a *adj* maßlos
desmontar I. *vt* abmontieren **II.** *vi, vr:* **~se** absteigen
desnudar *vt, vr:* **~se** (sich) ausziehen
desnudo, -a *adj* nackt
desobedecer *vi* nicht gehorchen
desocupado, -a *adj* arbeitslos
desodorante *m* Deo *nt*
desolado, -a *adj* trostlos
desorden *m* Unordnung *f*
desorientarse *vr* verwirrt sein
despacho *m* Büro *nt*
despacio *adv* langsam
despecho *m* Zorn *m;* **a ~ de** trotz +*gen*
despectivo, -a *adj* verächtlich
despedida *f* Abschied *m*
despedir I. *vt* (*decir adiós*) verabschieden; (*de un empleo*) entlassen **II.** *vr:* **~se** sich verabschieden
despegar <g → gu> *vi* starten; **la economía no despega** die Wirtschaft kommt nicht in Gang
despeinado, -a *adj* ungekämmt
despejado, -a *adj* wolkenlos; (*cabeza*) klar
desperdicio *m* ❶ (*residuo*) Abfall *m;* **~s biológicos** Biomüll *m* ❷ (*malbaratamiento*) Verschwendung *f;* **no tener ~** sehr nützlich sein
despertador *m* Wecker *m*
despertar <e → ie> **I.** *vt* wecken **II.** *vr:* **~se** aufwachen
despilfarro *m* Verschwendung *f*
despistado, -a *adj* zerstreut
desplegable *adj:* **silla ~** Klappstuhl *m*
despreciar *vt* verachten
desprecio *m* Verachtung *f*
desprenderse *vr* (*soltarse*) sich lösen; (*deshacerse*) weggeben (**de** +*akk*)
después I. *adv* ❶ (*tiempo*) nachher; **~ de todo** (*concesivo*) trotz allem; **~ de la cena** nach dem Essen; **una hora ~** eine Stunde später ❷ (*espacio*): **~ de** hinter +*dat* **II.** *konj* **~ (de) que** nachdem
destacar <c → qu> **I.** *vi* hervorstechen **II.** *vt* hervorheben **III.** *vr:* **~se** sich abheben (**de/entre** von +*dat*)
destapar *vt* aufmachen; (*desabrigar*) aufdecken
destino *m* Schicksal *nt*
destornillador *m* Schraubenzieher *m*
destreza *f* Geschicklichkeit *f;* **con ~** geschickt
destrozar <z → c> *vt* zerstören
destrucción *f* Zerstörung *f*
destruir *vt* vernichten
desventaja *f* Nachteil *m*
desvergonzado, -a *adj* schamlos
desvestir *vt, vr:* **~se** (sich) ausziehen
desviación *f* (*torcedura*) Abweichung *f;* (*del tráfico*) Umleitung *f*
desvío *m* Umleitung *f*
detallado, -a *adj* ausführlich

detalle *m* Detail *nt;* **venta al ~** Einzelverkauf *m;* **entrar en ~s** ins Detail gehen
detectar *vt* entdecken
detener I. *vt* anhalten; (*encarcelar*) festnehmen; **~** (**en su poder**) einbehalten II. *vr:* **~se** sich aufhalten (**en** mit *+dat*)
detenido, **-a** *m, f* Häftling *m*
detergente *m* Waschpulver *nt*
deterioro *m* Verschlechterung *f*
determinar *vt* bestimmen
detestar *vt* verabscheuen
detrás I. *adv* (*local*) hinten; **allí ~** dahinter II. *prep* ❶ (*local: tras*): **~ de** hinter *+dat;* (*con movimiento*) hinter *+akk;* **ir ~ de alguien** jdm folgen ❷ (*en el orden*) **uno ~ de otro** einer nach dem anderen
deuda *f* Schuld *f;* **contraer ~s** Schulden machen; **sin ~s** schuldenfrei
devaluación *f* Abwertung *f*
devolución *f* Rückgabe *f*
devolver I. *vt* zurückgeben; **~ la comida** sich übergeben II. *vr:* **~se** (AM) zurückkehren
devorar *vt* verschlingen
devoto, **-a** *adj* gläubig; (*adicto*) ergeben
día *m* Tag *m;* **~ festivo** Feiertag *m;* **~ hábil** [*o* **laborable**] Werktag *m;* **~ lectivo** Unterrichtstag *m;* **de ~** tagsüber
diablo *m* Teufel *m*
diafragma *m* Zwerchfell *nt*
diámetro *m* Durchmesser *m*
diapositiva *f* Dia *nt*
diario[1] *m* Tageszeitung *f*
diario, **-a**[2] *adj:* (**a**) **~** täglich
diarrea *f* Durchfall *m*
dibujar *vt* zeichnen
dibujo *m* Zeichnung *f;* **~s animados** Zeichentrickfilm *m*
diccionario *m* (*de consulta*) Lexikon *nt;* (*de vocabulario*) Wörterbuch *nt;* **~ enciclopédico** Enzyklopädie *f;* **~ de alemán-español** deutsch-spanisches Wörterbuch
diciembre *m* Dezember *m*
dictamen *m* Gutachten *nt;* **~ facultativo** ärztliches Gutachten; **~ judicial** Gerichtsurteil *nt*
dictar *vt* diktieren
diecinueve *adj inv* neunzehn; **dieciocho** *adj inv* achtzehn; **dieciséis** *adj inv* sechzehn; **diecisiete** *adj inv* siebzehn
diente *m* Zahn *m;* **~ incisivo** Schneidezahn *m;* **~ de leche** Milchzahn *m;* **~ molar** Backenzahn *m*
dieta *f* Diät *f*
diez *adj inv* zehn
diferencia *f* Unterschied *m*
diferenciar *vt, vr:* **~se** (sich) unterscheiden
diferente *adj* verschieden
difícil *adj* schwierig
dificultad *f* Schwierigkeit *f*
difundir *vt, vr:* **~se** (sich) verbreiten
difunto, **-a** *m, f* Verstorbene(r) *mf*
difusión *f* Verbreitung *f*
difuso, **-a** *adj* unklar
digerir *vt* verdauen
digestión *f* Verdauung *f*
dignidad *f* Würde *f*
diluir *vt, vr:* **~se** (sich) auflösen
dinero *m* Geld *nt;* **~ suelto** Kleingeld *nt*
Dios *m* Gott *m*
dique *m* Deich *m*
dirección *f* (*rumbo*) Richtung *f;* (*mando*) Direktion *f;* (*señas*) Adresse *f;* **~ comercial** Geschäftsführung *f*
directo, **-a** *adj* gerade; (*inmediato, franco*) direkt
disco *m* Scheibe *f;* (MÚS) Schallplatte *f;* **~ duro** Festplatte *f*
discreción *f* Diskretion *f;* **a ~** nach Belieben
discrepar *vi* anderer Meinung sein
discreto, **-a** *adj* diskret
disculpa *f* (*perdón*) Entschuldigung *f;* (*pretexto*) Ausrede *f;* **pedir ~s** sich entschuldigen; **¡qué ~ más tonta!** so eine faule Ausrede!
discutir *vi, vt* diskutieren
disentir *vi* anderer Meinung sein
diseñar *vt* entwerfen
diseño *m* Design *nt*
disfraz *m* Verkleidung *f*
disfrazarse <z → c> *vr* sich verkleiden (**de** als *+nom*)
disfrutar *vi, vt* genießen (**de** *+akk*)
disimular *vt* verbergen
dislexia *f* Legasthenie *f*
disminuir *vi* zurückgehen
disolver *vt, vr:* **~se** (sich) auflösen
disparar *vi:* **~ contra alguien** auf jdn schießen
disparate *m* Unsinn *m*
disperso, **-a** *adj* zerstreut
disponer *vi* verfügen (**de** über *+akk*)
dispuesto, **-a** *adj* bereit
disputar *vi* streiten

distancia *f* Entfernung *f*
distanciarse *vr* sich distanzieren
distinguir <gu → g> **I.** *vt* unterscheiden **II.** *vr*: **~se** deutlich werden
distinto, -a *adj* unterschiedlich
distracción *f* Ablenkung *f*
distraer *vt, vr*: **~se** (sich) ablenken
distribuidor(a) *m(f)* Vertreter(in) *m(f)*
distribuir *vt, vr*: **~se** (sich) verteilen
distrito *m* Bezirk *m;* **~ electoral** Wahlkreis *m*
disuadir *vt* umstimmen
divergente *adj*: **opiniones ~s** abweichende Meinungen
diversidad *f* Vielfalt *f*
diversión *f* Vergnügen *nt*
diversos, -as *adj* verschiedene
divertido, -a *adj* lustig
divertir I. *vt* unterhalten **II.** *vr*: **~se** sich amüsieren
dividir *vt* aufteilen
divisa *f* Devise *f*
divisar *vt* ausmachen
divorcio *m* (Ehe)scheidung *f*
DNI *m abr de* **Documento Nacional de Identidad** Personalausweis *m*
Dña. *abr de* **doña** ≈Fr.
doblar *vt* (*arquear*) biegen; (*plegar*) falten
doble *adj* doppelt
doce *adj inv* zwölf
docena *f* Dutzend *nt;* **una ~ de huevos** ein Dutzend Eier
docente *mf* Dozent(in) *m(f)*
documental *m* Dokumentarfilm *m*
dólar *m* Dollar *m*
doler <o → ue> *vi* schmerzen
dolor *m* Schmerz *m;* **~ de cabeza** Kopfschmerzen *mpl*
doméstico, -a *adj* Haus-
domicilio *m* Wohnsitz *m*
dominar I. *vi* (vor)herrschen **II.** *vt, vr*: **~se** (sich) beherrschen
domingo *m* Sonntag *m*
don, doña *m, f* Don, Doña *m, f*
donar *vt* spenden
donativo *m* Spende *f*
donde *adv* wo; **a** [*o* **hacia**] **~** wohin; **de ~** woher; **en ~** wo
dónde *pron o pron* wo; **¿a** [*o* **hacia**] **~?** wohin?; **¿de ~?** woher?; **¿en ~?** wo?
donostiarra *adj* aus San Sebastián
doña *f v.* **don**[2]
dorado, -a *adj* golden
dormir *vi* schlafen; **quedarse dormido** einschlafen
dormitorio *m* Schlafzimmer *nt*
dorsal *adj*: **espina ~** Rückgrat *nt*
dorso *m* Rücken *m;* (*reverso*) Rückseite *f;* **~ de la mano** Handrücken *m*
dos *adj inv* zwei; **~ puntos** Doppelpunkt *m;* **doscientos, -as** *adj* zweihundert
dotado, -a *adj* begabt
dotar *vt* ausstatten
dramático, -a *adj* dramatisch
Dresde *m* Dresden *nt*
droga *f* Droge *f*
drogadicto, -a *adj* drogenabhängig
drogarse <g → gu> *vr* Drogen nehmen
ducha *f* Dusche *f*
duchar *vt, vr*: **~se** (sich) duschen
duda *f* Zweifel *m*
dudar I. *vi* zweifeln (**de** an +*dat*) **II.** *vt* bezweifeln
duelo *m* Duell *nt*
dueño, -a *m, f* Besitzer(in) *m(f)*
dulce *adj* süß
duna *f* Düne *f*
dúo *m* Duo *nt*
duración *f* Dauer *f*
durante *prep* während +*gen*
durar *vi* andauern
duro, -a *adj* hart

E e

e *konj* (*ante '(h)i'*) und

echar I. *vt* ❶ (*tirar*) werfen; (*carta*) einwerfen ❷ (*verter*) eingießen (**en** in *+akk*) ❸ (*expulsar*) hinauswerfen (**de** aus *+dat*) ❹ (*emitir*) ausstoßen; ~ **humo** rauchen ❺ (*calcular*): **te echo 30 años** ich schätze dich auf 30 ❻ (*loc*) ~ **cuentas** rechnen; ~ **de menos** vermissen **II.** *vi* ❶ (*lanzar*) werfen ❷ (*verter*) einschenken ❸ (*empezar*) anfangen (**a** zu *+inf*); ~ **a correr** loslaufen **III.** *vr*: ~**se** ❶ (*postrarse*) sich hinlegen ❷ (*lanzarse*) sich stürzen (**sobre** auf *+akk*) ❸ (*empezar*) anfangen (**a** zu *+inf*); ~**se a llorar** in Tränen ausbrechen

ecología *f* Ökologie *f*

economía *f* Wirtschaft *f*

edad *f* Alter *nt*

edificio *m* Gebäude *nt*

editorial *f* Verlag *m*

educación *f* (*enseñanza*) Ausbildung *f*; (*comportamiento*) Erziehung *f*; ~ **física** Sportunterricht *m*

educar <c → qu> *vt* erziehen

EE.UU. *mpl abr de* **Estados Unidos** USA *pl*

efe *f* F, f *nt*

efectivo[1] *m* Bargeld *nt*

efectivo, -a[2] *adj* wirksam

eficaz *adj* tatkräftig

eficiente *adj* leistungsfähig

egoísta *adj* egoistisch

ej. *abr de* **ejemplo** Bsp.; **p.**~ z. B.

ejemplo *m* Beispiel *nt*

ejercer <c → z> **I.** *vt* ausüben **II.** *vi* arbeiten (**de/como** als *+nom*); ~ **de médico** praktizieren

ejercicio *m* ❶ (DEP) Training *nt*; **tener falta de** ~ nicht genug Bewegung haben ❷ (ENS) Übung *f*

el, la, lo <los, las> *art* der, die, das; **el puente** die Brücke; **la mesa** der Tisch; **lo bueno** das Gute; **los amigos** die Freunde

él *pron 3. sg m* ❶ (*sujeto*) er ❷ (*tras preposición: acusativo*) ihn; (*dativo*) ihm; **el libro es de** ~ das Buch ist seins

ele *f* L, l *nt*

elección *f* Wahl *f*; **elecciones legislativas** Parlamentswahlen *fpl*

electricidad *f* Elektrizität *f*

elegir *vi, vt* wählen

elemental *adj* elementar; **conocimientos ~es** Grundkenntnisse *fpl*

elevado, -a *adj* hoch

elevar *vt* erhöhen

ella *pron 3. sg f* ❶ (*sujeto*) sie ❷ (*tras preposición: acusativo*) sie; (*dativo*) ihr; **el abrigo es de** ~ der Mantel ist ihrer

ellas *pron 3. pl f* ❶ (*sujeto*) sie *pl* ❷ (*tras preposición: acusativo*) sie; (*dativo*) ihnen; **el coche es de** ~ das Auto gehört ihnen

ello *pron 3. sg nt* ❶ (*sujeto*) das ❷ (*tras preposición*): **para** ~ dafür; **por** ~ darum

ellos *pron 3. pl m* ❶ (*sujeto*) sie *pl* ❷ (*tras preposición: acusativo*) sie; (*dativo*) ihnen; **estos niños son de** ~ das sind ihre Kinder

embajada *f* Botschaft *f*

embarazo *m* Schwangerschaft *f*

embarcar <c → qu> *vi, vr*: ~**se** an Bord gehen

embarque *m*: **tarjeta de** ~ Bordkarte *f*

emborracharse *vr* sich betrinken

embrague *m* Kupplung *f*

embrollar *vt* verwirren

embutido *m* Wurst *f*; ~**s** Wurstwaren *fpl*

eme *f* M, m *nt*

emergencia *f* Notfall *m*; **estado de** ~ Notstand *m*

emilio *m* (*fam*) Mail *f o nt*; **escribir/mandar un** ~ ein Mail schreiben/senden

empalme *m*: **estación de** ~ Umsteigebahnhof *m*

empanar *vt* panieren

empeorar *vi, vt, vr*: ~**se** (sich) verschlechtern

empezar *irr vi, vt* beginnen

empleado, -a *m, f* Angestellte(r) *mf*

emplear I. *vt* (*colocar*) einstellen; (*usar*) benutzen; (*tiempo*) aufwenden **II.** *vr*: ~**se** eine Anstellung finden

empresa *f* Unternehmen *nt*

empresario, -a *m, f* Unternehmer(in) *m(f)*

empujar *vi, vt* schieben

en *prep* ❶ (*lugar*) in *+dat*, auf *+dat*, an *+dat*; (*con movimiento*) in *+akk*, auf *+akk*, an *+akk*; **estoy** ~ **casa** ich bin zu Hause ❷ (*tiempo*) in *+dat*; ~ **el año 2000** im Jahre 2000 ❸ (*modo, estado*): ~ **absoluto** auf (gar) keinen Fall; ~ **voz alta** laut; **decir algo** ~ **español** etw auf Spanisch sagen; **pagar** ~ **euros** in Euro bezahlen ❹ (*medio*) **he venido ~ avión** ich bin geflogen ❺ (*ocupación*) **trabajar ~ Correos** bei der Post arbeiten ❻ (*con verbo*) **pienso ~ ti** ich denke an dich; **no confío ~ él** ich vertraue ihm nicht

enamorarse *vr* sich verlieben (**de** in +*akk*)

enano, -a *m, f* Zwerg(in) *m(f)*

encantado, -a *adj* (hoch)erfreut; **¡~ de conocerle!** sehr angenehm!

encantar *vt* gefallen +*dat*; **me encanta viajar** ich reise sehr gern

encarcelar *vt* inhaftieren; **estar encarcelado** sich in Haft befinden

encargar <g → gu> **I.** *vt* (*pedir*) bestellen; (*trabajo*) in Auftrag geben **II.** *vr*: **~se** sich kümmern (**de** um +*akk*)

encargo *m* (*pedido*) Bestellung *f*; (*trabajo*) Auftrag *m*; **por ~ de...** im Auftrag von ...

encendedor *m* Feuerzeug *nt*

encender <e → ie> *vt* anzünden

encerrar <e → ie> *vt* einschließen

enchufe *m* Stecker *m*

encima I. *adv* ❶ (*arriba*) obendrauf; **llevar** [*o* **tener**] **~** (*consigo*) dabei haben ❷ (*además*) obendrein ❸ (*superficialmente*) **por ~** oberflächlich **II.** *prep* ❶ (*local: sobre*) (**por**) **~ de** (*sin contacto*) über +*dat*; **viven ~ de nosotros** sie wohnen über uns ❷ (*con movimiento*) (**por**) **~ de** (*sin contacto*) über +*akk*; **pon esto ~ de la cama** leg das auf das Bett

encinta *adj* schwanger

encontrar <o → ue> **I.** *vt* finden; (*coincidir con*) treffen **II.** *vr*: **~se** (*estar*) sich befinden; (*citarse*) sich treffen; (*coincidir*) treffen (**con** +*akk*)

encuentro *m* Treffen *nt*; **~ amistoso** Freundschaftsspiel *nt*

endeudarse *vr* sich verschulden

endibia *f* Chicorée *m o f*

ene *f* N, n *nt*

eneldo *m* Dill *m*

enero *m* Januar *m*

enfadar *vt, vr*: **~se** (sich) ärgern; (AM: *aburrir(se)*) (sich) langweilen

enfermedad *f* Krankheit *f*

enfermera *f* Krankenschwester *f*

enfermo, -a *adj* krank; **~ del corazón** herzkrank; **~ de gravedad** schwer krank; **ponerse ~** krank werden

enfrente I. *adv* gegenüber; **allí ~** dort drüben **II.** *prep*: **~ de** gegenüber +*dat/gen*

enfriar <*1. pres*: enfrío> *vi, vt* (ab)kühlen

engañar *vt* betrügen

engaño *m* Betrug *m*

engordar *vi* dick werden; (*poner gordo*) dick machen

enhebrar *vt* einfädeln

enhorabuena *f* Glückwunsch *m*; **¡~!** herzlichen Glückwunsch!

enigma *m* Rätsel *nt*

enloquecer *irr como crecer vi, vr*: **~se** verrückt werden

enojarse *vr* sich ärgern (**con** über +*akk*)

ensalada *f* Salat *m*; **~ de frutas** Obstsalat *m*

ensaladilla *f*: **~ rusa** *Kartoffelsalat mit Gemüse und Majonäse*

ensayo *m* Probe *f*

enseguida *adv* sofort

enseñar *vt* (*instruir*) lehren; (*dar clases*) unterrichten; (*mostrar*) zeigen

entender <e → ie> *vi, vt* verstehen

enterarse *vr* erfahren

entero, -a *adj* ganz; **por ~** völlig

enterrar <e → ie> *vt* vergraben; (*a un muerto*) begraben

entierro *m* Beerdigung *f*

entonces *adv* ❶ (*temporal*) damals; **desde ~** seitdem ❷ (*modal*) dann; **¿y ~ qué pasó?** na, und was geschah dann?; **¡~!** also das will ich meinen!

entorno *m* Umwelt *f*

entrada *f* ❶ (*puerta*) Eingang *m* ❷ (*traspaso*) Eintritt *m*; **se prohibe la ~** Zutritt verboten! ❸ (*comienzo*): **~ en vigor** Inkrafttreten *nt* ❹ (*cine, teatro*) Eintrittskarte *f*; **~ libre** Eintritt frei

entrar *vi* (*pasar*) hineingehen (**a/en** in +*akk*); (*caber*) (hinein)passen; **¡entre!** herein!

entre *prep* ❶ (*local, temporal*) zwischen +*dat*; **~ semana** unter der Woche; **~ tanto** inzwischen ❷ (*con movimiento*) zwischen +*akk*; **¡guárdalo ~ los libros!** leg es zwischen die Bücher!

entregar <g → gu> **I.** *vt* abgeben (**a** bei +*dat*); (COM) abliefern (**a** bei +*dat*); (*premio*) verleihen (**a** +*dat*) **II.** *vr*: **~se** ❶ (*desvivirse*) sich widmen (**a** +*dat*); **~se a la bebida** anfangen zu trinken ❷ (*delincuente*) sich stellen; (MIL) sich ergeben ❸ (*sexo*) sich hingeben (**a** +*dat*)

entremés *m* Vorspeise *f*

entrenar *vt, vr*: **~se** trainieren

entretener *irr como tener* **I.** *vt* ablenken; (*divertir*) unterhalten; **sabe como ~ a los niños** er/sie kann Kinder gut bei Laune halten **II.** *vr*: **~se** ❶ (*pasar el rato*) sich *dat* die Zeit vertreiben ❷ (*tardar*) aufgehalten werden; **¡no te entretengas!** beeil dich! ❸ (*apartar la atención*) sich ablenken lassen (**con** von *+dat*)
entretiempo *m* Übergangszeit *f*
entrevista *f* Interview *nt;* **hacer una ~ a alguien** jdn interviewen; **~ de trabajo** Vorstellungsgespräch *nt*
enumerar *vt* aufzählen
envejecer *irr como crecer vi* altern
enviar <*1. pres*: envío> *vt* schicken; **~ por correo** mit der Post schicken
envidia *f* Neid *m*
eñe *f* Ñ, ñ *nt*
episcopal *adj*: **sede ~** Bischofssitz *m*
equilibrio *m* Gleichgewicht *nt*
equipaje *m* Gepäck *nt;* **exceso de ~** Übergepäck *nt*
equipar *vt* ausrüsten
equipo *m* Team *nt*
equis I. *adj inv*: **rayos ~** Röntgenstrahlen *mpl;* **~ euros** X Euro **II.** *f inv* X, x *nt*
equivaler *irr como valer vi* entsprechen (**a** *+dat*)
equivocación *f* Irrtum *m;* **por ~** aus Versehen
equivocar <c → qu> **I.** *vt* durcheinanderbringen **II.** *vr*: **~se** sich irren (**de/en** in *+dat*)
ermita *f* Wallfahrtskirche *f*
erre *f* R, r *nt;* **~ que ~** (*fam*) stur
error *m* ❶ (*falta*) Fehler *m;* **cometer un ~** einen Fehler machen ❷ (*equivocación*) Irrtum *m;* **estar en un ~** sich irren
escabeche *m* Marinade *f;* **atún en ~** marinierter Thunfisch
escalar *vi* bergsteigen; (*socialmente*) aufsteigen
escalera *f* ❶ (*escalones*) Treppe *f;* **~ abajo** treppab; **~ arriba** treppauf; **~ mecánica** Rolltreppe *f* ❷ (*escala*) Leiter *f*
escalón *m* Stufe *f*
escalope *m* Schnitzel *nt*
escapar *vi, vr*: **~se** entkommen (**de** aus *+dat*)
escaparate *m* Schaufenster *nt*
escarola *f* Endiviensalat *m*
escaso, -a *adj* spärlich
escena *f* (*parte del teatro*) Bühne *f;* (*suceso*) Szene *f;* **puesta en ~** Inszenierung *f;* **salir a la ~** auftreten
escenario *m* Bühne *f*
escoger <g → j> **I.** *vi* sich *dat* das Beste herauspicken **II.** *vt* (aus)wählen
escolar *adj*: **curso ~** Schuljahr *nt;* **en edad ~** schulpflichtig
escollo *m* Klippe *f*
esconder *vt, vr*: **~se** (sich) verstecken (**de** vor *+dat*)
escondite *m* Versteck *nt;* **jugar al ~** Versteck(en) spielen
escribir *irr vi, vt* schreiben
escrito *m* Schreiben *nt;* **por ~** schriftlich
escritor(a) *m(f)* Schriftsteller(in) *m(f)*
escritorio *m* Schreibtisch *m*
escuchar I. *vi* zuhören **II.** *vt* (*oír*) (an)hören; (*prestar atención*) zuhören (**a** *+dat*)*;* **~ (la) radio** Radio hören; **¡escúchame bien!** pass gut auf!
escuela *f* Schule *f;* **~ de idiomas** Sprachschule *f*
escultura *f* Skulptur *f*
escupir *vi* spucken
ese[1] *f* S, s *nt*
ese, esa[2] *adj* <esos, -as> diese(r, s); (AM) jene(r, s); **¿~ coche es tuyo?** ist das dein Auto?
ése, ésa, eso *pron* <ésos, -as> der/die/das; **me lo ha dicho ésa** die da hat es mir erzählt; **llegaré a eso de las doce** ich komme so gegen zwölf Uhr an; **no es eso** darum geht es doch gar nicht; **por eso (mismo)** (gerade) deswegen; **¿y eso?** wieso das?; **¡eso sí que no!** das kommt nicht in die Tüte! *fam*
esforzarse *irr como forzar vr* sich anstrengen
esfuerzo *m* Anstrengung *f;* **sin ~** mühelos; **hacer un ~** sich anstrengen
espacio *m* ❶ Raum *m;* (*superficie*) Fläche *f;* (*trayecto*) Strecke *f;* **~ virtual** Cyberspace *m;* **~ vital** Lebensraum *m* ❷ (*entre objetos*) Zwischenraum *m* ❸ (*de tiempo*) Zeitraum *m;* **en el ~ de dos meses** innerhalb von zwei Monaten ❹ (ASTR) Weltraum *m*
espagueti(s) *m(pl)* Spaghetti *pl*
espalda *f* Rücken *m*
espantoso, -a *adj* entsetzlich
espárrago *m* Spargel *m*
especia *f* Gewürz *nt*
especial *adj* speziell; **edición ~** Sonderausgabe *f;* **en ~** insbesondere
especie *f* Art *f;* **~ amenazada de extinción** vom Aussterben bedrohte Tierart; **la ~ animal** die Tiere
espectáculo *m* Schauspiel *nt*
espectador(a) *m(f)* Zuschauer(in) *m(f)*

espejo *m* Spiegel *m;* ~ **retrovisor** Rückspiegel *m*
esperanza *f* Hoffnung *f*
esperar *vi* ❶ warten (auf +*akk*); **es de ~ que...** +*subj* es ist zu erwarten, dass ... ❷ (*confiar*) hoffen; **espero que sí** ich hoffe doch
espina *f* Gräte *f*
espinaca *f* Spinat *m*
espirar *vi* ausatmen
espíritu *m* Geist *m;* (*ánimo*) Gemüt *nt;* ~ **emprendedor** Unternehmungsgeist *m;* **el Espíritu Santo** der Heilige Geist
espléndido, -a *adj* großzügig
esponja *f* Schwamm *m*
espontáneo, -a *adj* spontan
esposo, -a *m, f* Ehemann, -frau *m, f;* **los ~s** das Ehepaar
espray *m* Spray *m o nt*
espuma *f* Schaum *m*
esqueleto *m* Skelett *nt*
esquema *m* Schema *nt*
esquí *m* Ski *m*
esquiar <*1. pres:* esquío> *vi* Ski laufen
esquina *f* (Straßen)ecke *f;* **a la vuelta de la ~** um die Ecke
estable *adj* stabil
establecer *irr como crecer* **I.** *vi* festlegen **II.** *vt* gründen **III.** *vr:* **~se** sich niederlassen
establo *m* Stall *m*
estación *f* ❶ (*del año*) Jahreszeit *f;* ~ **de las lluvias** Regenzeit *f* ❷ (*de trenes*) Bahnhof *m;* ~ **de autobuses** Busbahnhof *m*
estadio *m* Stadion *nt;* (MED) Stadium *m*
estado *m* ❶ Zustand *m;* ~ **civil** Familienstand *m;* ~ **de cuenta** Kontostand *m;* ~ **de salud** Gesundheitszustand *m* ❷ (POL) Staat *m;* ~ **miembro** Mitgliedsstaat *m*
estafar *vt* betrügen
estampilla *f* (AM) Briefmarke *f*
estancia *f* Aufenthalt *m*
estanco *m* Tabakladen *m*
estándar *adj* Standard-; **tipo ~** Standardversion *f*
estanque *m* Teich *m*
estantería *f* Regal *nt*
estar *irr* **I.** *vi* ❶ sein; (*un objeto: derecho*) stehen; (*tumbado*) liegen; (*durante un tiempo*) sich aufhalten; **Valencia está en la costa** Valencia liegt an der Küste; **¿está Pepe?** ist Pepe da?; **¿está la comida?** ist das Essen fertig? ❷ (*sentirse*) sich fühlen; **¿cómo estás?** wie geht es dir? ❸ (+ *adjetivo/participio*): ~ **cansado** müde sein; ~ **ubicado** (AM) sich befinden ❹ (+ *bien/mal*) ~ **mal de dinero** schlecht be Kasse sein ❺ (+ *a*) **¿a qué estamos?** den Wie vielten haben wir heute?; **están uno a uno** das Spiel steht eins zu eins ❻ (+ *de*) ~ **de pie** stehen; ~ **de viaje** verreist sein ❼ (+ *gerundio*) **¿qué estás haciendo?** was machst du da?; **¡lo estaba viendo venir!** ich habe es kommen sehen! **II.** *vr:* **~se** sein; (*permanecer*) bleiben; **¡estáte quieto!** sei ruhig!
estatal *adj* staatlich
estatua *f* Statue *f*
este[1] *m* Osten *m*
este, esta[2] *adj* <estos, -as> diese(r, s) ~ **perro es el mío** das ist mein Hund
éste, ésta, esto *pron* <éstos, -as> der/die/das; ~ **se cree muy importante** der hält sich für sehr wichtig; **¡ésta sí que es buena!** das ist ja ein Ding!
estético, -a *adj* ästhetisch; **no ~** unästhetisch
estilo *m* Stil *m*
estimar *vt* schätzen
estómago *m* Magen *m*
estrategia *f* Strategie *f*
estrecho[1] *m:* ~ **de Gibraltar** Straße *f* von Gibraltar
estrecho, -a[2] *adj* eng
estrella *f* Stern *m*
estrenar *vt* zum ersten Mal verwenden; **sin ~** ungebraucht
estreno *m* Premiere *f*
estrés *m* Stress *m*
estresante *adj* stressig
estricto, -a *adj* streng
estructura *f* Struktur *f*
estudiante *mf* Student(in) *m(f)*
estudiar *vt* (*aprender*) lernen; (*universidad*) studieren; ~ **para médico** Medizin studieren
estufa *f* Ofen *m*
estupefaciente *m* Rauschgift *nt*
estupendo, -a *adj* wunderbar; **¡~!** super!
estúpido, -a *adj* dumm
etcétera et cetera
eternidad *f* Ewigkeit *f*
eterno, -a *adj* ewig
ético, -a *adj* ethisch
Euskadi *m* Baskenland *nt*
euskera *adj*, **eusquera** *adj* baskisch
evaporarse *vr* verdampfen
evento *m* Ereignis *nt*

evidente *adj* offensichtlich
evitar *vt* vermeiden
evolucionar *vi* sich (weiter)entwickeln
exactitud *f* Genauigkeit *f*
exacto, -a *adj* genau
exagerar *vi, vt* übertreiben
exaltado, -a *adj* sehr aufgeregt
examen *m* Prüfung *f*
examinar I. *vt* prüfen; (*médico*) untersuchen II. *vr*: **~se** geprüft werden
excelente *adj* hervorragend
excepción *f* Ausnahme *f*
excepto *adv* außer +*dat*
excluir *irr como huir vt* ausschließen
exclusivamente *adv* ausschließlich
excusa *f* Ausrede *f*
exhibir I. *vt* vorzeigen II. *vr*: **~se** sich zur Schau stellen
exigente *adj* anspruchsvoll; **ser muy ~** hohe Ansprüche stellen
exigir <g → j> *vt* fordern
existir *vi* existieren
éxito *m* Erfolg *m;* **~ de taquilla** Kassenschlager *m;* **~ de ventas** Verkaufsschlager *m;* **con ~** erfolgreich; **sin ~** erfolglos
expensas *fpl* Kosten *pl;* **a ~ de** auf Kosten von; **vivir a ~ de alguien** sich von jdm aushalten lassen
experimento *m* Experiment *nt*
explicar <c → qu> *vt* erklären
explícito, -a *adj* ausdrücklich
explorar *vt* erforschen; (MED) untersuchen
explosión *f* Explosion *f*
explotar I. *vi* explodieren II. *vt* ausbeuten
exposición *f* Ausstellung *f;* **~ universal** Weltausstellung *f*
expresar *vt, vr*: **~se** (sich) ausdrücken
expresión *f* Ausdruck *m*
extendido, -a *adj* (*amplio*) weit; (*conocido*) verbreitet
extenso, -a *adj* weit
exterior *adj* äußere(r, s)
externo, -a *adj* äußerlich
extinguir <gu → g> I. *vt* löschen; (*finalizar*) auslöschen II. *vr*: **~se** erlöschen; (ECOL) aussterben
extintor *m*: **~ de incendios** Feuerlöscher *m*
extraer *irr como traer vt* herausziehen
extranjero[1] *m* Ausland *nt*
extranjero, -a[2] I. *adj* ausländisch; **lengua extranjera** Fremdsprache *f* II. *m, f* Ausländer(in) *m(f)*
extrañar I. *vt* ❶ (*sorprender*) erstaunen; **¡no me extraña!** das habe ich mir schon gedacht! ❷ (*echar de menos*) vermissen II. *vr*: **~se** sich wundern (**de** über +*akk*)
extraño, -a *adj* ungewöhnlich
extremidades *fpl* Gliedmaßen *fpl*

F

F f

fabricar <c → qu> *vt* herstellen
fabuloso, -a *adj* großartig
fachada *f* Fassade *f*
fácil *adj* leicht
facilitar *vt* erleichtern
factura *f* Rechnung *f*
facturar *vt*: **~ el equipaje** das Gepäck aufgeben
faisán *m* Fasan *m*
falda *f* Rock *m*
fallo *m* Fehler *m;* **~ humano** menschliches Versagen
falsificar <c → qu> *vt* fälschen
falso[1] *adv*: **dar un paso en ~** einen Fehltritt tun
falso, -a[2] *adj* falsch; **¡~!** das ist gelogen!
falta *f* (*carencia*) Mangel *m* (**de** an +*dat*); (*equivocación*) Fehler *m;* **echar en ~ algo** etw vermissen
faltar *vi* fehlen
fama *f* Ruhm *m*
familiar *mf* Verwandte(r) *mf*
familiarizarse <z → c> *vr* sich gewöhnen (**con** an +*akk*)
famoso, -a *adj* berühmt
fango *m* Schlamm *m*
fantasma *m* Gespenst *nt*
fantástico, -a *adj* fantastisch
farmacia *f* Apotheke *f*

faro *m* Leuchtturm *m*

farola *f* Straßenlaterne *f*

fascinante *adj* faszinierend

fascismo *m* Faschismus *m*

fase *f* Phase *f*

fastidiar *vt* stören

fatigado, **-a** *adj* müde

fatigar <g → gu> *vt, vr:* **~se** ermüden

favor *m* Gefallen *m;* **por ~** bitte; **voto a ~** Jastimme *f;* **estar a ~ de algo** für etw sein

favorable *adj* günstig

favorito, **-a** *adj* Lieblings-

fe *f* Glaube *m*

febrero *m* Februar *m*

fecha *f* Datum *nt*

fecundidad *f* Fruchtbarkeit *f*

federación *f* Verband *m*

felicidad *f* Glück *nt;* **¡~es!** (herzlichen) Glückwunsch!

felicitación *f* Glückwunsch *m*

felicitar *vt, vr:* **~se** (sich *dat*) gratulieren (**por** zu +*dat*)

feliz *adj* glücklich

femenino, **-a** *adj* weiblich; **equipo ~** Damenmannschaft *f*

fenómeno I. *adj inv* (*fam*) phänomenal; **¡~!** super! **II.** *m* Phänomen *nt;* (*genio*) Genie *nt* **III.** *adv* toll

feo, **-a** *adj* hässlich

féretro *m* Sarg *m*

feria *f* Messe *f*

feroz *adj* grausam

férreo, **-a** *adj*: **vía férrea** Eisenbahngleis *nt*

ferretería *f* Eisenwarengeschäft *nt*

ferrocarril *m* Eisenbahn *f;* **por ~** per Bahn

ferry *m* Fähre *f*

fervor *m* Eifer *m;* **con ~** eifrig

festejar *vt* feiern

festivo, **-a** *adj* Feier-; **día ~** Feiertag *m*

fiable *adj* zuverlässig

fiambre *m* Wurstwaren *fpl*

fianza *f* Kaution *f*

fiarse <*1. pres:* me fío> *vr* sich verlassen (**de** auf +*akk*)

fibra *f* ❶ Faser *f;* **~ muscular** Muskelfaser *f;* **~ de vidrio** Glasfaser *f* ❷ *pl* (*en alimentos*) Ballaststoffe *mpl*

ficha *f* (Spiel)stein *m*

fichero *m* Karteikasten *m;* (INFOR) Datei *f*

fidelidad *f* Treue *f*

fideo *m* Suppennudel *f*

fiebre *f* Fieber *nt*

fiel *adj* treu

fiesta *f* Fest *nt*

figura *f* Figur *f*

fijo, **-a** *adj* fest; **cliente ~** Stammgast *m;* **precio ~** Fixpreis *m*

fila *f* Reihe *f*

filete *m* Filet *nt*

filmar *vt* filmen

filtrar I. *vt* filtern **II.** *vi, vr:* **~se** durchsickern (**por** durch +*akk*)

filtro *m* Filter *m*

fin *m* (*término*) Ende *nt;* (*propósito*) Ziel *nt;* **~ de semana** Wochenende *nt;* **al ~ y al cabo** letzten Endes; **a ~ de que** +*subj* damit

final *m* Ende *nt*

finalizar <z → c> *vi, vt* abschließen

financiar *vt* finanzieren

finanzas *fpl* Finanzen *fpl*

finca *f* Grundstück *nt;* (*al campo*) Landgut *nt*

fingir <g → j> *vi, vt* vortäuschen

fino, **-a** *adj* fein

firma *f* Unterschrift *f*

firmar *vi, vt* unterschreiben

firme *adj* fest; (*seguro*) sicher; **tierra ~** Festland *nt;* **con mano ~** mit ruhiger Hand

física *f* Physik *f*

físico[1] *m* Körperbau *m*

físico, **-a**[2] *adj* körperlich; **educación física** Sport *m*

flaco, **-a** *adj* dünn; **punto ~** Schwachpunkt *m*

flan *m* ≈Karamellpudding *m*

flas *m*, **flash** *m* (FOTO) Blitz *m*

flecha *f* Pfeil *m*

flexible *adj* elastisch; (*fig*) flexibel; **horario ~** Gleitzeit *f*

flirtear *vi* flirten

flojo, **-a** *adj* (*cuerda*) locker; (*argumento*) schwach

flor *f* Blume *f*

florecer *vi* blühen

floristería *f* Blumengeschäft *nt*

flotar *vi* treiben

fluir *vi* fließen

fogata *f* Lagerfeuer *nt*

fondo *m* ❶ Boden *m;* (*del río*) Grund *m* ❷ (*de un edificio*) Tiefe *f;* **al ~ del pasillo** am Ende des Ganges ❸ (*lo esencial*) Kern *m;* **en el ~** eigentlich ❹ (*de un cuadro*) Hintergrund *m*

ooting *m* Jogging *nt;* **hacer ~** joggen
orastero, -a *adj* ausländisch
orestal *adj* Forst-; **camino ~** Waldweg *m*
orma *f* Form *f;* **de ~ que** so dass; **de todas ~s,...** jedenfalls ...
ormación *f* Bildung *f;* (*educación*) Ausbildung *f*
ormal *adj* seriös
ormulario *m* Formular *nt*
oro *m* Forum *nt*
orofo, -a *m, f* Fan *m*
ortuna *f* Vermögen *nt*
orzar *vt* zwingen
orzoso, -a *adj*: **aterrizaje ~** Notlandung *f;* **venta forzosa** Zwangsverkauf *m*
osa *f* Graben *m*
oso *m* Grube *f*
otogénico, -a *adj* fotogen
racasar *vi* scheitern
racaso *m* Misserfolg *m*
ractura *f* Bruch *m*
ragancia *f* Duft *m*
rágil *adj* zerbrechlich
raile *m* Mönch *m*
rambuesa *f* Himbeere *f*
ranqueo *m* Porto *nt;* **sin ~** unfrankiert
rasco *m* ❶ Flasche *f;* (*de perfume*) Flakon *m o nt* ❷ (AM) ≈2,37 Liter
rase *f* Satz *m;* **~ hecha** Redensart *f*
raternal *adj* brüderlich
raude *m* Betrug *m;* **~ fiscal** Steuerhinterziehung *f*
recuentar *vt* regelmäßig besuchen
recuente *adj* häufig
regar *vt* spülen
reír *vt* frittieren
renar *vi, vt, vr*: **~se** (sich) bremsen
reno *m* Bremse *f*
rente[1] *f* Stirn *f;* **fruncir la ~** die Stirn runzeln
rente[2] **I.** *m* Vorderseite *f;* **de ~** frontal **II.** *prep*: **~ a** (*enfrente de*) gegenüber +*dat;* (*delante de*) vor +*dat;* (*contra*) gegen +*akk;* (*ante*) angesichts +*gen;* **en ~ de** gegenüber +*dat*
fresa *f* Erdbeere *f*
fresco[1] *m*: **salir a tomar el ~** an die frische Luft gehen; **hoy hace ~** heute ist es kühl
fresco, -a[2] *adj* kühl; (*reciente*) frisch
frijol *m,* **fríjol** *m* (AM) Bohne *f*
frío[1] *m* Kälte *f;* **hace ~** es ist kalt; **tengo ~** mir ist kalt
frío, -a[2] *adj* kalt
frito, -a *adj* gebraten; **quedarse ~** (*fam*) einnicken
frontera *f* Grenze *f*
frotar *vt* reiben
fruta *f* Obst *nt;* **~ del tiempo** Frischobst *nt*
frutería *f* Obsthandlung *f*
fruto *m* Frucht *f*
fucsia *adj* pink
fuego *m* Feuer *nt*
fuente *f* Quelle *f*
fuera I. *adv* ❶ (*lugar*) draußen; **por ~** außen ❷ (*dirección*) hinaus; **¡~!** raus!; **hacia ~** nach draußen ❸ (*tiempo*) außerhalb; **~ de plazo** nach Fristablauf **II.** *prep*: **~ de** außer +*dat;* **estar ~ de casa** außer Haus sein; **~ de serie** ausgezeichnet; **~ de juego** Abseits *nt*
fuerte *adj* <fortísimo> stark; (*gordo*) korpulent
fuerza *f* Kraft *f*
fumar *vi, vt* rauchen
funcionar *vi* funktionieren
fundamento *m* Grundlage *f;* **sin ~** unbegründet
fundar *vt* gründen
fundir *vt, vr*: **~se** schmelzen
funeral *m* Begräbnis *nt*
furia *f* Zorn *m*
furioso, -a *adj* wütend
furor *m* Wut *f;* **hacer ~** Furore machen
fusta *f* Peitsche *f*
fútbol *m* Fußball *m*
futuro *m* Zukunft *f*

Gg

gafas *fpl* Brille *f;* **llevar** ~ eine Brille tragen
gaita *f* Dudelsack *m*
galán *m* Liebhaber *m*
galante *adj* aufmerksam
Galicia *f* Galicien *nt*
gallego, -a *adj* galicisch
galleta *f* Keks *m*
gallina *f* Huhn *nt*
gallo *m* Hahn *m*
galope *m* Galopp *m*
gamba *f* Krabbe *f*
gana *f* Lust *f* (**de** auf +*akk*)*;* **de buena** ~ gerne
ganadería *f* Viehzucht *f*
ganado *m* Vieh *nt*
ganancia *f* Gewinn *m*
ganar *vt* (*trabajando*) verdienen; (*jugando*) gewinnen
gancho *m* Haken *m*
ganga *f* günstiges Angebot *nt*
ganso, -a *m, f* Gans *f;* (*macho*) Gänserich *m;* **hacer el** ~ herumalbern
garaje *m* Garage *f*
garantizar <z → c> *vt* garantieren
garbanzo *m* Kichererbse *f*
garbeo *m* Spaziergang *m*
garganta *f* Hals *m*
gargantilla *f* Halskette *f*
garito *m* illegale Spielhalle *f*
garra *f* Kralle *f*
garrafa *f* Karaffe *f*
garrapata *f* Zecke *f*
gasa *f* Verband(s)mull *m*
gaseosa *f* süßer Sprudel *m*
gaseoso, -a *adj* gashaltig
gasoil *m*, **gasóleo** *m* Diesel(öl) *nt*
gasolina *f* Benzin *nt;* ~ **sin plomo** bleifreies Benzin; **echar** ~ tanken
gasolinera *f* Tankstelle *f*
gastar *vt* (*dinero*) ausgeben; (*vestido*) abtragen
gasto *m* Ausgabe *f*
gatear *vi* krabbeln
gatillo *m* Abzug *m;* **apretar el** ~ abdrücken
gato *m* Katze *f*
gaviota *f* Möwe *f*
gay *m* Schwule(r) *m*
gel *m* Gel *nt*
gélido, -a *adj* eiskalt
gema *f* Edelstein *m*
gemelo, -a *adj* Zwillings-; (**hermanos**) **~s** Zwil linge *mpl*
gemelos *mpl* Fernglas *nt*
gemir *vi* stöhnen
gen *m* Gen *nt*
general *adj* allgemein; **por lo** ~, **en** ~ im All gemeinen; **por regla** ~ in der Regel
generalizar <z → c> *vt* verallgemeinern
generalmente *adv* im Allgemeinen
generar *vt* erzeugen
género *m* (BIOL) Gattung *f;* (COM) Ware *f*
generoso, -a *adj* großzügig
genético, -a *adj* genetisch
genial *adj* genial
genio *m* Charakter *m*
genitales *mpl* Geschlechtsorgane *ntpl*
gente *f* Leute *pl*
gentil *adj* höflich
gentileza *f* Höflichkeit *f;* **¿tendría Ud. la ~ de ayudarme?** wären Sie so nett mir zu helfen?
genuino, -a *adj* echt
gerente *mf* Geschäftsführer(in) *m(f)*
geriatría *f* Altersheilkunde *f*
germen *m* Keim *m*
gestarse *vr* sich entwickeln
gesticular *vi* gestikulieren
gestionar *vt* in die Wege leiten; (*negocio*) führen
gesto *m* Geste *f*
giba *f* Buckel *m*
gigante *m* Riese *m*
gigantesco, -a *adj* riesig
gilipollas *mf inv* (*vulg*) Arschloch *nt*
gimnasia *f* Gymnastik *f;* (DEP) Turnen *nt;* **hacer** ~ turnen
gimnasio *m* Turnhalle *f;* ~ (**de musculación**) Fitnesscenter *nt*
ginebra *f* Gin *m*
ginecología *f* Frauenheilkunde *f*
gira *f* Tournee *f*
girar I. *vi* sich drehen; (*torcer*) abbiegen **II.** *vt* drehen; (*dinero*) überweisen (**a** an +*akk*)
girasol *m* Sonnenblume *f*
giratorio, -a *adj* Dreh-
gitano, -a *m, f* Zigeuner(in) *m(f)*

glacial *adj* eiskalt
glaciar *m* Gletscher *m*
glándula *f* Drüse *f*
globalifóbico, -a **I.** *adj* globalisierungskritisch **II.** *m, f* Globalisierungskritiker(in) *m(f)*
globalizar <z → c> *vt* global betrachten
globo *m* (Luft)ballon *m*
gloria *f* Ruhm *m*
glorieta *f* Kreisverkehr *m*
gnomo *m* Zwerg *m*
gobernar <e → ie> *vt* regieren
gobierno *m* Regierung *f;* ~ **autonómico** Regionalregierung *f*
goce *m* Genuss *m*
gofre *m* Waffel *f*
gol *m* Tor *nt;* **meter un** ~ ein Tor schießen
golf *m* Golf *nt*
golfo *m* Golf *m*
golosina *f* Süßigkeit *f*
golpe *m* Schlag *m;* ~ **de Estado** Putsch *m*
golpear *vt, vr:* **~se** (sich) schlagen
goma *f* Gummi *nt o m;* ~ **de borrar** Radiergummi *m*
gominola *f* ≈Gummibärchen *nt*
gordo, -a *adj* dick
gorra *f* Mütze *f*
gorro *m* Mütze *f*
gota *f* Tropfen *m*
gotear *vi* tropfen
gozar <z → c> *vt* genießen
grabar **I.** *vt* ❶ (ARTE) (ein)gravieren (**en** in +*akk*) ❷ (*disco*) aufnehmen ❸ (INFOR) speichern **II.** *vr:* **~se** sich einprägen +*dat*
gracias *fpl:* **¡~!** danke!; **¡muchas ~!** vielen Dank!
gracioso, -a *adj* witzig
grada *f* (Sitz)reihe *f*
grado *m* Grad *m*
graduable *adj* verstellbar
graduar <*1. pres*: gradúo> *vt* einstellen
gráfico[1] *m* Grafik *f*
gráfico, -a[2] *adj* anschaulich
gragea *f* Dragee *nt*
gral. *adj abr de* **general** allg.
gramo *m* Gramm *nt*
gran *adj* (*ante sustantivo singular*): **una ~ idea** eine großartige Idee
granada *f* Granatapfel *m;* (*proyectil*) Granate *f*
granate *adj* granatrot
grande *adj* <más grande *o* mayor> (*ante sustantivo singular: gran*) groß; (*de edad*) alt
granizar <z → c> *vimpers* hageln
granizo *m* Hagel *m*
granja *f* Bauernhof *m*
grano *m* (*de cereales*) (Samen)korn *nt;* (MED) Pickel *m*
grasa *f* Fett *nt*
graso, -a *adj* fettig
gratificación *f* Belohnung *f*
gratinar *vt* überbacken
gratitud *f* Dankbarkeit *f*
grato, -a *adj* angenehm
gratuito, -a *adj* kostenlos
grava *f* Kies *m*
grave *adj* schlimm; **está ~** er/sie ist schwer krank
gravedad *f* Schwerkraft *f*
gremio *m* Innung *f*
grieta *f* Riss *m*
grifo *m* Hahn *m;* **agua del ~** Leitungswasser *nt*
gripe *f* Grippe *f*
gris *adj* grau
gritar *vi, vt* schreien; (*reprender*) anschreien
grito *m* Schrei *m*
grosella *f* Johannisbeere *f*
grosero, -a *adj* unverschämt
grúa *f* Kran *m*
grueso, -a *adj* korpulent
grumete *m* Schiffsjunge *m*
gruñir <*3. pret*: gruñó> *vi* murren
grupo *m* Gruppe *f*
gruta *f* Grotte *f*
guacamol(e) *m* (AM) Avocadocreme *f*
guantada *f*, **guantazo** *m* Ohrfeige *f*
guante *m* Handschuh *m*
guantera *f* Handschuhfach *nt*
guapo, -a *adj* gut aussehend; (AM) mutig; (*fam: una cosa*) toll, super; **esta camiseta está guapa** dieses T-Shirt finde ich gut
guarda *mf* Wächter(in) *m(f);* ~ **forestal** Förster(in) *m(f)*
guardabarros *m inv* Schutzblech *nt*
guardabosque(s) *mf* (*inv*) Förster(in) *m(f)*
guardacostas *m inv* Boot *nt* der Küstenwache
guardaespaldas *mf inv* Leibwächter(in) *m(f)*
guardar *vt* (*proteger*) beschützen (**de** vor +*dat*); (*conservar*) (auf)bewahren; ~ **cama** das Bett hüten; ~ **silencio** Stillschweigen bewahren
guardería *f* Kindergarten *m*
guardia *f* (*vigilancia*) Wache *f;* **¿cuál es la far-**

macia de ~? welche Apotheke hat Notdienst?; **la Guardia Civil** die Guardia civil; ~ **municipal** [*o* **urbana**] Gemeindepolizei *f*
guatemalteco, -a *adj* guatemaltekisch
guay *adj* (*fam*) klasse
gubernamental *adj* Regierungs-
guerra *f* Krieg *m*
guerrero, -a *m, f* Krieger(in) *m(f)*
guía[1] *mf* Führer(in) *m(f)*; ~ **turístico** Fremdenführer *m*
guía[2] *f*: ~ **telefónica** Telefonbuch *nt;* ~ **turística** Reiseführer *m*
guiar <*1. pres*: guío> *vt* führen
guinda *f* Sauerkirsche *f*
guindilla *f* Peperoni *f*
guineo *m* (AM) Banane *f*
guiri *mf* (*pey*) Ausländer(in) *m(f)*
guisante *m* Erbse *f*
guiso *m* Schmorbraten *m*
gustar *vi* gefallen; (*comida*) schmecken

H h

habano *m* Havanna *f*
haber I. *aux* haben, sein; **he comprado el periódico** ich habe die Zeitung gekauft **II.** *vimpers* ❶ (*ocurrir*) geschehen; **¿qué hay?** was ist los? ❷ (*existir*) geben; **hay poca gente** es sind wenige Leute da
habitación *f* Zimmer *nt*
habitante *mf* Einwohner(in) *m(f)*
habitar *vi* wohnen
hábito *m* (An)gewohnheit *f*
habitual *adj* gewöhnlich; **cliente** ~ Stammgast *m*
hablante *mf* Sprecher(in) *m(f)*
hablar *vi, vt* sprechen
hacer I. *vt* ❶ (*realizar*) machen, tun; ~ **una llamada** anrufen ❷ (*más sustantivo*): ~ **caja** abrechnen; ~ **caso a alguien** jdm gehorchen ❸ (*más verbo*) ~ **creer algo a alguien** jdm etw weismachen; **hazle pasar** bitte ihn herein **II.** *vimpers* ❶ (*tiempo*) **hace frío** es ist kalt ❷ (*temporal*) vor +*dat;* **hace tres días** vor drei Tagen; **no hace mucho** vor kurzem
hache *f* H, h *nt*
hacia *prep* ❶ (*dirección*) nach +*dat*, zu +*dat;* **fuimos ~ allí** wir gingen dorthin ❷ (*cerca de*) gegen +*akk*
hallar I. *vt* finden **II.** *vr*: **~se** sich aufhalten
hamaca *f* Hängematte *f*
hambre *f* Hunger *m;* **huelga de** ~ Hungerstreik *m;* **morirse de** ~ verhungern
Hamburgo *m* Hamburg *nt*
hamburguesa *f* Hamburger *m*
harina *f* Mehl *nt;* ~ **integral** Vollkornmehl *nt*
harto, -a *adj* satt
hasta I. *prep* ❶ (*de lugar*) bis (zu); **te llevo ~ la estación** ich fahre dich bis zum Bahnho[f] ❷ (*de tiempo*) bis; ~ **ahora** bisher ❸ (*en des*[*pe*]*didas*): **¡~ luego!** bis später!; **¡~ la vista!** au[f] Wiedersehen! **II.** *adv* selbst **III.** *konj* ~ **cuando come lee el periódico** sogar beim Essen liest er/sie die Zeitung; **no consiguió un trabajo fijo ~ que cumplió 40 años** erst als er/sie 40 wurde, bekam er/sie eine feste Stelle
hecho[1] *m* Tatsache *f*
hecho, -a[2] *adj* fertig
heladería *f* Eiscafé *nt*
helado[1] *m* (Speise)eis *nt*
helado, -a[2] *adj* eisig; **el lago está** ~ der See ist zugefroren
hembra *f* Weibchen *nt*
heno *m* Heu *nt;* **fiebre del** ~ Heuschnupfen *m*
heredar *vt* erben
heredero, -a *m, f* Erbe, -in *m, f*
herencia *f* Erbe *nt*
herida *f* Wunde *f*
herir *vt, vr*: **~se** (sich) verletzen
hermano, -a *m, f* Bruder, Schwester *m, f*
hermoso, -a *adj* (wunder)schön
hermosura *f* Schönheit *f*
héroe *m* Held *m*
herramienta *f* Werkzeug *nt*
hervir *vi* kochen
hidrógeno *m* Wasserstoff *m*
hielo *m* Eis *nt*
hierba *f* Gras *nt*
hierbabuena *f* Minze *f*
hierro *m* Eisen *nt*

hígado *m* Leber *f*
higiene *f* Hygiene *f;* ~ **personal** Körperpflege *f*
higiénico, -a *adj* hygienisch; **papel** ~ Toilettenpapier *nt*
higo *m* Feige *f*
hijo, -a *m, f* Sohn, Tochter *m, f;* ~ **adoptivo** Adoptivkind *nt*
hilar *vt* weben
hilo *m* Garn *nt*
himno *m* Hymne *f*
hincapié *m:* **hacer ~ en algo** Nachdruck auf etw legen
hinchado, -a *adj* geschwollen
hinchar I. *vt* aufblasen **II.** *vr:* **~se** anschwellen
hinojo *m* Fenchel *m*
hipermercado *m* großer Supermarkt *m*
hipertensión *f* Bluthochdruck *m*
hipódromo *m* Pferderennbahn *f*
hipotermia *f* Unterkühlung *f*
hispano, -a *adj* Hispano-; **Hispanoamérica** *f* hispanoamerikanische Länder *ntpl*; **hispanohablante** *adj* spanischsprachig
histeria *f* Hysterie *f*
histérico, -a *adj* hysterisch
historia *f* Geschichte *f;* ~ **universal** Weltgeschichte *f*
histórico, -a *adj* geschichtlich
hocico *m* Schnauze *f*
hogar *m* Zuhause *nt;* ~ **del pensionista** Altenheim *nt*
hoguera *f* (Lager)feuer *nt*
hoja *f* Blatt *nt*
hojaldre *m* Blätterteig *m*
hola *interj* hallo!
hombre *m* (*varón*) Mann *m;* (*ser humano*) Mensch *m;* ~ **de negocios** Geschäftsmann *m*
hombro *m* Schulter *f*
homenaje *m* Ehrung *f;* **rendir ~ a alguien** jdn ehren
homicida *mf* Mörder(in) *m(f)*
homogéneo, -a *adj* einheitlich
hondo, -a *adj* tief; **respirar** ~ tief einatmen
hondureño, -a *adj* honduranisch
honesto, -a *adj* anständig
hongo *m* Pilz *m*
honor *m* Ehre *f*
honra *f* Ehre *f*
honrar *vt* ehren
hora *f* ❶ (*de un día*) Stunde *f;* **media** ~ eine halbe Stunde; **un cuarto de** ~ eine Viertelstunde ❷ (*del reloj*) Uhrzeit *f;* **¿qué ~ es?** wie viel Uhr ist es? ❸ (*tiempo*) Zeit *f;* **a la ~ de la verdad...** wenn es ernst wird ...; **ya va siendo ~ que...** +*subj* es wird höchste Zeit, dass ...
horario *m* Fahrplan *m*
hormiga *f* Ameise *f*
hormigón *m* Beton *m*
hormiguero *m* Ameisenhaufen *m*
hormonal *adj* hormonell
hornear *vt* backen
hornillo *m:* ~ **de gas** Gaskocher *m*
horno *m* (Back)ofen *m*
horrible *adj* schrecklich
horror *m* (*miedo*) Entsetzen *nt;* (*aversión*) Horror *m* (**a** vor +*dat*); **¡qué ~!** wie entsetzlich!
hortaliza *f* Gemüse *nt*
hortera *adj* geschmacklos
hospedarse *vr* übernachten (**en** in +*dat*)
hospital *m* Krankenhaus *nt*
hospitalario, -a *adj* gastfreundlich
hospitalidad *f* Gastfreundschaft *f*
hostal *m* Gasthaus *nt*
hostia *f* (REL) Hostie *f;* (*vulg: bofetada*) Ohrfeige *f;* **¡me cago en la ~!** (*vulg*) verdammt noch mal! *fam*
hoy *adv* heute
hueco[1] *m* (*agujero*) Loch *nt;* **hazme un** ~ mach mir etwas Platz
hueco, -a[2] *adj* hohl
huelga *f* Streik *m;* **hacer** ~ streiken
huelguista *mf* Streikende(r) *mf*
huella *f* (*señal*) Abdruck *m;* (*vestigio*) Spur *f;* ~ **dactilar** Fingerabdruck *m*
huérfano, -a *m, f* Waisenkind *nt*
huerto *m* Gemüsegarten *m*
hueso *m* Knochen *m*
huésped(a) *m(f)* Gast *m*
huevo *m* Ei *nt*
huir *vi* fliehen (**de** vor +*dat*)
humano, -a *adj* menschlich
humedad *f* Feuchtigkeit *f*
humedecer *vt* befeuchten
húmedo, -a *adj* feucht
humilde *adj* bescheiden
humillar *vt* demütigen
humo *m* Rauch *m*
humor *m* (*cualidad*) Humor *m;* (*ánimo*) Laune *f;* **estar de mal** ~ schlecht gelaunt sein
huracán *m* Orkan *m*
hurto *m* Diebstahl *m*

I i

ida *f* Hinweg *m;* (*en vehículo*) Hinfahrt *f;* **~ y vuelta** Hin- und Rückfahrt *f*
idea *f* Idee *f*
idealista *adj* idealistisch
idéntico, -a *adj* identisch
identidad *f* Identität *f;* **carné de ~** Personalausweis *m*
identificar <c → qu> *vt, vr*: **~se** (sich) identifizieren
idioma *m* Sprache *f*
idiota *mf* Idiot(in) *m(f)*
ídolo *m* Idol *nt*
iglesia *f* Kirche *f*
ignorante *adj* unwissend
ignorar *vt* nicht wissen
igual I. *adj* (genau) gleich; (*lo mismo*) gleichgültig; **¡es ~!** (das ist) egal! II. *adv* (*fam*: *quizá*) vielleicht; **~ que...** genauso wie ...; **al ~ que...** ebenso wie ...
igualdad *f* Gleichheit *f;* **~ de derechos** Gleichberechtigung *f*
igualmente I. *interj* danke, gleichfalls! II. *adv* gleichermaßen; (*también*) ebenfalls
ilegible *adj* unleserlich
ileso, -a *adj* unverletzt
ilícito, -a *adj* verboten
iluminación *f* Beleuchtung *f*
ilustrar I. *vt* aufklären II. *vr*: **~se** sich bilden
imagen *f* Bild *nt;* (*fama*) Image *nt*
imaginar *vt, vr*: **~se** sich *dat* vorstellen
imbécil *adj* blöd
impactar *vt* beeindrucken
impar *adj* ungerade
impecable *adj* tadellos
impedir *vt* verhindern
impensable *adj* undenkbar
imperar *vi* herrschen; (*fig*) vorherrschen
imperdonable *adj* unverzeihlich
imperfecto, -a *adj* unvollkommen
impermeable *adj* (wasser)dicht
ímpetu *m* Schwung *m*
implicar <c → qu> *vt* zur Folge haben
imponer I. *vt* aufzwingen II. *vi* imponieren III. *vr*: **~se** sich aufdrängen; (*hacerse ineludible*) unbedingt notwendig sein
importante *adj* wichtig
importar I. *vt* importieren II. *vi* wichtig sein **¿a ti qué te importa?** was geht dich das an?
importe *m* Betrag *m*
imposible *adj* unmöglich
impotente *adj* machtlos; (MED) impotent
imprescindible *adj* unentbehrlich
impresionar *vt* beeindrucken
imprimir *vt* drucken
improbable *adj* unwahrscheinlich
improviso, -a *adj*: **de ~** plötzlich
impuesto *m* Steuer *f*
inadecuado, -a *adj* ungeeignet
inalcanzable *adj* unerreichbar
inaugurar *vt* einweihen
incendio *m* Brand *m*
incentivo *m* Anreiz *m*
incertidumbre *f* Ungewissheit *f*
incidente *m* Zwischenfall *m*
inclinarse *vr* neigen (**por** zu +*dat*)
incluir *vt* beinhalten
inclusive *adv* einschließlich
incluso *adv o prep* sogar
incómodo, -a *adj* unbequem
incompleto, -a *adj* unvollständig
incomprensible *adj* unverständlich
inconsciente *adj* bewusstlos
inconsolable *adj* untröstlich
inconveniente *m* Nachteil *m;* (*obstáculo*) Hindernis *nt*
incorporarse *vr* sich einfinden
increíble *adj* unglaublich
incuestionable *adj* unumstritten
indagar <g → gu> *vt* ermitteln (in +*dat*)
indecente *adj* unanständig
indeciso, -a *adj* unentschlossen
independiente *adj* unabhängig
indescriptible *adj* unbeschreiblich
indeseable *adj* unerwünscht
indicar <c → qu> *vt* hinweisen (auf +*akk*)
índice *m* (Inhalts)verzeichnis *nt*
indignar *vt, vr*: **~se** (sich) empören (**con/po** über +*akk*)
indigno, -a *adj* unwürdig
indiscreto, -a *adj* schwatzhaft
indispensable *adj* unerlässlich
indudable *adj*: **es ~ que...** es besteht kei

Zweifel (daran), dass ...

ineficaz *adj* wirkungslos

inesperado, -a *adj* unerwartet

inevitable *adj* unvermeidbar

inexacto, -a *adj* ungenau

inexplicable *adj* unerklärlich

infalible *adj* unfehlbar

infamia *f* Gemeinheit *f*

infancia *f* Kindheit *f*

infantil *adj* Kinder-

infarto *m* Infarkt *m*

infatigable *adj* unermüdlich

inferior *adj* (*debajo*) untere(r, s); (*de menos calidad*) minderwertig

infértil *adj* unfruchtbar

infierno *m* Hölle *f*

infinidad *f* Unmenge *f* (**de** an/von +*dat*)

inflamarse *vr* sich entzünden

inflar *vt* aufblasen

influencia *f* Einfluss *m* (**en/sobre** auf +*akk*)

influir *vi* beeinflussen (**en/sobre** +*akk*)

informática *f* Informatik *f*

informe *m* Bericht *m*

infracción *f* Verstoß *m* (**de** gegen +*akk*); ~ **de tráfico** Verkehrsübertretung *f*

infraestructura *f* Infrastruktur *f*

infringir <g → j> *vt* verstoßen (gegen +*akk*)

infusión *f* (Kräuter)tee *m*

ingeniero, -a *m, f* Ingenieur(in) *m(f)*

ingenio *m* Erfindungsgabe *f*

ingenuo, -a *adj* naiv

ingrato, -a *adj* undankbar

ingrediente *m* Zutat *f*

ingresar I. *vi* eintreten (**en** in +*akk*); (*hospitalizarse*) eingeliefert werden **II.** *vt* (*dinero*) einzahlen; (*cheque*) einreichen

inhalar *vt* inhalieren

iniciar *vt, vr*: **~se** beginnen

inicio *m* Beginn *m*

ininterrumpido, -a *adj* ununterbrochen

injusticia *f* Ungerechtigkeit *f*

injusto, -a *adj* ungerecht

inmediato, -a *adj*: **de** ~ sofort

inmejorable *adj* hervorragend

inmenso, -a *adj* unermesslich

inmortal *adj* unsterblich

inmune *adj* immun (**a** gegen +*akk*)

innato, -a *adj* angeboren

innegable *adj* unbestreitbar

innumerable *adj* zahllos

inocente *adj* unschuldig; (*ingenuo*) naiv

inocuo, -a *adj* unschädlich

inolvidable *adj* unvergesslich

inquieto, -a *adj* unruhig

inquilino, -a *m, f* Mieter(in) *m(f)*

insalvable *adj* unüberwindbar

insano, -a *adj* ungesund

insatisfecho, -a *adj* unzufrieden

inscribir *vt, vr*: **~se** (sich) anmelden (**en** für +*akk*)

insecto *m* Insekt *nt*

inseguro, -a *adj* unsicher

insignificante *adj* unbedeutend

insípido, -a *adj* fade

insistente *adj* hartnäckig

insistir *vi* bestehen (**en** auf +*dat*)

insomnio *m* Schlaflosigkeit *f*

insoportable *adj* unerträglich

insostenible *adj* unhaltbar

instalación *f* ❶ (*t.* TÉC) Installation *f* ❷ *pl* (*edificio*) Einrichtungen *fpl;* **instalaciones deportivas** Sportanlagen *fpl*

instantáneo, -a *adj* augenblicklich

instante *m* Augenblick *m*

instinto *m* Instinkt *m*

instituto *m* Gymnasium *nt*

instrucción *f* Ausbildung *f*

insulina *f* Insulin *nt*

insultar *vt* beleidigen

insulto *m* Beleidigung *f*

intachable *adj* makellos

integral *adj*: **pan** ~ Vollkornbrot *nt*

integrar *vt, vr*: **~se** (sich) integrieren

intelectual *mf* Intellektuelle(r) *mf*

intenso, -a *adj* intensiv

intentar *vt* versuchen

intento *m* Versuch *m*

intercambiar *vt* austauschen

intercambio *m* Austausch *m*

interferencia *f* Störung *f*

interior *adj* innere(r, s)

intermedio *m* Pause *f*

interminable *adj* unendlich

interno, -a *adj* innere(r, s)

interpretar *vt* interpretieren

interrumpir *vt* unterbrechen

interruptor *m* Schalter *m*

intervenir I. *vi* (*tomar parte*) teilnehmen (**en** an +*dat*); (*en conflicto*) eingreifen (**en** in +*akk*); (*mediar*) vermitteln (**en** in/bei +*dat*) **II.** *vt* operieren

intimidar *vt* einschüchtern

íntimo, -a *adj* innerlich; (*amigo*) eng; (*conversación*) privat

intocable *adj* unberührbar

intoxicación *f* Vergiftung *f*

introducir *vt* einleiten

intuir *vt* ahnen

inútil *adj* sinnlos

invalidez *f* Ungültigkeit *f*

invariable *adj* unveränderlich

invencible *adj* unbesiegbar

inventar *vt* erfinden

inventario *m* Inventar *nt*

inversión *f* Investition *f*

inverso, -a *adj* umgekehrt

invertir *vt* (*orden*) umkehren; (*dinero*) anlegen; (*tiempo*) investieren

investigar <g → gu> *vt* erforschen

invierno *m* Winter *m*

invisible *adj* unsichtbar

invitación *f* Einladung *f*

invitado, -a *m, f* Gast *m*

invitar *vt* einladen

ir *vi* gehen; (*progresar*) laufen; **¡voy!** ich komme!; **¡vamos!** los!; **¡vamos a ver!** mal sehen!; **¿cómo te va?** wie geht es dir?; **voy a hacerlo** ich werde es tun

ira *f* Wut *f*

iris *m inv*: **arco ~** Regenbogen *m*

irrealizable *adj* undurchführbar

irregular *adj* unregelmäßig

irresistible *adj* unwiderstehlich

irresponsable *adj* verantwortungslos

irritarse *vr* sich aufregen

irrompible *adj* unzerbrechlich

isla *f* Insel *f*

itinerario *m* Strecke *f*

IVA *m abr de* **impuesto sobre el valor añadido** MWSt. *f*

izquierda *f* (*mano*) linke Hand *f*; **a la ~** links

izquierdo, -a *adj* linke(r, s)

J j

jabón *m* Seife *f*

jamás *adv* nie(mals)

jamón *m* Schinken *m*

Japón *m* Japan *nt*

japonés, -esa *adj* japanisch

jardín *m* Garten *m*

jardinero, -a *m, f* Gärtner(in) *m(f)*

jarra *f* Krug *m*

jaula *f* Käfig *m*

jefe, -a *m, f* Chef(in) *m(f)*; **~ de Estado** Staatsoberhaupt *nt*

jerez *m* Sherry *m*

jersey *m* Pullover *m*

jinete *m* Reiter *m*

jirafa *f* Giraffe *f*

JJ.OO. *abr de* **Juegos Olímpicos** Olympische Spiele *ntpl*

jockey *m* Jockei *m*

joder I. *vt* (*vulg*) ❶ (*copular*) ficken ❷ (*fastidiar*) nerven *fam* ❸ (*echar a perder*) vermasseln *fam* **II.** *vi* (*vulg*) ficken **III.** *vr*: **~se** (*vulg*): **¡hay que ~se!** verdammt noch mal! *fam*; **la tele se ha jodido** der Fernseher ist im Arsch **IV.** *interj* (*vulg*) Scheiße!

jornada *f* (*día de trabajo*) Arbeitstag *m*; **~ continua** gleitende Arbeitszeit; **~ partida** Arbeitstag mit Mittagspause

jota *f* J, j *nt*

joven *adj* jung

joya *f*: **las ~s** der Schmuck

joyería *f* Juwelierladen *m*

jubilación *f* Pensionierung *f*

jubilarse *vr* in Rente gehen

júbilo *m* Jubel *m*

judía *f* Bohne *f*

judicial *adj* Justiz-

judío, -a *adj* jüdisch

juego *m* Spiel *nt*

jueves *m inv* Donnerstag *m*

juez *mf* Richter(in) *m(f)*

jugar *vi, vt* spielen

jugo *m* Saft *m*; **~s gástricos** Magensäfte *mpl*

jugoso, -a *adj* saftig

juguete *m* Spielzeug *nt*

juicio *m* ❶ (*razón*) Verstand *m* ❷ (JUR) Prozess *m;* ~ **criminal** Strafverfahren *nt;* **llevar a alguien a** ~ jdm den Prozess machen
julio *m* Juli *m*
junio *m* Juni *m*
juntar *vt, vr:* **~se** (sich) versammeln
junto I. *adv:* **hablaba por teléfono y trabajaba en el ordenador, todo** ~ er/sie telefonierte und arbeitete gleichzeitig am PC **II.** *prep* ~ **a** (*local*) neben *+dat,* an *+dat;* (*con movimiento*) neben *+akk,* an *+akk;* ~ **con** mit *+dat*
juramento *m* Eid *m;* **falso** ~ Meineid *m;* **estar bajo** ~ unter Eid stehen
jurar I. *vt* schwören **II.** *vi* fluchen
justicia *f* Gerechtigkeit *f*
justificante *m* Beleg *m*
justificar <c → qu> *vt, vr:* **~se** (sich) rechtfertigen
justo[1] *adv* genau
justo, -a[2] *adj* gerecht
juventud *f* Jugend *f*
juzgar <g → gu> *vi, vt* (*opinar*) (be)urteilen

K k

kinder *m,* **kindergarten** *m* (AM) Kindergarten *m*

L l

l *abr de* **litro** l
la I. *art* die, sie, Sie **II.** *pron f sg* ❶ (*objeto directo*) sie; **¡tráeme~!** bring sie mir! ❷ (*enclítico*) es; **¡buena ~ hemos hecho!** da haben wir uns etwas eingebrockt! ❸ (*con relativo*): ~ **que...** die(jenige), die ...; ~ **cual** die
laberinto *m* Labyrinth *nt*
labio *m* Lippe *f*
laboral *adj* Arbeits-
laboratorio *m* Labor *nt*
laca *f* Haarspray *m o nt*
lactosa *f* Milchzucker *m*
ladera *f* Abhang *m*
lado *m* Seite *f;* **por un ~... y por el otro ~...** einerseits ... und andererseits ...; **por todos ~s** überall; **dejar de ~ a alguien** jdn ignorieren; **al** ~ daneben; **me puse de tu** ~ ich ergriff für dich Partei
ladrar *vi* bellen
ladrillo *m* Ziegel *m*
ladrón, -ona *m, f* Dieb(in) *m(f)*
lago *m* See *m;* **Lago de Constanza** Bodensee *m*
lágrima *f* Träne *f*
lámpara *f* Lampe *f*
lana *f* Wolle *f*
lancha *f* Kahn *m*
langostino *m* Garnele *f*
lanzar <z → c> **I.** *vt* werfen **II.** *vr:* **~se** sich stürzen (**a/sobre** auf *+akk*)*;* **~se al agua** ins Wasser springen
lápiz *m* Bleistift *m;* ~ **de color** Buntstift *m*
lapso *m:* ~ (**de tiempo**) Zeitraum *m*
largo, -a *adj* lang; **a la larga** langfristig
largura *f* Länge *f*
las I. *art* die, sie **II.** *pron f pl* ❶ (*objeto directo*) sie; **¡míra~!** schau sie dir an! ❷ (*con relativo*): ~ **que...** die(jenigen), die ...; ~ **cuales** die
lástima *f* (*compasión*) Mitleid *nt;* **dar** ~ Mitleid erwecken; **¡qué ~!** wie schade!
lastimar *vt, vr:* **~se** (sich) verletzen
lata *f* (Blech)dose *f;* **¡vaya ~!** das ist echt ätzend!
lateral *adj* seitlich
látigo *m* Peitsche *f*
Latinoamérica *f* Lateinamerika *nt*
latir *vi* klopfen
latitud *f* Breite *f*
laurel *m* Lorbeer(baum) *m*
lavabo *m* Waschbecken *nt;* (*cuarto*) Toilette *f*

lavadora *f* Waschmaschine *f*
lavanda *f* Lavendel *m*
lavar *vt, vr*: **~se** (sich) waschen; **~se los dientes** sich *dat* die Zähne putzen
lavavajillas *m inv* Spülmaschine *f*
laxante *m* Abführmittel *nt*
le *pron* ❶ *m sg* (*objeto directo*) ihn; (*cortés*) Sie ❷ *mf sg* (*objeto indirecto*) ihm, ihr; (*cortés*) Ihnen; **¡da~ un beso!** gib ihm/ihr einen Kuss!
lección *f* Lektion *f*
leche *f* Milch *f*
lechuga *f* Kopfsalat *m*
leer *vt* lesen; **~ en voz alta** vorlesen
legal *adj* gesetzlich
legislación *f* Gesetzgebung *f*
legítimo, -a *adj* rechtmäßig
legua *f* Meile *f*; **a la ~** von weitem
legumbre *f* Hülsenfrucht *f*
lejano, -a *adj* fern
lejos I. *adv* weit (entfernt); **a lo ~** in der Ferne; **de ~** von weitem II. *prep*: **~ de** weit (entfernt) von +*dat*
lencería *f* Damen(unter)wäsche *f*
lengua *f* (ANAT) Zunge *f*; (LING) Sprache *f*; **~ materna** Muttersprache *f*; **~ oficial** Amtssprache *f*
lenguado *m* Seezunge *f*
lente *m o f* ❶ (*gafas*) Brille *f*; **llevar ~s** eine Brille tragen ❷ (*t.* FOTO) Linse *f*
lenteja *f* Linse *f*
lentilla *f* Kontaktlinse *f*
lento, -a *adj* langsam
leña *f* (Brenn)holz *nt*
león *m* Löwe *m*
leotardo(s) *m(pl)* Strumpfhose *f*
les *pron* ❶ *m pl* (REG: *objeto directo*) sie; (*cortés*) Sie ❷ *mf pl* (*objeto indirecto*) ihnen; (*cortés*) Ihnen
lesión *f* Verletzung *f*
letra *f* Buchstabe *m*
letrero *m* Schild *nt*
levadura *f* Hefe *f*
ley *f* Gesetz *nt*
leyenda *f* Legende *f*
liar <1. *pres*: lío> I. *vt* zusammenbinden; (*cigarrillo*) drehen II. *vr*: **~se** durcheinanderkommen
libélula *f* Libelle *f*
liberar *vt* befreien
libertad *f* Freiheit *f*
libra *f* Pfund *nt*; **~ esterlina** Pfund Sterling
librar *vt, vr*: **~se** (sich) befreien (**de** von/aus +*dat*)
libre *adj* frei
librería *f* Buchhandlung *f*
libro *m* Buch *nt*
lícito, -a *adj* zulässig
licor *m* Likör *m*
líder *mf* Führer(in) *m(f)*
lidia *f* Stierkampf *m*
liebre *f* Hase *m*
ligero, -a *adj* leicht
lila *adj* lila
lima *f* Feile *f*
límite *m* Grenze *f*; **sin ~s** grenzenlos
limón *m* Zitrone *f*
limosna *f* Almosen *nt*; **pedir ~** betteln
limpiar I. *vi, vt* putzen II. *vr*: **~se** (*dientes*) sich *dat* putzen
limpio[1] *adv* sauber; **jugar ~** fair spielen; **en ~** netto
limpio, -a[2] *adj* sauber
lindo, -a *adj* hübsch
lino *m* Leinen *nt*
linterna *f* Taschenlampe *f*
líquido[1] *m* Flüssigkeit *f*
líquido, -a[2] *adj* flüssig
lírica *f* Lyrik *f*
Lisboa *f* Lissabon *nt*
liso, -a *adj* glatt
listo, -a *adj* ❶ *ser* klug; (*hábil*) geschickt; **pasarse de ~** zu weit gehen ❷ *estar* fertig; **~ para despegar** startklar
litera *f* Etagenbett *nt*
litoral *m* Küste *f*
litro *m* Liter *m o nt*
llaga *f* Wunde *f*
llama *f* Flamme *f*
llamada *f* Anruf *m*; **~ urbana** Ortsgespräch *nt*
llamar I. *vt* ❶ rufen; (*por teléfono*) anrufen; **~ a filas** einberufen ❷ (*denominar*) nennen ❸ (*despertar*) wecken II. *vi* anklopfen; (*el timbre*) klingeln; **¿quién llama?** wer ist da? III. *vr*: **~se** heißen; **¿cómo te llamas?** wie heißt du?
llano, -a *adj* flach
llanto *m* Weinen *nt*
llave *f* Schlüssel *m*
llegada *f* Ankunft *f*
llegar <g → gu> *vi* ❶ (*al destino*) ankommen; **~ a Madrid** in Madrid ankommen; **~ tarde** sich verspäten ❷ (*recibir*): **no me ha llegado el dinero** ich habe das Geld noch nicht erhal-

ten ❸ (*durar*) halten (**a** bis +*akk*); ~ **a viejo** alt werden ❹ (*ser suficiente*) (aus)reichen

llenar *vt* füllen (**de** mit +*dat*)

lleno, **-a** *adj* voll

llevar **I.** *vt* ❶ bringen; (*en brazos*) tragen; ~ **algo a alguien** jdm etw bringen ❷ (*tener*): ~ **consigo** dabeihaben ❸ (*ropa*) tragen ❹ (*estar*) sein; **llevo cuatro días aquí** ich bin seit vier Tagen hier ❺ (*gestionar*) führen; ~ **las cuentas** die Buchhaltung machen ❻ (*exceder*) übertreffen; **te llevo dos años** ich bin zwei Jahre älter als du ❼ (*loc*) ~ **a cabo** durchführen; **no te dejes ~ por él** hör nicht auf ihn **II.** *vr*: **~se** (*coger*) mitnehmen; (*estar de moda*) in sein; **~se bien con alguien** gut mit jdm auskommen

llorar *vi* weinen

llover <o → ue> *vimpers* regnen

lluvia *f* Regen *m*

lo **I.** *art* das, es **II.** *pron m y nt sg* ❶ (*objeto: masculino*) ihn; (*neutro*) es; **¡lláma~!** ruf ihn!; **¡haz~!** tu es! ❷ (*con relativo*): ~ **que...** (das,) was ...; ~ **cual** was; ~ **que quiero decir es que...** was ich sagen will ist, dass ...

lobo *m* Wolf *m*

loción *f* Lotion *f*; ~ **hidratante** Feuchtigkeitslotion *f*

loco, **-a** *adj* verrückt

locura *f* Wahnsinn *m*

lograr **I.** *vt* erreichen; (*premio*) gewinnen; **logré convencerla** ich schaffte es, sie zu überzeugen **II.** *vr*: **~se** gelingen

lombriz *f* Wurm *m*

lomo *m* Lende *f*

loncha *f* Scheibe *f*

longaniza *f* Bratwurst *f*

longitud *f* Länge *f*

loro *m* Papagei *m*

los **I.** *art* die, sie **II.** *pron m y nt pl* ❶ (*objeto directo*) sie; **¡lláma~!** ruf sie! ❷ (*con relativo*): ~ **que...** die(jenigen), die ...; ~ **cuales** die

lubina *f* Seebarsch *m*

lubricar <c → qu> *vt* (ein)schmieren

lucha *f* Kampf *m*

luchar *vi* kämpfen

luego **I.** *adv* (*después*) später; (*entonces*) dann; **¡hasta ~!** tschüs!; **desde ~** selbstverständlich **II.** *konj* (*así que*) also; ~ **que** nachdem

lugar *m* Ort *m*; **tener ~** stattfinden; **en primer ~** erstens; **en ~ de** (an)statt

lujo *m* Luxus *m*

luna *f* Mond *m*; ~ **llena** Vollmond *m*; ~ **de miel** Flitterwochen *fpl*

lunes *m inv* Montag *m*

lustrar *vt* polieren

luz *f* Licht *nt*

Mm

macabro, **-a** *adj* makaber

macarrones *mpl* Makkaroni *pl*

macedonia *f*: ~ (**de frutas**) Obstsalat *m*

machista *adj* Macho-

macizo[1] *m* (Gebirgs)massiv *nt*

macizo, **-a**[2] *adj* massiv

madera *f* Holz *nt*

madre *f* Mutter *f*

madrileño, **-a** *adj* aus Madrid

madrina *f* (Tauf)patin *f*; ~ (**de boda**) Trauzeugin *f*

madrugada *f*: **de ~** früh morgens; **a las tres de la ~** um drei Uhr nachts

madrugar <g → gu> *vi* (sehr) früh aufstehen

madurar *vi, vt, vr*: **~se** reifen

maduro, **-a** *adj* reif

maestro, **-a** *m, f* Lehrer(in) *m(f)*

magdalena *f* ≈Biskuit *m o nt*

magnífico, **-a** *adj* großartig

mago, **-a** *m, f* Zauberer, -in *m, f*; **los Reyes Magos** die Heiligen Drei Könige

magro, **-a** *adj* mager

mahometano, **-a** *adj* mohammedanisch

mahonesa *f* Majonäse *f*

maíz *m* Mais *m*

mal **I.** *adj* (*ante sustantivo masculino*): **hace ~ tiempo** es ist schlechtes Wetter **II.** *m* **menos ~** Gott sei Dank **III.** *adv* schlecht

maldad *f* Bosheit *f*

maldecir **I.** *vt* verfluchen **II.** *vi* fluchen

M

maldito, -a *adj* verflucht; **¡maldita sea!** (*fam*) verdammt noch mal!

malentendido *m* Missverständnis *nt*

malestar *m* Unwohlsein *nt*

maleta *f* Koffer *m*

maletero *m* Kofferraum *m*

maletín *m*: ~ (**de viaje**) Handkoffer *m*

malhumorado, -a *adj*: **estar ~** schlechte Laune haben

malo, -a *adj* <peor, pésimo> (*ante sustantivo masculino: mal*) schlecht; (*malévolo*) böse; **mala gestión** Misswirtschaft *f*; **de mala gana** widerwillig; **hace un tiempo malísimo** das Wetter ist miserabel; **una mala persona** ein schlechter Mensch; **caer ~** krank werden

malta *f* Malz *nt*

maltratar *vt* misshandeln

mamífero *m* Säugetier *nt*

manada *f* Herde *f*

mancha *f* Fleck *m*

manchar *vt, vr*: **~se** (sich) schmutzig machen

mandar *vt* befehlen; (*enviar*) schicken

mandíbula *f* Kiefer *m*

mando *m* (MIL) Kommando *nt*; **don de ~** Führungsqualitäten *fpl*; **estar al ~ de** das Kommando haben über; **~ a distancia** Fernsteuerung *f*

manejar I. *vt* handhaben; (*fig*) umgehen (mit +*dat*); (AM: *conducir*) lenken **II.** *vr*: **~se** zurechtkommen

manejo *m* Handhabung *f*

manera *f* Art *f*; **a mi ~** auf meine Art; **de ~ que** so dass

manga *f* Ärmel *m*; **de ~s cortas** kurzärm(e)lig

mango *m* Stiel *m*

manguera *f* Schlauch *m*

maní *m* Erdnuss *f*

manía *f*: **tener(le) ~ a alguien** jdn nicht leiden können

manicura *f* Maniküre *f*

manifestación *f* Demo(nstration) *f*

manifestarse <e → ie> *vr* sich äußern; (*política*) demonstrieren; **~ a favor/en contra de algo** sich für/gegen etw aussprechen

manifiesto, -a *adj* offensichtlich; **poner de ~** zum Ausdruck bringen

mano *f* Hand *f*

mansión *f* Villa *f*

manso, -a *adj* zahm

manta *f* Decke *f*

manteca *f* Fett *nt*; **~ de cerdo** Schweineschmalz *nt*

mantel *m* Tischdecke *f*

mantener *vt* halten; (*relaciones*) aufrechterhalten; (*perseverar*) beharren (auf +*dat*); **~ una conversación con alguien** mit jdm ein Gespräch führen

mantenimiento *m* Wartung *f*; **sin ~** wartungsfrei

mantequilla *f* Butter *f*

manuscrito, -a *adj* handschriftlich

manzana *f* Apfel *m*

manzanilla *f* Kamille *f*

mañana I. *f* Morgen *m* **II.** *adv* morgen; **¡hasta ~!** bis morgen!; **pasado ~** übermorgen

mapa *m* (Land)karte *f*

maquillaje *m* Make-up *nt*

maquillar *vt, vr*: **~se** (sich) schminken

máquina *f* Maschine *f*; **~ de coser** Nähmaschine *f*

mar *m o f* Meer *nt*; **en alta ~** auf hoher See; **~ adentro** seewärts

maravilla *f* Wunder *nt*

marcar <c → qu> *vt* markieren; (*teléfono*) wählen; **~ un gol** ein Tor schießen

marcha *f* (*caminata*) Lauf *m*; (*curso*) Verlauf *m*; (*velocidad*) Gang *m*; **~ atrás** Rückwärtsgang *m*; **poner en ~** in Gang setzen

marchar I. *vi* (*ir*) gehen; (*funcionar*) laufen; **¡marchando!** los geht's! **II.** *vr*: **~se** (weg)gehen

marco *m* Rahmen *m*

marea *f* Gezeiten *pl*; **~ alta** Flut *f*; **~ baja** Ebbe *f*

mareado, -a *adj* ❶ (*al viajar*) reisekrank; **estoy ~** mir ist übel ❷ (*aturdido*) schwind(e)lig

mareo *m* Übelkeit *f*

margen *m o f* Rand *m*

marido *m* Ehegatte *m*; **mi ~** mein Mann

marinero *m* Seemann *m*

marino, -a *adj* See-

mariposa *f* Schmetterling *m*

marisco *m* Meeresfrucht *f*

marítimo, -a *adj*: **ciudad marítima** Küstenstadt *f*

mármol *m* Marmor *m*

marrón *adj* braun

martes *m inv* Dienstag *m*

martillo *m* Hammer *m*

marzo *m* März *m*

más *adv* mehr; **~ dinero** mehr Geld; **~ grande/pequeño** größer/kleiner; **la ~ bella** die Schönste; **¿algo ~?** noch etwas?; **nunca ~** nie wieder
masa *f* Teig *m*
masaje *m* Massage *f;* **dar ~s** massieren
máscara *f* Maske *f*
masculino, -a *adj* männlich; **moda masculina** Herrenmode *f*
masivo, -a *adj* Massen-
masticar <c → qu> *vt* kauen
matar I. *vt* töten **II.** *vr*: **~se** sich *dat* das Leben nehmen
match *m* Spiel *nt*
material I. *adj* materiell; **daño ~** Sachschaden *m* **II.** *m* Material *nt;* **~ de oficina** Büroartikel *mpl*
maternal *adj* mütterlich
materno, -a *adj* mütterlich; **lengua materna** Muttersprache *f*
matiz *m* Nuance *f*
matrimonio *m* Ehe *f*
maxilar *m* Kiefer *m*
máximo[1] *m* Maximum *nt;* **como ~** höchstens
máximo, -a[2] *adj* maximal; **rendimiento ~** Höchstleistung *f*
mayo *m* Mai *m*
mayonesa *f* Majonäse *f*
mayor *adj* größer; (*edad*) älter; **~ de edad** volljährig
mayoría *f* Mehrheit *f;* **~ de edad** Volljährigkeit *f*
mayúscula *f* Großbuchstabe *m*
mazapán *m* Marzipan *nt*
me I. *pron* ❶ (*objeto directo*) mich; **¡míra~!** sieh mich an! ❷ (*objeto indirecto*) mir; **da~ el libro** gib mir das Buch **II.** *pron*: **~ lavo** ich wasche mich; **~ voy** ich gehe; **~ lavo el pelo** ich wasche mir die Haare
mechero *m* Feuerzeug *nt*
media *f* Strumpf *m*
mediado, -a *adj* halb voll; **a ~s de semana** Mitte der Woche
mediano, -a *adj* mittelgroß
medianoche *f* Mitternacht *f*
mediante I. *adj*: **Dios ~** so Gott will **II.** *prep* mittels *+gen;* (*a través de*) durch *+akk*
médico, -a *m, f* Arzt, Ärztin *m, f;* **~ de cabecera** Hausarzt *m;* **~ forense** Gerichtsmediziner *m;* **~ naturista** Naturheilkundler *m*
medida *f* Maß *nt*
medio[1] **I.** *m* (*mitad*) Mitte *f;* (*instrumento*) Mittel *nt;* (*entorno*) Milieu *nt;* **en ~ de** zwischen *+dat;* **por ~ de** mittels *+gen;* **~ ambiente** Umwelt *f;* **~s de comunicación** Massenmedien *nt;* **~ de transporte** Verkehrsmittel *ntpl* **II.** *adv* halb; **~ vestido** halb nackt
medio, -a[2] *adj* (*mitad*) halb; **a las cuatro y media** um halb fünf; **litro y ~** anderthalb Liter; **ciudadano ~** Durchschnittsbürger *m*
medioambiental *adj* Umwelt-
mediocre *adj* mittelmäßig
mediodía *m* Mittag *m*
medir *vi, vt, vr*: **~se** (sich) messen
mediterráneo, -a *adj* mediterran; **isla mediterránea** Mittelmeerinsel *f*
Mediterráneo *m* Mittelmeer *nt*
medusa *f* Qualle *f*
mejilla *f* Wange *f*
mejillón *m* Miesmuschel *f*
mejor I. *adj* besser; (**es**) **~ que...** *+subj* es ist besser, wenn ...; **el ~ alumno** der beste Schüler; **el/la/lo ~** der/die/das Beste **II.** *adv* besser; **a lo ~** womöglich; **~ que ~** um so besser
mejorar I. *vt* verbessern **II.** *vi, vr*: **~se** ❶ (*enfermo*) genesen; **¡que se mejore!** gute Besserung! ❷ (*tiempo*) besser werden
melocotón *m* Pfirsich *m*
melón *m* Melone *f*
membrillo *m* Quitte *f*
memoria *f* Gedächtnis *nt;* **de ~** auswendig
memorizar <z → c> *vt* auswendig lernen
menaje *m* Hausrat *m*
mencionar *vt* erwähnen
mendigar <g → gu> *vi, vt* betteln (um *+akk*)
mendigo, -a *m, f* Bettler(in) *m(f)*
menestra *f* (Gemüse)eintopf *m*
menor *adj* kleiner; (*edad*) jünger; **~ de edad** minderjährig; **Asia Menor** Kleinasien *nt*
menos *adv* weniger; (*excepto*) außer; **a ~ que** es sei denn; **al ~** wenigstens; **echar de ~** vermissen; **~ mal** Gott sei Dank; **¡ni mucho ~!** auf keinen Fall!; **todo ~ eso** alles, nur das nicht
mensaje *m* Botschaft *f*
mensajero, -a *m, f* Bote, -in *m, f*
mensual *adj* monatlich
menta *f* Minze *f*
mente *f* Geist *m;* **tener en (la) ~** vorhaben; **tener la ~ en blanco** sich nicht erinnern (können); **traer a la ~** ins Gedächtnis rufen

M

mentir *vi* lügen
mentira *f* Lüge *f;* **¡parece ~!** unglaublich!
mentón *m* Kinn *nt*
menú *m* Menü *nt;* **~ de navegación** (INFOR) Navigationsmenü *nt*
mercadillo *m* Flohmarkt *m*
mercado *m* Markt *m*
mercancía *f* Ware *f*
mercería *f* Kurzwarenhandlung *f*
merecer *vt, vr:* **~se** verdienen; **no merece la pena** es lohnt sich nicht
merendar <e → ie> *vi, vt* vespern
meridional *adj* südlich
merienda *f* Vesper *f*
mérito *m* Verdienst *nt;* (*valor*) Wert *m;* **hacer ~s** sich dienstbeflissen zeigen
merluza *f* Seehecht *m*
mermelada *f* Marmelade *f*
mero, -a *adj* rein; **la mera verdad** die reine Wahrheit
mes *m* Monat *m*
mesa *f* Tisch *m*
meseta *f* Hochebene *f*
mesón *m* Gasthaus *nt*
mesura *f* Maß *nt*
meta *f* Ziel *nt*
metálico *m:* **en ~** (in) bar
meter **I.** *vt* ❶ (*introducir*) (hinein)stecken ❷ (*persona*): **~ a alguien en la cárcel** jdn ins Gefängnis stecken ❸ (*invertir*) investieren; **~ en el banco** auf die Bank bringen ❹ (*en costura*) enger machen ❺ (DEP) **~ un gol** ein Tor schießen ❻ (*provocar*) **~ prisa a alguien** jdn zur Eile antreiben; **~ ruido** Lärm machen **II.** *vr:* **~se** ❶ (*fam: aceptar algo*) **¿cuándo se te ~á esto en la cabeza?** wann wirst du das je kapieren? ❷ (*introducirse*) hineinkommen; **~se algo en la cabeza** sich *dat* etw in den Kopf setzen ❸ (*entrar*) **le vi ~se en un cine** ich sah ihn ins Kino hineingehen ❹ (*inmiscuirse*) sich einmischen; **~se donde no lo/la llaman** sich in etwas einmischen, das einen nichts angeht ❺ (*provocar*) **~se con alguien** jdn ärgern ❻ (*comenzar un oficio*) **~se monja** ins Kloster gehen
metro *m* ❶ (*unidad*) Meter *m o nt;* **~ cúbico** Kubikmeter *m o nt* ❷ (*metropolitano*) U-Bahn *f*
mezclar **I.** *vt* (ver)mischen **II.** *vr:* **~se** (*inmiscuirse*) sich einmischen; **~se con gente de mucho dinero** mit sehr reichen Leuten zusammenkommen
mezquino, -a *adj* gemein
mezquita *f* Moschee *f*
mi *adj* mein(e); **~ amigo/amiga** mein Freund/meine Freundin
mí *pron:* **a ~** (*objeto directo*) mich; (*indirecto*) mir; **para ~** für mich; **por ~** von mir aus
microonda *f* Mikrowelle *f*
miedo *m* Angst *f* (**de/a** vor +*dat*)
miedoso, -a *adj* ängstlich
miel *f* Honig *m*
miembro *m* Mitglied *nt;* **hacerse ~ de** Mitglied werden in +*dat*
mientras **I.** *adv* währenddessen; **~ (tanto)** inzwischen **II.** *konj:* **~ (que)** während; **~ (que)** +*subj* solange
miércoles *m inv* Mittwoch *m*
mierda *f* (*vulg*) Scheiße *f*
mijo *m* Hirse *f*
mil *adj inv* tausend
milagro *m* Wunder *nt*
milla *f* Meile *f;* **~ marina** Seemeile *f*
millón *m* Million *f;* **mil millones** Milliarde *f*
mimar *vt* verwöhnen
mina *f* Bergwerk *nt*
minería *f* Bergbau *m*
minifalda *f* Minirock *m*
mínimo[1] *m* Minimum *nt;* **como ~** mindestens
mínimo, -a[2] *adj* Mindest-; **las temperaturas mínimas** die Tiefstwerte
minoría *f* Minderheit *f;* **~ de edad** Minderjährigkeit *f*
minoritario, -a *adj* Minderheits-
minucioso, -a *adj* minuziös
minúscula *f* Kleinbuchstabe *m*
minúsculo, -a *adj* winzig
minusválido, -a *adj* körperbehindert
minuto *m* Minute *f*
mío, -a *pron* ❶ (*propiedad*): **el libro es ~** das Buch gehört mir ❷ (*tras artículo*) **el ~/la mía/lo ~** meine(r, s) ❸ (*tras sustantivo*) mein(e), von mir; **una amiga mía** eine Freundin von mir
mirada *f* Blick *m*
mirador *m* Aussichtspunkt *m*
mirar **I.** *vt* (an)schauen; (*observar*) beobachten; **~ alrededor** um sich schauen **II.** *vi* ❶ (*aviso*): **¡mira! ya llega** schau! da kommt er/sie schon ❷ (*amenaza*) **¡pero mira lo que estás haciendo!** Mensch, schau mal, was du da machst! ❸ (*tener en cuenta*) **mira, que no**

nos queda mucho tiempo denk daran, wir haben nicht mehr viel Zeit

misa *f* Gottesdienst *m;* **ir a ~** in die Kirche gehen

miserable *adj* (*lamentable*) erbärmlich; **un sueldo ~** ein Hungerlohn

miseria *f* Elend *nt;* **vivir en la ~** in Armut leben

misericordia *f* Erbarmen *nt*

mismo[1] *adv* (*incluso*) selbst; **así ~** genauso; **ahí ~** genau da; **aquí ~** gleich hier; **ayer ~** gerade gestern

mismo, -a[2] *adj* ❶ (*idéntico*): **el/lo ~** derselbe/dasselbe; **la misma** dieselbe; **al ~ tiempo** gleichzeitig; **da lo ~** das ist egal ❷ (*semejante*) **el~/la misma/lo ~** der/die/das Gleiche ❸ (*reflexivo*) selbst; **yo misma lo vi** ich habe es selbst gesehen ❹ (*precisamente*) **¡eso ~!** genau! ❺ (*hasta*) selbst

misterio *m* Geheimnis *nt*

mitad *f* (*parte igual*) Hälfte *f;* (*medio*) Mitte *f;* **a ~ de precio** zum halben Preis; **en ~ del bosque** mitten im Wald

mitigar <g → gu> *vt* lindern

mitin *m* Treffen *nt*

mito *m* Mythos *m*

mixto, -a *adj* gemischt

mochila *f* Rucksack *m*

moda *f* Mode *f;* **estar de ~** (in) Mode sein

modales *mpl* Manieren *fpl;* **¡qué ~ son estos!** so was gehört sich nicht!

modelo[1] *m* Vorbild *nt*

modelo[2] *mf* Modell *nt*

moderado, -a *adj* gemäßigt

moderarse *vr* sich mäßigen

modestia *f* Bescheidenheit *f*

modesto, -a *adj* bescheiden

modificar <c → qu> *vt, vr:* **~se** (sich) verändern

modista *mf* Damenschneider(in) *m(f)*

modisto *m* Modemacher *m*

modo *m* (*manera*) Art *f;* **~ de andar** Gang *m;* **~ de hablar** Sprechweise *f;* **de ningún ~** auf keinen Fall; **en cierto ~** gewissermaßen

módulo *m* Modul *nt*

mojarse *vr* nass werden; **~ los pies** nasse Füße bekommen

moler <o → ue> *vt* mahlen

molestar I. *vt* belästigen **II.** *vr:* **~se** sich *dat* die Mühe machen

molino *m* Mühle *f*

monarquía *f* Monarchie *f*

monasterio *m* Kloster *nt*

moneda *f* Münze *f*

monedero *m* Geldbeutel *m*

monja *f* Nonne *f*

monje *m* Mönch *m*

mono[1] *m* (ZOOL) Affe *m;* (*traje*) Overall *m;* (*de mecánico*) Blaumann *m fam*

mono, -a[2] *adj* süß

monólogo *m* Monolog *m*

monstruo *m* Ungeheuer *nt*

montaje *m* Montage *f*

montaña *f* Berg *m*

montar *vi* ❶ (*subir*) aufsteigen (**en** auf *+akk*); (*en un coche*) einsteigen (**en** in *+akk*) ❷ (*ir a caballo*) reiten; **~ en bici** Rad fahren

monte *m* (*montaña*) Berg *m;* (*bosque*) Wald *m*

montón *m* Haufen *m*

mora *f* Brombeere *f*

morcilla *f* Blutwurst *f*

morder <o → ue> *vt* beißen (in *+akk*)

moreno[1] *m* Bräune *f*

moreno, -a[2] *adj* dunkel; (*de piel*) braun

morir *vi, vr:* **~se** sterben (**de** an *+dat*)

moro, -a *m, f* Maure, -in *m, f*

morrón *adj:* **pimiento ~** gebratene rote Paprika *f*

mortal *adj* (*letal*) tödlich; **pecado ~** Todsünde *f;* **peligro ~** Lebensgefahr *f*

mosca *f* Fliege *f*

moscada *adj:* **nuez ~** Muskatnuss *f*

mostaza *f* Senf *m*

mosto *m* Most *m*

mostrador *m* Theke *f*

mostrar <o → ue> *vt* (vor)zeigen

motivar *vt* motivieren (**a** zu *+dat*)

motivo *m* Grund *m;* **con ~ de...** anlässlich ... *+gen;* **por este ~** deshalb

moto *f* (*fam*) Motorrad *nt;* **ir en ~** Motorrad fahren

motorista *mf* Motorradfahrer(in) *m(f)*

mover <o → ue> *vt, vr:* **~se** (sich) bewegen

móvil *m* Handy *nt*

movilizar <z → c> *vt* mobilisieren

movimiento *m* Bewegung *f;* **poner en ~** in Gang setzen

muchacho, -a *m, f* Junge *m,* Mädchen *nt*

mucho[1] *adv* (*intensidad*) sehr; (*cantidad*) viel; (*mucho tiempo*) lange; (*muchas veces*) oft

mucho, -a[2] *adj* viel; **muchas veces** oft

muda *f* Unterwäsche *f*
mudarse *vr* (*casa*) umziehen; (*ropa*) sich umziehen; ~ **a una casa nueva** in ein neues Haus ziehen
mudo, -a *adj* stumm
muebles *mpl* Möbel *pl*
muela *f* Backenzahn *m*
muelle *m* Kai *m*
muerte *f* Tod *m*
muerto, -a *adj* tot
muestra *f* Muster *nt*
muestrario *m* Katalog *m*
mujer *f* Frau *f*
mujeriego *m* Frauenheld *m*
mulato, -a *m, f* Mulatte, -in *m, f*
muleta *f* Krücke *f*
mullido, -a *adj* weich
mulo, -a *m, f* Maultier *nt*
multa *f* Geldstrafe *f*
multicolor *adj* bunt
multiplicar <c → qu> *vi, vt* multiplizieren (**por** mit +*dat*)
multitud *f* Menge *f*
mundo *m* Welt *f;* (*planeta*) Erde *f*
municipal *adj* städtisch
municipio *m* Gemeinde *f*
muñeca *f* Puppe *f;* (ANAT) Handgelenk *nt*
muralla *f* Mauer *f*
muro *m* Mauer *f*
músculo *m* Muskel *m*
museo *m* Museum *nt*
música *f* Musik *f*
músico, -a *m, f* Musiker(in) *m(f)*
muslo *m* Oberschenkel *m*
musulmán, -ana *adj* moslemisch
mutuo, -a *adj* gegenseitig
muy *adv* sehr

Nn

N

nacer *vi* geboren werden
nacido, -a *m, f:* **recién** ~ Neugeborene(s) *nt*
nacimiento *m* Geburt *f*
nada *pron o adv* nichts; **¡gracias! — ¡de ~!** danke! — keine Ursache!; **¡~ más!** das wär's!; **~ de ~** überhaupt nichts; **a cada ~** (AM) dauernd
nadar *vi* schwimmen
nadie *pron* niemand
naranja I. *f* Orange *f* **II.** *adj:* (**de color**) ~ orange(n)
narcotráfico *m* Drogenhandel *m*
nariz *f* Nase *f*
nata *f* Sahne *f;* ~ **montada** Schlagsahne *f*
nativo, -a *m, f* Einheimische(r) *mf*
naturaleza *f* Natur *f*
náuseas *fpl* Übelkeit *f;* **tengo ~** mir ist schlecht
náutico, -a *adj* Schifffahrts-
navaja *f* Taschenmesser *nt*
nave *f* Schiff *nt;* (*almacén*) (Lager)halle *f*
navegar <g → gu> *vi, vt* (mit einem Schiff) fahren; ~ **por la Web** durchs Web surfen
Navidad *f* Weihnachten *nt;* **¡feliz ~!** fröhliche Weihnachten!
nazi *mf* Nazi *m*
necesario, -a *adj* notwendig
neceser *m* Kulturbeutel *m*
necesidad *f* Notwendigkeit *f;* **hacer sus ~es** seine Notdurft verrichten
necesitar *vi, vt* brauchen (**de** +*akk*)
necio, -a *adj* dumm
nectarina *f* Nektarine *f*
neerlandés, -esa *adj* niederländisch
negar I. *vt* (*decir que no*) verneinen; (*rehusar*) verweigern **II.** *vr:* **~se** sich weigern
negociar *vi, vt* verhandeln
negocio *m* Geschäft *nt;* ~ **al detalle** Einzelhandel *m*
negro, -a *adj* schwarz
nene, -a *m, f* (*fam*) Junge *m,* Mädchen *nt*
nervio *m* Nerv *m*
nervioso, -a *adj* nervös
neumático *m* Reifen *m*
neumonía *f* Lungenentzündung *f*
nevar <e → ie> *vimpers* schneien
nevera *f* Kühlschrank *m*
ni *konj:* **~...** ~ weder ... noch ...; **no fumo ~ bebo** ich rauche und trinke nicht; ~ (**siquiera**)

nicht einmal; **¡~ lo pienses!** auf gar keinen Fall!; **~ bien...** (AM) sobald (als) ...
nido *m* Nest *nt*
niebla *f* Nebel *m*
nieto, -a *m, f* Enkel(in) *m(f)*
nieve *f* Schnee *m*
ningún *adj*: **por ningún lado** nirgends
ninguno, -a I. *adj* keine(r, s); **de ninguna manera** keinesfalls; **ninguna vez** nie **II.** *pron* keine(r, s); (*personas*) niemand
niña *f* Kind *nt;* (*chica*) Mädchen *nt*
niño *m* Kind *nt;* (*chico*) Junge *m;* **¡no seas ~!** sei nicht kindisch!
nivel *m* (*altura*) Höhe *f;* (*grado*) Niveau *nt;* **sobre el ~ del mar** über dem Meer(esspiegel); **~ de vida** Lebensstandard *m*
no *adv* ❶ (*respuesta*) nein; **¡que ~!** nein, und nochmals nein! ❷ (+ *verbo/adjetivo*) nicht ❸ (*loc*): **~... nada** nichts; **o, si ~** anderenfalls; **ya ~** nicht mehr
noble *adj* ad(e)lig; (*bueno*) gutmütig
noche *f* ❶ (*noche tardía*) Nacht *f;* **media ~** Mitternacht *f* ❷ (*noche temprana*) Abend *m;* **por la ~** abends; **Nochebuena** *f* Heiligabend *m*; **Nochevieja** *f* Silvester *m o nt*
nocivo, -a *adj* schädlich; **~ para la salud** gesundheitsschädlich
nocturno, -a *adj* Nacht-
nombrado, -a *adj* berühmt
nombrar *vt* nennen; (*designar*) ernennen (zu +*dat*)
nombre *m* Name *m;* **~ y apellido** Vor- und Zuname *m;* **~ de pila** Vorname *m*
nordeste *m* Nordosten *m*
nórdico, -a *adj* nordisch
noroeste *m* Nordwesten *m*
norte *m* Norden *m*
nos I. *pron* (*objeto*) uns; (*mayestático*) wir **II.** *pron* uns
nosotros, -as *pron 1. pl* wir; (+ *preposición*) uns
nostalgia *f* Sehnsucht *f* (**de** nach +*dat*)
notable *adj* beachtlich
notar *vt* (be)merken
noticia *f* Nachricht *f*
notificar <c → qu> *vt* mitteilen
novecientos, -as *adj* neunhundert
novedad *f* (*acontecimiento*) Neuigkeit *f;* **¿hay alguna ~?** gibt es was Neues?
novela *f* Roman *m*
noveno, -a *adj* neunte(r, s)
noventa *adj inv* neunzig
noviembre *m* November *m*
novio, -a *m, f* Freund(in) *m(f);* **los ~s** das Brautpaar; **viaje de ~s** Hochzeitsreise *f;* **echarse novia** (*fam*) sich *dat* eine Freundin zulegen
nube *f* Wolke *f*
nublar *vt, vr*: **~se** (sich) bewölken
nuca *f* Nacken *m*
nudo *m* Knoten *m*
nuera *f* Schwiegertochter *f*
nuestro, -a I. *adj* unser(e); **~ hijo** unser Sohn; **nuestra hija** unsere Tochter **II.** *pron* ❶ (*propiedad*): **la casa es nuestra** das Haus gehört uns ❷ (*tras artículo*) **el ~/la nuestra/lo ~** unsere(r, s) ❸ (*tras sustantivo*) unser(e), von uns; **una amiga nuestra** eine Freundin von uns
nueve *adj inv* neun
nuevo, -a *adj* neu; **de ~** von neuem; **¿qué hay de ~?** was gibt's Neues?
nuez *f* (BOT) Walnuss *f;* (ANAT) Adamsapfel *m;* **~ moscada** Muskatnuss *f*
número *m* Zahl *f;* (*cifra*) Nummer *f;* **~ cardinal** Grundzahl *f;* **~ primo** Primzahl *f;* **~ quebrado** Bruchzahl *f;* **en ~s redondos** aufgerundet; **hacer ~s** Berechnungen anstellen
nunca *adv* nie; **~ jamás** niemals; **más que ~** mehr denn je
nutritivo, -a *adj* nahrhaft

Ñ ñ

Ñ, ñ *f* *fünfzehnter Buchstabe des spanischen Alphabets*

O o

o, **ó** *konj* oder; **~...**, **~...** entweder ..., oder ...; **~ sea** das heißt; **~ bien** oder auch
obedecer *vt* gehorchen *+dat*
obispo *m* Bischof *m*
objetivo¹ *m* Ziel *nt*
objetivo, **-a**² *adj* objektiv
objeto *m* Gegenstand *m*
obligación *f* Verpflichtung *f*
obligado, **-a** *adj* verpflichtet
obra *f* Werk *nt;* (*edificio*) Bauwerk *nt;* **~ benéfica** Wohltätigkeit *f;* **~s públicas** öffentliche Bauten; **~ de teatro** Theaterstück *nt;* **mano de ~** Arbeitskraft *f*
obrero, **-a** *m, f* Arbeiter(in) *m(f);* **~ agrícola** Landarbeiter *m;* **~ especializado** Facharbeiter *m*
observar *vt* beobachten
obsesión *f* Besessenheit *f*
obstáculo *m* Hindernis *nt;* **salvar un ~** ein Hindernis nehmen
obstante *adv:* **no ~** trotzdem
obtener *vt* erlangen; (*ganancia*) erzielen
obvio, **-a** *adj* offensichtlich; **es ~** das liegt auf der Hand
ocasión *f* Gelegenheit *f*
occidente *m* Westen *m*
océano *m* Ozean *m*
ochenta *adj inv* achtzig
ocho *adj inv* acht; **ochocientos**, **-as** *adj* achthundert
octavo, **-a** *adj* achte(r, s)
octubre *m* Oktober *m*
oculista *mf* Augenarzt, -ärztin *m, f*
ocupación *f* Beschäftigung *f;* **sin ~** arbeitslos
ocuparse *vr* sich kümmern (**de** um *+akk*)
ocurrir *vi* geschehen; **¿qué ocurre?** was ist los?; **¿qué te ocurre?** was hast du?
odiar *vt* hassen
odio *m* Hass *m*
oeste *m* Westen *m*
ofender *vt* beleidigen
ofensa *f* Beleidigung *f*
oferta *f* Angebot *nt;* **~ de empleo** Stellenangebot *nt;* **~ especial** Sonderangebot *nt*
oficina *f* Büro *nt;* **~ de correos** Postamt *nt;* **~ de empleo** Arbeitsamt *nt*
oficio *m* Beruf *m*
ofrecer I. *vt* (an)bieten **II.** *vr:* **~se** sich anbieten; **¿se le ofrece algo?** was darf es sein?
oído *m* (*sentido*) Gehör *nt;* (ANAT) Ohr *nt;* **tener buen ~** ein gutes Gehör haben; **ser todo ~s** ganz Ohr sein
oír *vt* hören; **¡oye!** na hör mal!; **¡oiga!** hallo!
ojalá *interj* hoffentlich!
ojo *m* Auge *nt;* **~ de gallo** Hühnerauge *nt;* **a ~** nach Augenmaß; **¡~!** Vorsicht!
ola *f* Welle *f;* **~ de calor** Hitzewelle *f*
olé *interj* bravo!
oler *vi, vt* riechen (**a** nach *+dat*)
olivo *m* Olivenbaum *m*
olla *f* Kochtopf *m*
olor *m* Geruch *m;* **buen ~** Duft *m;* **mal ~** Gestank *m*
olvidar *vt, vr:* **~se** vergessen (**de** *+akk*)
once *adj inv* elf
onda *f* Welle *f;* **¡qué buena ~!** (AM) klasse!
ONU *f abr de* **Organización de las Naciones Unidas** UNO *f*
opción *f* ❶ (*elección*) Wahl *f;* **a ~** nach Wahl ❷ (*derecho*) Anrecht *nt* (**a** auf *+akk*)
ópera *f* Oper *f*
operar I. *vi* handeln **II.** *vt* operieren **III.** *vr:* **~se** sich operieren lassen
opinar *vi, vt* meinen; (*creer*) glauben
opinión *f* Meinung *f;* **en mi ~** meiner Meinung nach; **cambiar de ~** seine Meinung ändern
oportunidad *f* Gelegenheit *f;* **aprovechar la ~** die Gelegenheit nutzen
oportuno, **-a** *adj* angebracht
oprimir *vt* (*tiranizar*) unterdrücken
opuesto, **-a** *adj* (*enfrente*) gegenüberliegend; (*enfrentado*) entgegengesetzt; **en dirección opuesta** in der Gegenrichtung; **polo ~** Gegenpol *m*
oración *f* (REL) Gebet *nt;* (*frase*) Satz *m*
oral *adj* mündlich; **vista ~** Verhör *nt;* **por vía ~** zum Einnehmen
orden¹ *m* ❶ (*colocación*) Ordnung *f;* **llamar al ~** zur Ordnung rufen; **poner en ~** in Ordnung bringen ❷ (*sucesión*) Reihenfolge *f;* **por ~** der Reihe nach
orden² *f* ❶ Befehl *m;* (*disposición*) Verfügung *f;*

hasta nueva ~ bis auf Widerruf ❷ (COM) Order *f;* ~ **de entrega** Lieferschein *m;* ~ **de pago** Zahlungsanweisung *f;* **por** ~ **de** im Auftrag von
ordenador *m* Computer *m;* ~ **personal** PC *m;* ~ **portátil** Notebook *nt*
ordenar I. *vi* aufräumen **II.** *vt* ordnen; (*mandar*) anordnen
ordinario, -a *adj* gewöhnlich; **de** ~ üblicherweise
oreja *f* Ohr *nt*
órgano *m* Organ *nt;* (MÚS) Orgel *f;* **~s sexuales** Geschlechtsorgane *ntpl*
orgullo *m* Stolz *m*
orientar I. *vt* (*dirigir*) ausrichten (**a/hacia** auf *+akk*); (*asesorar*) beraten; **orientado a la práctica** praxisorientiert **II.** *vr:* **~se** sich ausrichten
oriente *m* Osten *m;* (*países*) Orient *m;* **el Oriente Próximo, el Cercano Oriente** der Nahe Osten; **el Extremo Oriente** der Ferne Osten
origen *m* (*principio*) Ursprung *m;* (*procedencia*) Herkunft *f*
originar I. *vt* verursachen **II.** *vr:* **~se** entstehen
orilla *f* (*borde*) Rand *m;* (*ribera*) Ufer *nt;* ~ **de** (*fam*) bei
orina *f* Urin *m*
orinar *vi, vt* urinieren; **ir a** ~ (*fam*) aufs Klo gehen
oro *m* Gold *nt;* ~ **de ley** Feingold *nt;* **de** ~ golden
os I. *pron* (*objeto*) euch **II.** *pron:* **¿~ marcháis?** geht ihr?
osar *vi* wagen
oscurecer I. *vimpers* dunkel werden **II.** *vt, vr:* **~se** (sich) verdunkeln
oscuro, -a *adj* dunkel; **a oscuras** im Dunkeln
oso *m* Bär *m;* ~ **de peluche** Teddy(bär) *m*
ostra *f* Auster *f;* **¡~s!** herrje!
OTAN *f abr de* **Organización del Tratado del Atlántico Norte** NATO *f*
otoño *m* Herbst *m;* **a fin(al)es de** ~ im Spätherbst
otro, -a *adj o pron* ❶ (*distinto*) ein anderer, eine andere; **~s** andere; **el ~/la otra/lo ~** der/die/das andere; **otra persona,** ~ jemand anders; ~ **tanto** noch einmal so viel; **el ~ día** neulich; **otra cosa** etwas anderes; **otra vez** noch (ein)mal ❷ (*uno más*) noch eine(r, s); **otras tres personas** noch drei (weitere) Personen; **¡otra, otra!** Zugabe!
oveja *f* Schaf *nt*
oxígeno *m* Sauerstoff *m*
oyente *mf* (Zu)hörer(in) *m(f)*

Pp

paciencia *f* Geduld *f*
paciente *mf* Patient(in) *m(f)*
pacífico, -a *adj* friedfertig
padecer *vi, vt* leiden
padre *m* Vater *m;* **los ~s** die Eltern
padrino *m* (Tauf)pate *m;* ~ (**de boda**) Trauzeuge *m*
pagar <g → gu> *vt* bezahlen
página *f* Seite *f;* ~ **web** Webseite *f*
país *m* Land *nt*
paisaje *m* Landschaft *f*
pájaro *m* Vogel *m*
palabra *f* Wort *nt*
palacio *m* Palast *m*
pálido, -a *adj* blass
palmera *f* Palme *f*
palo *m* Knüppel *m*
paloma *f* Taube *f*
palomita *f* Popcorn *nt*
pan *m* Brot *nt;* ~ **bimbo®** Toastbrot *nt;* ~ **rallado** Semmelbrösel *mpl*
panadería *f* Bäckerei *f*
pancarta *f* Plakat *nt*
panecillo *m* Brötchen *nt*
pantalla *f* Bildschirm *m*
pantalón *m* Hose *f*
panza *f* Bauch *m*
pañal *m* Windel *f*
pañuelo *m* Taschentuch *nt*
papa¹ *m* Papst *m*
papa² *f* (AM) Kartoffel *f*
papá *m* (*fam*) Papa *m;* **Papá Noel** Weihnachtsmann *m*
papel *m* Papier *nt*
papilla *f* Brei *m*
paquete *m* Paket *nt*

para **I.** *prep* ❶ (*destino*) für +*akk* ❷ (*finalidad*) für +*akk*, zu +*dat*; **¿~ qué es esto?** wozu ist das gut? ❸ (*dirección*) nach +*dat*; **mira ~ acá** schau hierher ❹ (*duración*) für +*akk*; (*plazo*) an +*dat*; **~ siempre** für immer; **diez minutos ~ las once** (AM) zehn (Minuten) vor elf **II.** *konj* ❶ +*inf* um ... zu ❷ +*subj* damit

parada *f* Haltestelle *f*

parador *m* Hotel *nt*

paraguas *m inv* Regenschirm *m*

paraíso *m* Paradies *nt*

parar **I.** *vi* (*detenerse*) anhalten; (*terminar*) aufhören; **ha parado de llover** es hat aufgehört zu regnen **II.** *vt* anhalten; (*un golpe*) abwehren **III.** *vr*: **~se** anhalten; (*reloj*) stehenbleiben; (AM: *levantarse*) aufstehen

parecer **I.** *vi* aussehen; (*aparentar*) scheinen; **¿qué te parece?** was hältst du davon? **II.** *vr*: **~se** sich *dat* ähneln

parecido, -a *adj* ähnlich

pared *f* Wand *f*

pareja *f* (*par*) Paar *nt*; (*compañero*) Partner(in) *m(f)*; **hacen buena ~** sie passen gut zusammen

pariente, -a *m, f* Verwandte(r) *mf*

parking *m* Parkhaus *nt*

paro *m* Stillstand *m*

parque *m* Park *m*

parrilla *f* (Grill)rost *m*

parroquia *f* Gemeinde *f*

parte *f* ❶ (Bestand)teil *m*; **una cuarta ~** ein Viertel; **en ~** teilweise ❷ (*repartición*) Anteil *m* ❸ (*lugar*) Ort *m*; **en cualquier ~** irgendwo; **en otra ~** woanders

participar *vi* teilnehmen (**en** an +*dat*)

particular *adj* (*propio*) eigen; (*extraordinario*) besondere(r, s); (*privado*) privat

partida *f* Partie *f*

partido *m* ❶ (POL) Partei *f*; **~ obrero** Arbeiterpartei *f* ❷ (DEP) Spiel *nt*; **~ amistoso** Freundschaftsspiel *nt*

partir **I.** *vt* ❶ teilen (**en** in +*akk*); **~ por la mitad** halbieren ❷ (*romper*) zerbrechen **II.** *vi* ❶ (*tomar como base*) ausgehen; **a ~ de mañana** ab morgen ❷ (*ponerse en marcha*) abreisen **III.** *vr*: **~se** zerbrechen

pasa *f* Rosine *f*

pasado[1] *m* Vergangenheit *f*; **en el ~** früher

pasado, -a[2] *adj* vergangen; **el año ~** letztes Jahr; **~ mañana** übermorgen

pasajero, -a *m, f* Passagier(in) *m(f)*

pasaporte *m* (Reise)pass *m*

pasar **I.** *vi* ❶ vorbeigehen; **~ corriendo** vorbeilaufen ❷ (*acaecer*) passieren; **¿qué pasa?** was ist los?; **¿qué te pasa?** was hast du? ❸ (*el tiempo*) vergehen ❹ (*fam: no necesitar*) verzichten; **yo paso de salir** ich möchte nicht ausgehen **II.** *vt* ❶ (*atravesar*) überqueren ❷ (*dar*) reichen ❸ (*una temporada*) verbringen; **~lo bien** sich amüsieren; **¡que lo paséis bien!** viel Spaß! ❹ (*loc*): **~ frío** frieren **III.** *vr*: **~se** (*dolor*) nachlassen; (*exagerar*) übertreiben; **~se de moda** aus der Mode kommen

Pascua *f* Ostern *nt*

paseo *m* Spaziergang *m*; **dar un ~** spazieren gehen

pasillo *m* Gang *m*

paso *m* (*distancia*) Schritt *m*; **~ de cebra** Zebrastreifen *m*; **ceder el ~** vorlassen; **estar de ~** auf der Durchreise sein; **de ~** nebenbei; **¡~!** Platz da!

pastel *m* Gebäckstück *nt*

pastelería *f* Konditorei *f*

pastilla *f* Tablette *f*

pastor(a) *m(f)* Schäfer(in) *m(f)*

patata *f* Kartoffel *f*; **~s fritas** Pommes frites *pl*

patio *m* Hof *m*

pato, -a *m, f* Ente *f*; (*macho*) Erpel *m*

pavo, -a *m, f* Truthahn *m*, Pute *f*; **~ real** Pfau *m*

payaso, -a *m, f* Clown *m*

paz *f* Frieden *m*; **hacer las paces** sich versöhnen

pe *f* P, p *nt*

peaje *m* Autobahngebühr *f*

peatón, -ona *m, f* Fußgänger(in) *m(f)*

pecado *m* Sünde *f*

pecho *m* Brust *f*

pechuga *f* Geflügelbrust *f*; **~ de pollo** Hähnchenbrust *f*

pedazo *m* Stück *nt*; **hacer ~s** kaputt machen

pedir *vt* (*rogar*) bitten (um +*akk*); (*encargar*) bestellen; **~ algo a alguien** jdn um etw bitten

peinar *vt, vr*: **~se** (sich) kämmen

p.ej. *abr de* **por ejemplo** z. B.

pelar *vt* schälen

película *f* Film *m*

peligro *m* Gefahr *f*; **~ de incendio** Brandgefahr *f*; **fuera de ~** außer Gefahr; **poner en ~** ge-

fährden
peligroso, -a *adj* gefährlich
pelo *m* Haar *nt*
pelota[1] *f* (*balón*) Ball *m;* **en ~s** (*argot*) splitter(faser)nackt; **hacer la ~ a alguien** (*argot*) bei jdm schleimen
pelota[2] *m* (*fam*) Schleimer *m*
peluquería *f* Friseursalon *m*
pena *f* (*tristeza*) Kummer *m;* **ser una ~** schade sein; **¡qué ~!** schade!; **valer la ~** sich lohnen
penalizar <z → c> *vt* bestrafen
pene *m* Penis *m*
península *f* Halbinsel *f*
pensar <e → ie> *vi, vt* denken (**en** an +*akk*); (*reflexionar*) nachdenken (**sobre** über +*akk*)
pensionista *mf* Rentner(in) *m(f)*
Peñón *m*: **el ~** Gibraltar *nt*
peor *adv o adj* schlechter; (*condición*) schlimmer
pepino *m* Gurke *f*
pepita *f* Kern *m*
pequeño, -a *adj* klein
pera *f* Birne *f*
percibir *vt* wahrnehmen
perder <e → ie> *vi, vt* verlieren
perdiz *f* Rebhuhn *nt*
perdón *m*: **¡~!** Entschuldigung!; **¿~?** (wie) bitte?; **¡con ~!** Verzeihung, darf ich?; **pedir ~ a alguien** jdn um Verzeihung bitten
perdonar *vt* verzeihen
peregrino, -a *m, f* Pilger(in) *m(f)*
perejil *m* Petersilie *f*
perfume *m* Parfüm *nt*
periódico[1] *m* Zeitung *f*
periódico, -a[2] *adj* regelmäßig; **sistema ~** Periodensystem *nt*
perjudicial *adj* schädlich
permanecer *vi* bleiben; **~ quieto** stehen bleiben; **~ sentado** sitzen bleiben
permiso *m* Erlaubnis *f*
pero *konj* aber; (*sin embargo*) jedoch; **¿~ qué es lo que quieres?** was willst du eigentlich?
perro *m* Hund *m*
perseguir *vt* verfolgen
persiana *f* Rollladen *m*
pertenecer *vi* gehören (**a** +*dat*)
pesado, -a *adj* schwer; (*lento*) schwerfällig
pesar **I.** *vi, vt* wiegen **II.** *m*: **a ~ de...** trotz ... +*gen*
pescado *m* Fisch *m*
pescar <c → qu> *vt* angeln
pésimo, -a *adj* sehr schlecht
peso *m* Gewicht *nt;* **coger/perder ~** zu-/abnehmen
peste *f* Gestank *m*
pez *m* Fisch *m*
pico *m* (*del pájaro*) Schnabel *m;* **llegar a las cuatro y ~** um kurz nach vier kommen
pie *m* Fuß *m*
piedra *f* Stein *m;* **~ pómez** Bimsstein *m;* **~ preciosa** Edelstein *m;* **edad de ~** Steinzeit *f*
piel *f* Haut *f*
pierna *f* Bein *nt*
pieza *f* Stück *nt*
pila *f* Batterie *f*
píldora *f* Pille *f*
pilotar *vt* steuern
piloto *mf* Pilot(in) *m(f)*
pimienta *f* Pfeffer *m*
pimiento *m* Paprika *m*
pinchar **I.** *vi* einen Platten haben **II.** *vt* (*alfiler*) stechen; (*estimular*) aufreizen
pinchazo *m* Reifenpanne *f*
pintalabios *m inv* Lippenstift *m*
pintar **I.** *vi, vt* malen **II.** *vr*: **~se** sich schminken
pintor(a) *m(f)* Maler(in) *m(f)*
pintura *f* Malerei *f*
pinza(s) *f(pl)* Zange *f*
piña *f* Ananas *f*
pipa *f* Pfeife *f*
piragua *f* Kanu *nt*
pisar *vt* treten (auf +*akk*); (*entrar*) betreten
piscina *f* Schwimmbad *nt;* **~ cubierta** Hallenbad *nt*
piso *m* Wohnung *f*
pista *f* Spur *f*
pistacho *m* Pistazie *f*
pizarra *f* (Schiefer)tafel *f*
placa *f* Schild *nt*
placer *m* ❶ Freude *f;* **con sumo ~** mit großem Vergnügen ❷ (*sexual*) Lust *f*
plancha *f* Bügeleisen *nt*
planchar *vt* bügeln
planear *vt* planen
planificar <c → qu> *vt* planen
plano[1] *m* Plan *m*
plano, -a[2] *adj* flach
planta *f* Pflanze *f*
plantar **I.** *vt* pflanzen **II.** *vr*: **~se** sich widerset-

zen (**ante** +*dat*)
plata *f* Silber *nt*
plátano *m* Banane *f*
plateado, **-a** *adj* silbern
plato *m* Teller *m*
playa *f* Strand *m*
plaza *f* Platz *m;* ~ **de abastos** Markt *m*
plazo *m* ❶ Frist *f;* ~ **de entrega** Lieferzeit *f* ❷ (*cantidad*) Rate *f;* **a ~s** auf Raten
plegable *adj* faltbar; **silla** ~ Klappstuhl *m*
pluma *f* Feder *f;* ~ **estilográfica** Füllfederhalter *m*
población *f* Bevölkerung *f*
poblado, **-a** *adj* bewohnt
pobre *adj* arm
pobreza *f* Armut *f*
poco[1] **I.** *m* ❶ (*cantidad*): **un ~ de azúcar** ein bisschen Zucker; **espera un** ~ warte ein wenig ❷ *pl* wenige **II.** *adv* wenig; **~ a ~** Schritt für Schritt; **dentro de** ~ bald; **desde hace** ~ seit kurzem; **hace** ~ vor kurzem
poco, **-a**[2] <poquísimo> *adj* wenig
poder I. *vi* können; **yo a ti te puedo** (*fam*) ich bin stärker als du; **no puedes cogerlo sin permiso** du darfst das nicht unerlaubt nehmen **II.** *vimpers*: **¡puede!** kann sein!; **¿se puede?** darf man (hereinkommen)? **III.** *m* Macht *f*
poderoso, **-a** *adj* mächtig
podrido, **-a** *adj* faul
poema *m* Gedicht *nt*
poeta, **-isa** *m, f* Dichter(in) *m(f)*
policía[1] *f* Polizei *f*
policía[2] *mf* Polizist(in) *m(f)*
pollo *m* Hähnchen *nt;* ~ **asado** Brathähnchen *nt*
polución *f* Verschmutzung *f;* ~ **ambiental** Umweltverschmutzung *f*
polvo *m* ❶ Staub *m;* **quitar el** ~ abstauben; **estoy hecho** ~ (*fam*) ich bin fix und fertig ❷ (*sustancia*) Pulver *nt;* **levadura en** ~ Backpulver *nt*
pomada *f* Salbe *f*
pomelo *m* Grapefruit *f*
poner I. *vt* ❶ (*colocar*) stellen; (*horizontalmente*) legen; **¿dónde habré puesto...?** wo habe ich nur ... gelassen? ❷ (*disponer*) herrichten; (*la mesa*) decken ❸ (*encender*) anmachen; ~ **en marcha** in Gang bringen ❹ (*convertir*) machen; ~ **de mal humor a alguien** jdm die Laune verderben ❺ (*una expresión*) machen; ~ **mala cara** ein böses Gesicht machen ❻ (*espectáculo*) zeigen; **¿qué ponen hoy en el cine?** was läuft heute im Kino? ❼ (*imponer*): ~ **una multa** eine Strafe auferlegen ❽ (*estar escrito*) stehen ❾ (*vestido*) anziehen ❿ (*teléfono*) verbinden ⓫ (*loc*) ~ **atención** aufpassen; ~ **al día** auf den neuesten Stand bringen; ~ **a la venta** verkaufen **II.** *vr*: **~se** ❶ (*vestido*) sich anziehen; **ponte guapo** mach dich hübsch ❷ (ASTR) untergehen ❸ (*comenzar*) anfangen; **por la tarde se puso a llover** nachmittags fing es an zu regnen ❹ (*loc*) **¡no te pongas así que no es para tanto!** stell dich doch nicht so an!; **díle que se ponga al teléfono** sag ihm/ihr, er/sie soll ans Telefon kommen; **¡póngase en mi lugar!** versetzen Sie sich in meine Lage!
poniente *m* Westen *m*
popa *f* Heck *nt;* **viento en** ~ Rückenwind *m*
popular *adj* volkstümlich; (*conocido*) populär
por *prep* ❶ (*lugar: a través de*) durch +*akk;* (*vía*) über +*akk;* (*en*) in +*dat;* ~ **aquí** hier entlang; **adelantar ~ la izquierda** links überholen ❷ (*tiempo*) für +*akk,* um +*akk;* ~ **la tarde** nachmittags; **ayer ~ la noche** gestern Abend; ~ **noviembre** im November; ~ **fin** endlich ❸ (*a cambio de*) für +*akk;* (*en lugar de*) statt +*gen* ❹ (*agente*) von +*dat* ❺ (*reparto*) pro; **el ocho ~ ciento** acht Prozent ❻ (*finalidad*) für +*akk* ❼ (*causa*) wegen +*gen/dat;* **lo hago ~ ti** ich tue es dir zuliebe; ~ **desesperación** aus Verzweiflung; ~ **consiguiente** folglich; ~ **eso** deshalb ❽ (*aunque*) trotz +*gen;* ~ **muy cansado que esté no lo dejará a medias** trotz seiner Müdigkeit wird er es fertigstellen ❾ (*interrogativo*): **¿~ (qué)?** warum? ❿ (*final*) ~ **que** +*subj* damit; **lo hago ~ si acaso** ich mache es vorsichtshalber ⓫ (*casi*) ~ **poco** fast
porcentual *adj* prozentual
porche *m* Veranda *f*
porque *konj* weil; **lo hizo ~ sí** er/sie tat es aus Eigensinn
porqué *m* Grund *m*
portarse *vr* sich benehmen
portátil *adj* tragbar; **ordenador** ~ Laptop *m*
poseer *vt* besitzen
posibilidad *f* Möglichkeit *f*
posibilitar *vt* ermöglichen
posible *adj* möglich; **hacer** ~ ermöglichen; **ha-**

cer lo ~ para que... *+subj* sich anstrengen, um zu ... *+inf;* **hacer todo lo ~** sein Möglichstes tun; **es ~ que...** *+subj* vielleicht ...; **¡no es ~!** das kann nicht wahr sein!; **¿será ~?** soll man es für möglich halten?; **si es ~** wenn möglich; **en lo ~** nach Möglichkeit; **lo antes ~** möglichst bald
postal *f* Postkarte *f*
póster *m* Poster *nt o m*
posterior *adj* spätere(r, s); **~ a** nach *+dat*
postre *m* Nachtisch *m*
potable *adj*: **agua ~** Trinkwasser *nt*
potente *adj* mächtig
pozo *m* Brunnen *m*
práctica *f* Praxis *f;* **adquirir ~** Erfahrung sammeln; **perder la ~** aus der Übung kommen
prado *m* Weide *f*
precaución *f* Vorsicht *f;* **tomar precauciones** Vorkehrungen treffen
precio *m* Preis *m;* **a buen ~** günstig; **a mitad de ~** zum halben Preis
precioso, -a *adj* kostbar
precipicio *m* Abgrund *m*
preciso, -a *adj* (*exacto*) genau; **es ~ que...** *+subj* es ist notwendig, dass ...; **si es ~...** falls erforderlich ...
precocinado, -a *adj* vorgekocht; **plato ~** Fertiggericht *nt*
prefabricado, -a *adj* vorgefertigt; **casa prefabricada** Fertighaus *nt*
preferencia *f* Vorrang *m;* **dar ~** den Vorzug geben
preferible *adj* vorzuziehen; **sería ~ que lo hicieras** du solltest es besser tun
preferido, -a *adj* bevorzugt
preferir *vt* vorziehen; **prefiero que...** *+subj* es ist mir lieber, wenn ...
pregunta *f* Frage *f*
preguntar *vt, vr*: **~se** (sich) fragen; **~ la lección** abfragen; **~ por alguien** nach jdm fragen
prejuicio *m* Vorurteil *nt*
premio *m* Preis *m*
prenda *f* ❶ (*fianza*) Pfand *nt;* **en ~** als Pfand ❷ (*pieza*) Kleidungsstück *nt*
prensa *f* Presse *f*
preocupación *f* ❶ (*desvelo*) Sorge *f* (**por** um *+akk,* wegen *+gen/dat*)*;* **sin preocupaciones** sorglos ❷ (*pesadumbre*) Kummer *m;* **causar preocupaciones a alguien** jdm Kummer bereiten ❸ (*obsesión*) fixe Idee *f;* **tu única ~ es el dinero** du denkst nur ans Geld
preocupado, -a *adj* besorgt (**por** wegen *+gen/dat,* über *+akk*)
preparación *f* Vorbereitung *f*
preparar *vt, vr*: **~se** (sich) vorbereiten (**para/a** auf/für *+akk*)*;* **se prepara una tormenta** es braut sich ein Unwetter zusammen
presenciar *vt* beiwohnen *+dat*
presentar *vt* ❶ vorstellen; (*moda*) vorführen ❷ (*ofrecer*) aufweisen ❸ (TEAT) aufführen ❹ (*documento*) vorlegen ❺ (*persona*) vorstellen; **te presento a mi marido** darf ich dir meinen Mann vorstellen?
presente I. *adj* (*que está*) anwesend; (*actual*) gegenwärtig; **la ~ edición** diese Ausgabe **II.** *m* Gegenwart *f;* **hasta el ~** bis jetzt; **por el ~** augenblicklich
preservativo *m* Präservativ *nt*
presidio *m* Gefängnis *nt*
preso, -a *m, f* Häftling *m*
prestar I. *vt* ❶ (*dejar*) (aus)leihen ❷ (*dedicar*): **~ ayuda** Hilfe leisten ❸ (*declaración*) abgeben ❹ (*silencio*) bewahren; **~ oídos** Aufmerksamkeit schenken **II.** *vr*: **~se** sich anbieten
prestigio *m* Ansehen *nt*
prevalecer *vi* sich durchsetzen
prevenir *vt* vorbeugen *+dat*
prever *vt* vorhersehen
primavera *f* Frühling *m*
primer *adj* (*ante sustantivo masculino*): **en primer lugar** zuerst
primera *f*: **de ~** erstklassig
primero[1] *adv* zuerst; (*antes*) lieber; **~..., segundo...** erstens ..., zweitens ...
primero, -a[2] *adj* (*ante sustantivo masculino: primer*) erste(r, s); **a ~s de mes** am Monatsanfang; **de primera calidad** erstklassig
primo, -a *m, f* Cousin, Cousine *m, f*
principal *adj* wesentlich
príncipe, princesa *m, f* Prinz, Prinzessin *m, f;* **~ heredero** Kronprinz *m;* **el Príncipe de Asturias** der spanische Kronprinz
principio *m* Anfang *m;* **al ~** am Anfang; **desde un ~** von Anfang an; **a ~s de diciembre** Anfang Dezember
prisa *f* Eile *f;* **a toda ~** in aller Eile; **no corre ~** es hat Zeit; **¡date ~!** beeil dich!; **meter ~** zur Eile drängen; **tengo ~** ich habe es eilig; **no tengas ~** lass dir Zeit
prisión *f* Haft *f;* (*edificio*) Gefängnis *nt*

P

privado, -a *adj* privat; **vida privada** Privatleben *nt;* ~ **de...** ohne ...; ~ **de medios** mittellos
proa *f* Bug *m*
probable *adj* wahrscheinlich
probador *m* Umkleidekabine *f*
probar <o → ue> *vt* ❶ (*demostrar*) beweisen ❷ (*cosa*) ausprobieren ❸ (*vestido*) anprobieren ❹ (GASTR) probieren
problema *m* Problem *nt*
procedencia *f* Herkunft *f*
producir I. *vt* produzieren **II.** *vr:* **~se** sich ereignen
profesión *f* Beruf *m*
profesor(a) *m(f)* Lehrer(in) *m(f);* (*universitario*) Dozent(in) *m(f)*
profundo, -a *adj* tief; (*observación*) tiefsinnig
progreso *m* Fortschritt *m*
prohibición *f* Verbot *nt*
prohibir *vt* verbieten
promedio *m* Durchschnitt *m*
promesa *f* Versprechen *nt*
prometer I. *vt* versprechen **II.** *vi:* **este negocio promete** das ist ein viel versprechendes Geschäft **III.** *vr:* **~se** sich verloben
pronóstico *m* Prognose *f*
pronto I. *adv* bald; (*inmediatamente*) gleich; (*temprano*) früh; **de** ~ auf einmal; **¡hasta ~!** bis bald! **II.** *konj:* **tan ~ como** sobald
pronunciación *f* Aussprache *f*
propiedad *f* Eigentum *nt*
propietario, -a *m, f* Eigentümer(in) *m(f)*
propina *f* Trinkgeld *nt*
propio, -a *adj* ❶ (*de uno mismo*) eigene(r, s); **en defensa propia** in Notwehr ❷ (*mismo*) selbst; **lo** ~ dasselbe
proponer I. *vt* vorschlagen **II.** *vr:* **~se** sich *dat* vornehmen; **¿qué te propones?** was hast du eigentlich vor?
propósito I. *m* Absicht *f;* (*plan*) Plan *m;* (*objetivo*) Ziel *nt;* **buenos ~s** gute Vorsätze; **tener el ~ de...** vorhaben zu ...; **a** ~ (*adrede*) absichtlich; (*por cierto*) übrigens **II.** *prep:* **a ~ de** über +*akk*
propuesta *f* Vorschlag *m*
prosperidad *f* Wohlstand *m*
protagonista *adj:* **el papel** ~ die Hauptrolle
protección *f* Schutz *m*
protector *m* Schutz *m;* ~ **labial** Lippen(schutz)pomade *f;* ~ **solar** Sonnen(schutz)creme *f*
proteger <g → j> *vt, vr:* **~se** (sich) schützen (**de/contra** vor +*dat*)
protestar *vi* protestieren
provecho *m* Vorteil *m;* (*beneficio*) Gewinn; **de** ~ von Nutzen; **¡buen ~!** guten Appetit!
proveer I. *vi* sorgen (**a** für +*akk*) **II.** *vt* versorgen (**de** mit +*dat*); (*suministrar*) beliefern (**de** mit +*dat*)
proveniente *adj:* **el tren ~ de Madrid** der Zug aus Madrid
provisión *f* Vorrat *m;* **provisiones** Proviant *m*
provocar <c → qu> *vt* provozieren; (*causar*) verursachen; (**no**) **me provoca** (AM) ich habe (keine) Lust
próximo, -a *adj* ❶ nahe (**a** bei/zu +*dat*); (*local*) nahe gelegen; (*temporal*) nahe bevorstehend; **en fecha próxima** demnächst ❷ (*siguiente*) nächste(r, s); **la próxima vez** nächstes Mal; **¡hasta la próxima!** bis bald!
proyecto *m* Projekt *nt;* **en** ~ geplant; **tener ~s** Pläne haben
prudente *adj* vernünftig
prueba *f* ❶ Prüfung *f;* (*experimento*) Versuch *m;* (*comprobación*) Probe *f;* ~ **de acceso** Aufnahmeprüfung *f;* ~ **de alcoholemia** (Blut)alkoholtest *m;* ~ **de aptitud** Eignungstest *m;* **período de** ~ Probezeit *f;* **poner a** ~ auf die Probe stellen ❷ (*testimonio*) Beweis *m;* **tener ~s de que...** beweisen können, dass ...
publicidad *f* Werbung *f*
público[1] *m* Publikum *nt*
público, -a[2] *adj* öffentlich; **transporte** ~ öffentliche Verkehrsmittel
pudrirse *vr* (ver)faulen
pueblo *m* (*nación*) Volk *nt;* (*población*) Dorf *nt*
puente *m* Brücke *f*
puerco, -a *m, f* Schwein *nt;* ~ **espín** Stachelschwein *nt*
puerro *m* Lauch *m*
puerta *f* Tür *f;* ~ **corredera** Schiebetür *f;* ~ **de socorro** Notausgang *m*
puerto *m* Hafen *m*
pues I. *adv* ❶ dann; (*así que*) also; **~ entonces, nada** dann eben nicht ❷ (*ilativo*) also; **~ bien** also gut ❸ (*causal*) nämlich; **estudio alemán — ¡ah, ~ yo también!** ich lerne Deutsch — ach, ich auch! ❹ (*expletivo*) doch; **¿estuvisteis por fin en Toledo? — ~ no/sí** wart ihr schließlich in Toledo? — nein, doch

nicht/ja ❺ (*exclamativo*): **¡~ no faltaría más!** das wäre ja noch schöner! **II.** *konj* (*causal*) denn

puesto[1] *m* ❶ (*empleo*) (Arbeits)stelle *f* ❷ (*tenderete*) (Markt)stand *m;* **~ de periódicos** Zeitungskiosk *m* ❸ (*guardia*): **~ de policía** Polizeiwache *f*

puesto, -a[2] **I.** *adj*: **~ al día** auf dem neuesten Stand; **estar ~ en un tema** (*fam*) sich in einem Thema auskennen **II.** *konj* **~ que** da

pulmón *m* Lunge *f*

pulpa *f* Fruchtfleisch *nt*

pulpo *m* Krake *m*

punta *f* Spitze *f;* **sacar ~** anspitzen

punto *m* Punkt *m;* **~ cardinal** Himmelsrichtung *f;* **~ de venta** Verkaufsstelle *f;* **~ de vista** Standpunkt *m;* **tener a ~** bereithalten; **la una en ~** Punkt ein Uhr; **hasta cierto ~** gewissermaßen; **¿hasta qué ~?** inwiefern?; **¡y ~!** und damit basta!

puntual *adj* pünktlich

puño *m* Faust *f;* **~ cerrado** geballte Faust; **de su ~ y letra** eigenhändig

puré *m* Püree *nt*

puro[1] *m* Zigarre *f*

puro, -a[2] *adj* rein; **por pura cortesía** aus reiner Höflichkeit; **pura lana** reine Schurwolle; **la pura verdad** die reine Wahrheit; **pura casualidad** purer Zufall; **de ~ miedo** vor lauter Angst

puta *f* (*vulg*) Nutte *f fam;* **casa de ~s** Puff *m fam*

Q q

que I. *pron* ❶ (*con antecedente*) der/die/das; **la pelota ~ compraste** der Ball, den du gekauft hast ❷ (*sin antecedente*): **el/la/lo ~...** der(jenige), der .../die(jenige), die .../das(jenige), das ...; **los ~ hayan terminado** diejenigen, die fertig sind; **es todo lo ~ sé** das ist alles, was ich weiß **II.** *konj* ❶ (*completivo*) dass; **me pidió ~ le ayudara** er/sie bat mich um Hilfe ❷ (*estilo indirecto*) **ha dicho ~...** er/sie hat gesagt, dass ... ❸ (*comparativo*) **más alto ~** größer als; **lo mismo ~** genauso viel wie ❹ (*enfático*) **¡~ sí/no!** aber ja doch!/nein, auf keinen Fall! ❺ (*con verbo*) **hay ~ trabajar más** man muss mehr arbeiten

qué *adj o pron* ❶ was; (*cuál*) welche(r, s); (*qué clase de*) was für eine(r, s); **¿por ~?** warum?; **¿en ~ piensas?** woran denkst du?; **¿para ~?** wofür?; **¿de ~ hablas?** wovon redest du?; **¿a ~ esperas?** worauf wartest du? ❷ (*exclamativo*): **¡~ suerte!** welch ein Glück! ❸ (*loc*) **¿~?** wie bitte?; **¿~ tal?** wie geht's?; **¿y ~?** na und?

quebrar <e → ie> **I.** *vt* (*romper*) zerbrechen; (*interrumpir*) unterbrechen **II.** *vi* Konkurs machen

quedar I. *vi* ❶ bleiben; **¿cuánta gente queda?** wie viele Leute sind noch da? ❷ (*sobrar*) übrig bleiben; **no queda pan** es gibt kein Brot mehr ❸ (*resultar*): **~ eliminado** ausscheiden ❹ (*acordar*) vereinbaren (**en** +*akk*); **¿en qué habéis quedado?** wie seid ihr verblieben? ❺ (*loc*) **por mí que no quede** an mir soll es nicht liegen; **~ bien/mal** einen guten/schlechten Eindruck hinterlassen **II.** *vr*: **~se** ❶ (*permanecer*) bleiben; **~se atrás** zurückbleiben ❷ (*resultar*) **~se ciego** blind werden ❸ (*conservar, adquirir*) **quédate el libro** du kannst das Buch behalten ❹ (*burlarse*) **~se con alguien** jdn an der Nase herumführen

quehacer *m* Aufgabe *f;* **los ~es de la casa** die Hausarbeit

quejarse *vr* sich beklagen (**de** über +*akk*)

quemar I. *vi* brennen; **cuidado, esta sopa quema** Vorsicht, diese Suppe ist heiß **II.** *vt, vr*: **~se** (sich) verbrennen

querer *irr vt* ❶ (*desear*) wollen; (*más suave*) mögen; **como tú quieras** wie du willst ❷ (*amar*) gernhaben; (*más fuerte*) lieben ❸ (*pedir*) wollen

querido, -a I. *adj* lieb **II.** *m, f* Geliebte(r) *mf*

queso *m* Käse *m;* **~ rallado** Reibkäse *m*

quiebra *f* Konkurs *m;* **dar en ~** Konkurs machen

quien *pron* ❶ (*con antecedente*) der/die/das; **el chico de ~...** der Junge, von dem ... ❷ (*sin antecedente*) der(jenige), der .../die(jenige), die .../das(jenige), das ...; **hay ~ dice que...** manche sagen, dass ...; **~ opine eso...** wer das meint, ...

quién *pron* wer; **¿~ es?** wer ist da?; **¿a ~ has visto?** wen hast du gesehen?

quieto, -a *adj* ruhig

quilo *m* Kilo *nt*

químico, -a *adj* chemisch

quince *adj inv* fünfzehn; **dentro de ~ días** in vierzehn Tagen

quinientos, -as *adj* fünfhundert

quinto, -a *adj* fünfte(r, s)

quiosco *m* Kiosk *m*

quirúrgico, -a *adj* chirurgisch

quitar I. *vt* ❶ abziehen; (*jersey*) ausziehen; **~ la mesa** den Tisch abräumen ❷ (*desposeer*) wegnehmen; (*robar*) stehlen ❸ (*hacer desaparecer*) entfernen **II.** *vr*: **~se** (*gafas*) abnehmen; (*jersey*) ausziehen; **~se de encima algo/a alguien** sich *dat* etw/jdn vom Halse schaffen

quizá(s) *adv* vielleicht

Rr

rabia *f* Wut *f*

ración *f* Portion *f*

radiador *m* Heizkörper *m*

radiografía *f* Röntgenaufnahme *f*

raíl *m* Schiene *f*

raíz *f* Wurzel *f*

rallar *vt* raspeln

rama *f* ❶ (*t.* BOT) Ast *m;* **~s secas** Reisig *nt;* **canela en ~** Zimtstangen *fpl;* **irse por las ~s** abschweifen ❷ (ECON) Branche *f*

ramo *m* Strauß *m*

rana *f* Frosch *m*

rango *m* Rang *m;* **de primer ~** erstrangig

rape *m* Seeteufel *m*

rápido, -a *adj* schnell

raro, -a *adj* ❶ (*extraño*) seltsam; **¡(qué) cosa más rara!** (wie) komisch! ❷ (*inusual*) selten; (*escaso*) rar; **rara vez** selten

rascar <c → qu> *vt* kratzen; (*quitar*) abkratzen

rasgo *m*: **a grandes ~s** in großen Zügen

rata *f* Ratte *f*

rato *m* Weile *f;* **a ~s** von Zeit zu Zeit; **todo el ~** die ganze Zeit; **pasar el ~** sich *dat* die Zeit vertreiben

ratón *m* Maus *f*

raya *f* Strich *m;* **pasar(se) de la ~** (*fig*) zu weit gehen

rayo *m* ❶ (*de luz*) Strahl *m* ❷ (*radiación*): **~s infrarrojos** Infrarotstrahlen *mpl;* **~s X** Röntgenstrahlen *mpl* ❸ (*relámpago*) Blitz *m;* **como un ~** (*fig*) blitzschnell

razón *f* ❶ Verstand *m;* **entrar en ~** zur Vernunft kommen ❷ (*justificación*) Berechtigung *f;* **por una u otra ~** aus dem einen oder anderen Grund; **tener razones para...** *+inf* Grund haben zu ... *+inf* ❸ (*acierto*) Recht *nt;* **dar la ~ a alguien** jdm recht geben; **tener (mucha) ~** (vollkommen) recht haben

reacción *f* Reaktion *f;* **~ en cadena** Kettenreaktion *f*

real *adj* ❶ wirklich; (*verídico*) wahr ❷ (*del rey*) königlich; **Alteza ~** Königliche Hoheit

realidad *f* Realität *f;* (*verdad*) Wahrheit *f;* **en ~** in Wirklichkeit; **hacer(se) ~** (sich) verwirklichen

realizar <z → c> **I.** *vt* (*hacer realidad*) verwirklichen; (AM: *notar*) (be)merken **II.** *vr*: **~se** sich selbst verwirklichen

realquilar *vt* untervermieten

reanimar I. *vt* wieder beleben **II.** *vr*: **~se** wieder zu sich *dat* kommen

rebaja *f* ❶ Sonderangebot *nt;* **~s de verano** Sommerschlussverkauf *m* ❷ (*descuento*) Rabatt *m*

rebajar I. *vt* ermäßigen **II.** *vr*: **~se** sich herabwürdigen

rebanada *f* Scheibe *f*

rebaño *m* Herde *f*

rebelde *adj* (*fig*) widerspenstig

recambio *m* Ersatz *m*

recepcionista *mf* Empfangschef, -dame *m, f*

receta *f* Rezept *nt;* **con ~ médica** auf Rezept

rechazar <z → c> *vt* ablehnen

recibir *vt* (*tomar*) erhalten; (*personas*) empfangen

recibo *m* Rechnung *f*

recién *adv* soeben
recitar *vt* vortragen
recobrar I. *vt* wiederbekommen; ~ **las fuerzas** wieder zu Kräften kommen; ~ **el sentido** wieder zu sich *dat* kommen; ~ **las ganas de vivir** neuen Lebensmut schöpfen **II.** *vr*: **~se** sich erholen
recoger <g → j> *vt* (*buscar*) abholen; (*ordenar*) aufräumen; (*cosecha*) ernten; **te voy a ~ a la estación** ich hole dich vom Bahnhof ab
recomendar <e → ie> *vt* empfehlen
recompensar *vt* belohnen (**de/por** für +*akk*); ~ **de un daño** entschädigen
reconciliar *vt, vr*: **~se** (sich) versöhnen
reconocer I. *vt* (*identificar*) erkennen; (*admitir*) zugestehen; (*un error*) zugeben **II.** *vr*: **~se** sich bekennen; **~se culpable** sich schuldig bekennen
recordar <o → ue> *vi, vt* sich erinnern (an +*akk*)
recorrer *vt* durchqueren; (*viajar por*) bereisen; (*trayecto*) zurücklegen; ~ **Europa en bicicleta** mit dem Fahrrad durch Europa reisen; **recorrimos tres kilómetros a pie** wir sind drei Kilometer zu Fuß gelaufen
recreo *m* (Schul)pause *f*
rectángulo *m* Rechteck *nt*
recto, -a *adj* gerade; (*sin desviarse*) geradewegs; (*dirección*) geradeaus; **ángulo ~** rechter Winkel; **línea recta** Gerade *f;* **siga todo ~** gehen Sie geradeaus weiter
recuerdo *m* ❶ (*evocación*) Erinnerung *f* ❷ *pl* (*saludos*) Grüße *mpl*
recuperar I. *vt* (*tiempo*) nachholen; (*rescatar*) bergen **II.** *vr*: **~se** sich erholen
recurrir *vi*: ~ **a algo** auf etw zurückgreifen; ~ **a alguien** sich an jdn wenden; **no tener a quien ~** niemanden haben, an den man sich wenden kann
recursos *mpl* (*bienes*) Mittel *ntpl;* (*reservas*) Vorräte *mpl;* **familias sin ~** mittellose Familien; ~ **naturales** natürliche Ressourcen
red *f* Netz *nt*
redactar *vt* verfassen
rededor *m*: **al** [*o* **en**] ~ ringsherum
redondo, -a *adj* rund
reducir I. *vt* ❶ reduzieren; (*personal*) abbauen ❷ (*someter*) unterwerfen **II.** *vr*: **~se** sich beschränken (**a** auf +*akk*)
reemplazar <z → c> *vt* ersetzen
referirse *vr* sich beziehen (**a** auf +*akk*)
reflejar *vi, vt, vr*: **~se** (sich) (wider)spiegeln
reflejo *m* Reflex *m*
refrán *m* Sprichwort *nt*
refrescar <c → qu> **I.** *vt* (*algo*) abkühlen; (*a alguien*) erfrischen; (*fig*) auffrischen; ~ **la memoria** dem Gedächtnis nachhelfen **II.** *vi* abkühlen **III.** *vr*: **~se** (*cosa*) (sich) abkühlen; (*persona*) sich erfrischen
refresco *m* Erfrischungsgetränk *nt*
refuerzo *m* Verstärkung *f*
refugio *m* Zufluchtsort *m*
regalar *vt* schenken
regalo *m* Geschenk *nt*
regar *vt* gießen
regir I. *vt* regieren **II.** *vr*: **~se** sich richten (**por** nach +*dat*)
registrar *vt* (*examinar*) durchsuchen; (*inscribir*) registrieren; (*un patente*) anmelden; **marca registrada** (eingetragene) Schutzmarke *f*
regla *f* (*instrumento*) Lineal *nt;* (*norma, menstruación*) Regel *f;* **por ~ general** in der Regel; **estar en ~** in Ordnung sein; **poner en ~** regeln
reglamento *m* Vorschriften *fpl*
regreso *m* Rückkehr *f*
regular I. *vt* regulieren **II.** *adj* regulär; **por lo ~** gewöhnlich **III.** *adv* mittelmäßig
reina *f* Königin *f*
reinar *vi* herrschen
reino *m* Reich *nt;* **Reino Unido** Vereinigtes Königreich
reír *vi, vr*: **~se** lachen (**de** über +*akk*)*;* **echarse a ~** auflachen; **~se a carcajadas** aus vollem Hals lachen
reja *f* Gitter *nt*
relajarse *vr* sich entspannen
relámpago *m* Blitz *m*
rellenar *vt* füllen (**de/con** mit +*dat*)
reloj *m* Uhr *f*
remedio *m* ❶ (*arreglo*) Abhilfe *f* ❷ (*evitación*) Verhinderung *f;* **sin ~** unvermeidlich ❸ (*ayuda*) Hilfe *f* ❹ (*medio*) Mittel *nt;* ~ **naturalista** Naturheilmittel *nt*
remite *m* Absender *m*
remoto, -a *adj* fern; (*hechos*) weit zurückliegend; **en tiempos ~s** in ferner Vergangenheit
rencor *m* Groll *m;* **guardar ~ a alguien** (mit) jdm böse sein
renovar <o → ue> *vt* renovieren
renunciar *vi* verzichten (**a** auf +*akk*)
reparación *f* Reparatur *f*

reparar *vt* (*arreglar*) reparieren; (*indemnizar*) wieder gutmachen; ~ **el daño** den Schaden beheben; **no** ~ **en gastos** keine Kosten scheuen
repente: **de** ~ plötzlich
repetición *f* Wiederholung *f*
repetir *vt, vr*: ~**se** (sich) wiederholen; ~ **curso** sitzenbleiben
repollo *m* Kohl *m*
reposar *vi* (aus)ruhen
reproche *m* Vorwurf *m*
repuesto *m* Ersatzteil *nt*
resbalar *vi* ausrutschen
reserva *f* Reserve *f;* (*de plazas*) Reservierung *f*
resfrío *m* (AM) Erkältung *f*
resistencia *f* Widerstand *m* (**a** gegen +*akk*); ~ **al frío** Kältebeständigkeit *f;* **carrera de** ~ Dauerlauf *m;* **oponer** ~ Widerstand leisten
resistir I. *vi, vt* standhalten +*dat;* **¡no resisto más!** ich halte das nicht länger aus! **II.** *vr*: ~**se** sich weigern
resolver *vt* (*acordar*) beschließen; (*solucionar*) lösen; (*dudas*) beseitigen
respetar *vt* ❶ (*honrar*) respektieren; **hacerse** ~ sich *dat* Respekt verschaffen ❷ (*cumplir*) beachten
respeto *m* Respekt *m;* **falta de** ~ Respektlosigkeit *f*
respiración *f* Atmung *f;* ~ **artificial** künstliche Beatmung
respirar *vi* atmen
responder *vi* (*contestar*) antworten; (*ser responsable*) verantwortlich sein (**por** für +*akk*)
responsabilidad *f* Verantwortung *f*
respuesta *f* Antwort *f* (**a** auf +*akk*)
restar I. *vi* übrig bleiben **II.** *vt* abziehen
restaurante *m* Restaurant *nt*
resumen *m* Zusammenfassung *f*
retener I. *vt* zurückhalten; (*la respiración*) anhalten **II.** *vr*: ~**se** sich zurückhalten
retorno *m* Rückkehr *f*
retrasado, -a *adj* (*atrasado*) verspätet; (*anticuado*) rückständig; ~ **mental** geistig zurückgeblieben
retraso *m* Verspätung *f*
retrato *m* Porträt *nt*
retrete *m* Toilette *f*
reunión *f* Versammlung *f*
reunir *vt, vr*: ~**se** (sich) versammeln
revancha *f* Revanche *f;* **tomarse la** ~ sich rächen
reventar <e → ie> **I.** *vi* platzen **II.** *vt* zum Platzen bringen
revés *m* Rückseite *f;* **al** [*o* **del**] ~ umgekehrt
revisar *vt* überprüfen
revista *f* Zeitschrift *f*
revolver I. *vt* durcheinanderbringen **II.** *vr*: **se me revuelve el estómago** da dreht sich mir der Magen um
rey *m* König *m*
rezar <z → c> *vt* beten (**a** zu +*dat,* **por** für +*akk*); ~ **una oración** ein Gebet sprechen
RFA *f* BRD *f*
rico, -a *adj* ❶ reich; **es muy** ~ er ist steinreich ❷ (*sabroso*) lecker
ridículo, -a *adj* lächerlich
riel *m* Schiene *f*
riesgo *m* Risiko *nt;* **a** ~ **de que...** +*subj* auf die Gefahr hin, dass ...; **asumir un** ~ ein Risiko eingehen; **correr el** ~ **de...** Gefahr laufen zu ...
rígido, -a *adj* streng
rincón *m* Ecke *f*
riñón *m* Niere *f;* **tener piedras en el** ~ Nierensteine haben
río *m* Fluss *m;* ~ **abajo** flussabwärts; ~ **arriba** flussaufwärts
riqueza *f* Reichtum *m*
risa *f* Lachen *nt;* **mondarse de** ~ sich kaputtlachen
ritmo *m* Rhythmus *m*
rito *m* Ritual *nt*
rizado, -a *adj* lockig
robar *vt* stehlen
robo *m* Raub *m;* ~ **a mano armada** bewaffneter Raubüberfall
roca *f* Felsen *m*
rodaja *f* Scheibe *f*
rodilla *f* Knie *nt;* **de** ~**s** kniend
rogar *vt* bitten
rojo, -a *adj* rot
romero *m* Rosmarin *m*
romper I. *vi* ❶ (*empezar bruscamente*) (plötzlich) anfangen (**a** zu +*inf*); ~ **a llorar** in Tränen ausbrechen ❷ (*el día*) anbrechen; **al** ~ **el día** bei Tagesanbruch ❸ (*separarse*) sich trennen **II.** *vt* ❶ (*destrozar*) kaputt machen *fam* ❷ (*negociaciones*) abbrechen **III.** *vr*: ~**se** zerbrechen
ron *m* Rum *m*
ronco, -a *adj* heiser
ropa *f* Kleidung *f*
ropero *m* Kleiderschrank *m*
rostro *m* Gesicht *nt;* **tener mucho** ~ sehr dreist

sein
roto, -a *adj* kaputt
rubio, -a *adj* blond
rueda *f* Rad *nt;* ~ **de repuesto** Ersatzreifen *m*
ruego *m* Bitte *f*
ruido *m* Lärm *m*
rumbo *m* (*t. fig*) Kurs *m;* **tomar ~ a un puerto** einen Hafen ansteuern
rumor *m* Gerücht *nt*
ruptura *f* Bruch *m*
rural *adj* ländlich
ruta *f* Weg *m;* ~ **de vuelo** Flugstrecke *f*

S s

sábado *m* Samstag *m*
sábana *f* (Bett)laken *nt*
saber I. *vt* ❶ (*estar informado*) wissen; **a ~** nämlich; **que yo sepa** soweit ich weiß ❷ (*habilidad*) können; **él sabe ruso** er kann Russisch **II.** *vi* ❶ (*tener sabor*) schmecken (**a** nach *+dat*) ❷ (*tener noticia*) unterrichtet sein (**de** über *+akk*)*;* **no sé nada de mi hermano** ich habe nichts von meinem Bruder gehört ❸ (*tener la habilidad*) fähig sein; **él no sabe resolver ni los ejercicios más fáciles** er ist nicht einmal fähig die einfachsten Aufgaben zu lösen
sabio, -a *adj* weise
sabor *m* Geschmack *m*
sacacorchos *m inv* Korkenzieher *m*
sacapuntas *m inv* (Bleistift)spitzer *m*
sacar <c → qu> *vt* ❶ (*de un sitio*) herausnehmen; **¿de dónde lo has sacado?** wo hast du es her? ❷ (*de una situación*) retten; ~ **adelante** (*persona, negocio*) vorwärtsbringen ❸ (*entrada*) lösen
sacarina *f* Süßstoff *m*
sacerdote *m* Priester *m*
saco *m* Sack *m*
sacrificar <c → qu> **I.** *vt* opfern **II.** *vr:* **~se** sich aufopfern
sagrado, -a *adj* heilig
sal *f* Salz *nt*
sala *f* Saal *m;* ~ **de espera** Wartezimmer *nt*
salado, -a *adj* salzig
salario *m* Lohn *m*
salchicha *f* Wurst *f*
salchichón *m* ≈Salami *f*
salir *vi* ❶ herauskommen (**de** aus *+dat*)*;* (*ir fuera*) gehen (**de** aus *+akk*) ❷ (*de viaje*) abfahren ❸ (*aparecer*) erscheinen; (*sol*) aufgehen; ~ **a la luz** ans Licht kommen ❹ (*loc*): ~ **adelante** (irgendwie) weiterkommen; ~ **con alguien** (*fam*) mit jdm gehen
salmón *m* Lachs *m*
salón *m* Wohnzimmer *nt*
salsa *f* Soße *f*
saltar *vi* springen; (*explotar*) platzen; ~ **a la cuerda** seilspringen; ~ **al agua** ins Wasser springen; **eso salta a la vista** das ist offensichtlich
salto *m* Sprung *m;* **de** [*o* **en**] **un ~** schnell; ~ **de agua** Wasserfall *m;* ~ **de altura** Hochsprung *m;* ~ **de longitud** Weitsprung *m*
salud *f* Gesundheit *f;* **a la ~ de...** auf das Wohl von ...
saludar *vt* (be)grüßen
saludo *m* Gruß *m;* **¡déle ~s de mi parte!** grüßen Sie ihn/sie von mir!
salvaje *adj* wild
salvar *vt* retten (**de** vor *+dat*)
salvavidas *m inv* Rettungsring *m;* **bote ~** Rettungsboot *nt;* **chaleco ~** Schwimmweste *f*
sandalia *f* Sandale *f*
sandía *f* Wassermelone *f*
sangre *f* Blut *nt*
sanitario *m* Toilette *f*
sano, -a *adj* gesund
santo, -a *adj* heilig; **Semana Santa** Karwoche *f*
sapo *m* Kröte *f*
sartén *f* Pfanne *f*
sastre, -a *m, f* Schneider(in) *m(f);* **traje ~** Kostüm *nt*
satisfacer *vt* (*pagar*) (be)zahlen; (*deseo*) befriedigen
satisfecho, -a *adj* zufrieden
se *pron* ❶ (*forma reflexiva*) sich ❷ (*objeto in-*

directo): **mi hermana ~ lo prestó a su amiga** meine Schwester hat es ihrer Freundin geliehen ❸ (*oración impersonal*) man ❹ (*oración pasiva*) ~ **ruega no fumar** bitte nicht rauchen

secador *m*: ~ (**de mano**) Föhn *m*

secar <c → qu> *vt, vr*: **~se** trocknen

sección *f* Abteilung *f*

seco, -a *adj* trocken; **frutos ~s** Trockenfrüchte *fpl*

secretario, -a *m, f* Sekretär(in) *m(f)*; (AM) Minister(in) *m(f)*

secreto[1] *m* Geheimnis *nt*; **en ~** heimlich; **guardar un ~** ein Geheimnis hüten

secreto, -a[2] *adj* geheim

secta *f* Sekte *f*

secuencia *f* Reihe *f*

sed *f* Durst *m*

seda *f* Seide *f*

sedante *m* Schmerzmittel *nt*

sede *f* Sitz *m*

seguir **I.** *vt* (*ser adepto*) folgen *+dat*; (*perseguir*) verfolgen; **~ un curso de informática** einen Informatikkurs besuchen; **~ adelante** weitermachen; **¡que sigas bien!** lass es dir weiterhin gut gehen! **II.** *vi*: **sigue por esta calle** geh diese Straße entlang

según **I.** *prep* gemäß *+dat*; **~ la ley** laut Gesetz **II.** *adv* (*como*) wie; (*mientras*) während; **~ lo convenido** wie vereinbart; **~ (y como)** je nachdem

segundo[1] *m* Sekunde *f*

segundo, -a[2] *adj* zweite(r, s)

seguridad *f* Sicherheit *f*

seguro[1] **I.** *m* Versicherung *f*; **~ médico** Krankenversicherung *f* **II.** *adv* sicher(lich)

seguro, -a[2] *adj* sicher; **~ de sí mismo** selbstsicher; **¿estás ~?** bist du (dir) sicher?

seis *adj inv* sechs

sello *m* Stempel *m*; (*precinto*) Siegel *nt*; **~ (postal)** Briefmarke *f*; **~ de garantía** Gütezeichen *nt*; **~ oficial** Dienststempel *m*

selva *f*: **~ (virgen)** Urwald *m*

semáforo *m* (Verkehrs)ampel *f*

semana *f* Woche *f*; **fin de ~** Wochenende *nt*; **entre ~** unter der Woche

semilla *f* Samen *m*

sencillo, -a *adj* einfach

senda *f*, **sendero** *m* Pfad *m*

sensación *f* Gefühl *nt*

sensible *adj* empfindlich

sensual *adj* sinnlich

sentar <e → ie> **I.** *vi*: **~ bien/mal** (*comida*) gut/schlecht bekommen; (*vestidos*) gut/schlecht stehen **II.** *vt, vr*: **~se** (sich) setzen; **estar sentado** sitzen; **¡siéntese!** nehmen Sie Platz!

sentencia *f* Urteil *nt*; **dictar ~** das Urteil sprechen

sentido *m* ❶ Sinn *m*; **~ del deber** Pflichtgefühl *nt*; **perder el ~** in Ohnmacht fallen ❷ (*dirección*) Richtung *f*; **en el ~ de las agujas del reloj** im Uhrzeigersinn

sentimiento *m* Gefühl *nt*; **sin ~s** gefühllos; **le acompaño en el ~** (mein) herzliches Beileid

sentir **I.** *vt* ❶ fühlen; **siento frío** mir ist kal ❷ (*opinar*) meinen ❸ (*lamentar*) bedauern **lo siento mucho** es tut mir sehr leid; **siento que...** *+subj* schade, dass ... **II.** *vr*: **~se** sich fühlen

seña *f* ❶ Zeichen *nt*; **hacer ~s** winken ❷ *p.* (*dirección*) Adresse *f*

señal *f* Zeichen *nt*

señalar *vt* (*marcar*) kennzeichnen; (*mostrar*) zeigen; (*indicar*) hinweisen (auf *+akk*)

señor(a) *m(f)* ❶ (*dueño*) Herr(in) *m(f)* (**de** über *+akk*) ❷ (*hombre*) Mann *m*; (*mujer*) Frau *f*; (*dama*) Dame *f*; **¡~as y ~es!** meine Damen und Herren! ❸ (*título*) Herr *m*, Frau *f*; **el ~/la ~a García** Herr/Frau García; **¡no ~!** keineswegs!; **¡sí, ~!** aber natürlich!

separar *vt, vr*: **~se** (sich) trennen (**de** von *+dat*

septentrional *adj* nördlich

septiembre *m* September *m*

séptimo, -a *adj* siebte(r, s)

sepulcro *m* Grab *nt*

ser **I.** *aux* (*pasiva*): **las casas fueron vendidas** die Wohnungen wurden verkauft **II.** *v* ❶ sein; **¿quién es?** wer ist da?; **es de noche** es ist Nacht; **son las cuatro** es ist vier Uh ❷ (*tener lugar*) **el examen es mañana** die Klausur ist morgen ❸ (*costar*) **¿cuánto es todo?** wie viel macht alles zusammen? ❹ (*estar*) **el cine es en la otra calle** das Kino ist in der anderen Straße ❺ (*convertirse en*) **¿qué quieres ~ de mayor?** was willst du werden, wenn du groß bist? ❻ (*con 'de': posesión*) **¿de quién es esto?** wem gehört das? ❼ (*oraciones enfáticas, interrogativas*) **¡cómo debe ~!** wie es sich gehört!; **¡no puede ~!** das kann doch nicht wahr sein! ❽ (*en infinitivo*)

no ~ que... *+subj* es sei denn, dass ...; **todo puede ~** alles ist möglich ❾ (*indicativo*) **es más** ja mehr noch; **siendo así** wenn das so ist; **es igual** macht nichts ❿ (*en subjuntivo*) **si por mí fuera** wenn es nach mir ginge; **sea lo que sea** wie dem auch sei

serio, -a *adj* ernst(haft); **¿en ~?** wirklich?

seropositivo, -a *adj* HIV-positiv

serpiente *f* Schlange *f*

servicio *m* ❶ Dienst *m;* **~ civil sustitutorio** Zivildienst *m;* **~ militar** Wehrdienst *m;* **estar de ~** im Dienst sein ❷ (*servidumbre*) Hauspersonal *nt* ❸ (*cubierto*) Geschirr *nt;* **~ de té** Teeservice *nt* ❹ (*retrete*) Toilette *f*

servilleta *f* Serviette *f*

servir *vi* ❶ (*ser útil*) nützen; **no sirve de nada** es bringt nichts ❷ (*ayudar*) behilflich sein; **¿en qué puedo ~le?** womit kann ich Ihnen dienen?; **¡para ~le!** zu Ihren Diensten! ❸ (*atender a alguien*) bedienen

sesenta *adj inv* sechzig

setecientos, -as *adj* siebenhundert

setenta *adj inv* siebzig

setiembre *m* September *m*

severo, -a *adj* streng

exo *m* Geschlecht *nt;* (*actividad*) Sex *m*

exto, -a *adj* sechste(r, s)

i *konj* ❶ (*condicional*) wenn; **~ acaso** wenn etwa; **~ no** andernfalls; **por ~...** für den Fall, dass ...; **por ~ acaso** für alle Fälle ❷ (*en preguntas indirectas*) ob ❸ (*en oraciones concesivas*): **~ bien** obwohl ❹ (*comparación*) **como ~...** *+subj* als ob ... ❺ (*en frases desiderativas*) **¡~ hiciera un poco más de calor!** wenn es nur ein bisschen wärmer wäre! ❻ (*protesta, sorpresa*) doch; **¡pero ~ ella se está riendo!** aber sie lacht doch! ❼ (*énfasis*) **fíjate ~ es tonto que...** er ist so einfältig, dass ...

í I. *adv* ja; **¡~, señor!** jawohl, der Herr!; **porque ~** einfach so; **¡(claro) que ~!** aber ja doch!; **creo que ~** ich denke schon; **¡eso ~ que no!** das kommt nicht in Frage! **II.** *pron* sich; **a ~ mismo** zu sich *+dat;* **de ~** von sich *dat* aus; **dar de ~** genügen; **en [*o* de por] ~** an sich; **estar fuera de ~** außer sich *dat* sein **III.** *m* Ja *nt*

icología *f* Psychologie *f*

ida, SIDA *m* Aids *nt*

iempre *adv* immer; **de ~** seit jeher; **a la hora de ~** zur gewohnten Zeit; **¡hasta ~!** leb(e) wohl!; **por ~** auf ewig; **~ que [*o* y cuando] ...** *+subj* vorausgesetzt, dass ...

sien *f* Schläfe *f*

sierra *f* Säge *f*

siete *adj inv* sieben

siglo *m* Jahrhundert *nt;* **el ~ XX** das 20. Jahrhundert

significar <c → qu> *vi, vt* bedeuten; **¿qué significa eso?** was soll das bedeuten?

signo *m* Zeichen *nt;* (ASTR) Sternzeichen *nt*

siguiente *adj* folgende(r, s); **de la ~ manera** folgendermaßen

silbar *vi, vt* pfeifen

silencio *m* ❶ Stille *f;* **¡~!** Ruhe! ❷ (*el callar*) Schweigen *nt;* **en ~** stillschweigend

silla *f* Stuhl *m*

sillón *m* (Arm)sessel *m*

similar *adj* ähnlich

simple *adj* einfach; (*mero*) bloß; **a ~ vista** mit bloßem Auge

simplemente *adv* bloß

sin I. *prep* ohne *+akk;* **~ dormir** ohne zu schlafen; **~ querer** ohne Absicht; **~ más** ohne weiteres **II.** *adv:* **~ embargo** trotzdem

sincero, -a *adj* aufrichtig

siniestro *m* Unglück *nt*

sino *konj* (*al contrario*) sondern; (*excepto*) außer *+dat*

síntoma *m* Symptom *nt*

sinvergüenza *mf* unverschämte Person *f*

siquiatría *f* Psychiatrie *f*

síquico, -a *adj* psychisch

siquiera: ni ~ nicht einmal

sirviente *mf* Bedienstete(r) *mf*

sitio *m* Platz *m;* **en ningún ~** nirgends; **hacer ~** Platz machen

situación *f* Lage *f*

situado, -a *adj* gelegen; **estar ~** liegen; **estar bien ~** gut situiert sein

snorkeling *m* Schnorcheln *nt;* **practicar ~** schnorcheln

soberbio, -a *adj* hochmütig; (*fam: enorme*) gewaltig

sobras *fpl* Reste *mpl*

sobre I. *m* (Brief)umschlag *m* **II.** *prep* ❶ (*local: encima de*) auf *+dat;* (*por encima de*) über *+dat* ❷ (*poner, movimiento*) auf *+akk;* **deja el periódico ~ la mesa** leg die Zeitung auf den Tisch ❸ (*cantidad aproximada*): **pesar**

~ **los cien kilos** (so) um die hundert Kilo wiegen ❹ (*aproximación temporal*) **llegar ~ las tres** (so) gegen drei Uhr (an)kommen ❺ (*tema, asunto*) über +*akk;* ~ **ello** darüber
sobrevivir *vi* überleben (**a** +*akk*); **sobrevolar** <o → ue> *vt* überfliegen
sobrino, -a *m, f* Neffe *m*, Nichte *f*
sobrio, -a *adj* nüchtern
social *adj* gesellschaftlich; (*convivencia*) sozial; **asistencia** ~ Sozialhilfe *f;* **Estado Social** Wohlfahrtsstaat *m*
sociedad *f* Gesellschaft *f*
socio, -a *m, f* Mitglied *nt*
soga *f* Seil *nt*
soja *f* Soja *f*
sol *m* Sonne *f;* **hoy hace** ~ heute scheint die Sonne
solamente *adv* nur
soledad *f* Einsamkeit *f*
solemne *adj* feierlich
solicitar *vt* bitten (um +*akk*)*;* (*un trabajo*) sich bewerben (um +*akk*)
sólido, -a *adj* fest; (*precios*) stabil
solitario, -a *adj* einsam
solo, -a *adj* ❶ allein; (*abandonado*) einsam; **a solas** ganz allein; **por sí** ~ von selber ❷ (*único*) einzig; **ni una sola vez** nicht ein einziges Mal
sólo *adv* nur; ~ **que...** es ist nur so, dass ...; **tan** ~ wenigstens
soltero, -a *adj* ledig
soluble *adj* löslich; ~ **en agua** wasserlöslich
solución *f* Lösung *f*
sombra *f* Schatten *m*
sombrero *m* Hut *m*
sombrilla *f* Sonnenschirm *m*
somnífero *m* Schlafmittel *nt*
sonar <o → ue> **I.** *vi* klingen; (*timbre*) klingeln; (*campanas*) läuten; ~ **a hueco** hohl klingen; **me suenan las tripas** mir knurrt der Magen; **esto me suena** das kommt mir bekannt vor **II.** *vt, vr:* **~se** (sich *dat*) die Nase putzen
sonido *m* Ton *m;* (MÚS) Klang *m*
sonreír *vi, vr:* **~se** lächeln
sonrisa *f* Lächeln *nt*
soñar <o → ue> *vi, vt* träumen (**con** von +*dat*)*;* ~ **despierto** tagträumen; **¡ni ~lo!** nie im Leben!
sopa *f* Suppe *f*
soplar *vi* blasen; (*viento*) wehen; **¡sopla!** sag bloß!
soportar *vt* tragen; (*fig*) ertragen
sordo, -a *adj* taub; **sordomudo, -a** *adj* taub-stumm
sorprender I. *vt* überraschen **II.** *vr:* **~se** überrascht sein
sorpresa *f* Überraschung *f*
sorteo *m* Verlosung *f*
sospechar I. *vt* (*creer posible*) vermuten; (*recelar*) befürchten **II.** *vi* verdächtigen (**de** +*akk*)
sótano *m* Keller *m*
Sr. *abr de* **señor** Hr.
Sra. *abr de* **señora** Fr.
Srta. *abr de* **señorita** Frl.
su *adj* (*de él*) sein(e); (*de ella, de ellos/ellas*) ih(e); (*de usted/ustedes*) Ihr(e)
suave *adj* zart; (*jersey*) weich
subasta *f* Versteigerung *f*
súbdito, -a *m, f* Staatsbürger(in) *m(f)*
subir I. *vi* ❶ (*ascender*) ansteigen; ~ **a la cim**a zum Gipfel aufsteigen ❷ (*andando*) hoch gehen; (*en ascensor*) hochfahren ❸ (*aumentar*) steigen (**en** um +*akk*) ❹ (*montar*) einsteigen (**a** in +*akk*) **II.** *vt* ❶ (*precio*) erhöhe ❷ (*música*) lauter stellen ❸ (*andando*) hinau laufen; (*en coche*) hinauffahren ❹ (*brazos*) he ben
súbito *adv:* **de** ~ plötzlich
suceso *m* Ereignis *nt*
sucesor(a) *m(f)* Nachfolger(in) *m(f)*
sucio[1] *adv:* **jugar** ~ unfair spielen
sucio, -a[2] *adj* schmutzig
sudeste *m* Südosten *m*; **sudoeste** *m* Südwesten *m*
sudor *m* Schweiß *m*
suegro, -a *m, f* Schwiegervater, -mutter *m, f*; **los ~s** die Schwiegereltern
suela *f* (Schuh)sohle *f*
sueldo *m* Lohn *m*
suelto[1] *m* Kleingeld *nt*
suelto, -a[2] *adj* (*desenganchado*) locker; (*no sujeto*) lose; **dinero** ~ Kleingeld *nt*
sueño *m* ❶ (*acto de dormir*) Schlaf *m;* **me cogió el** ~ der Schlaf überkam mich ❷ (*ganas de dormir*) Müdigkeit *f;* **tener** ~ müde sein; **caerse de** ~ vor Müdigkeit fast umfallen; **quitar el** ~ den Schlaf rauben ❸ (*fantasía*) Traum *m;* **ni en ~s haces tú eso** das schaffst du im Traum nicht

uerte *f* Glück *nt;* **por ~** zum Glück; **probar ~** sein Glück versuchen; **ser cuestión de ~** Glückssache sein

uficiente *adj* (*bastante*) genug; **ser ~** genügen

ufrir *vt* ❶ (*aguantar*) ertragen; (*peso*) tragen ❷ (*padecer*) erleiden; (*enfermedad*) leiden (**de** an +*dat*); **~ de la espalda** Rückenschmerzen haben; **~ las consecuencias** unter den Folgen leiden

ugerir *vt* vorschlagen

ujetador *m* BH *m*

uma *f* Summe *f*

uperar I. *vt* (*sobrepasar*) übertreffen; (*situación*) überwinden **II.** *vr*: **~se** sich selbst übertreffen

uperficial *adj* oberflächlich

uperficie *f* Oberfläche *f*

uperfluo, -a *adj* überflüssig

uperior[1] *adj* (*más alto*) obere(r, s); (*en calidad*) besser

superior(a)[2] *m(f)* Vorgesetzte(r) *mf*

supermercado *m* Supermarkt *m*

suponer *vt* annehmen; **se supone que...** es ist anzunehmen, dass ...

supuesto, -a *adj*: **por ~** selbstverständlich; **dar algo por ~** etw für selbstverständlich halten

sur *m* Süden *m*

sureste *m* Südosten *m*

suroeste *m* Südwesten *m*

suscripción *f* Abonnement *nt*

suspirar *vi* seufzen

sustancia *f* Substanz *f*

sustituir *vt* (*algo*) ersetzen; (*a alguien*) vertreten

susto *m* Schreck(en) *m;* **pegarse un ~** erschrecken

suyo, -a *adj o pron* (*de él*) seine(r); (*de ella, ellos, ellas*) ihre(r); (*de usted, ustedes*) Ihre(r); **el regalo es ~** das Geschenk ist von ihm/ihr; **ir a lo ~** eigene Wege gehen

T t

abaco *m* Tabak; **¿tienes ~?** hast du Zigaretten?

aberna *f* Kneipe *f*

abla *f* Brett *nt*

ablón *m* Brett *nt;* **~ de anuncios** schwarzes Brett

achar *vt* (durch)streichen

acón *m* Absatz *m*

al I. *adj* ❶ (*igual*) so; **en ~ caso** in so einem Fall ❷ (*tanto*) so; **la distancia es ~ que...** die Entfernung ist so groß, dass ... ❸ (*cierto*) gewiss **II.** *pron* ❶ (*alguien*): **~ o cual** irgendjemand ❷ (*cosa*) **no haré ~** ich mache so etwas nicht **III.** *adv* ❶ (*así*) so ❷ (*de la misma manera*) genauso; **~ y como** genauso wie ❸ (*cómo*) **¿qué ~ (te va)?** wie geht's (dir)?

aladro *m* Bohrer *m*

alla *f* Größe *f*

aller *m* Werkstatt *f;* **~ artesanal** Handwerksbetrieb *m*

alón *m* Ferse *f;* (*cheque*) Scheck *m*

amaño *m* Größe *f*

ambién *adv* auch

ambor *m* Trommel *f;* **tocar el ~** trommeln

tampoco *adv* auch nicht

tan *adv* so; **~... como...** so ...wie ...; **ni ~ siquiera** nicht einmal

tanto[1] **I.** *m*: **estar al ~ de algo** über etw auf dem Laufenden sein **II.** *adv* ❶ (*de tal modo*) so (sehr); **no es para ~** so schlimm ist es nun auch wieder nicht ❷ (*de duración*) so lange ❸ (*comparativo*) (genau)so viel; **~ mejor** um so besser; **~ como** (+ *sust*) genau(so) wie; **~ si llueve como si no...** egal, ob es regnet oder nicht, ... ❹ (*loc*) **entre ~** währenddessen; **por (lo) ~** also; **~... como...** sowohl ..., als auch ...

tanto, -a[2] **I.** *adj* ❶ so viel; **no tengo ~s años como tú** ich bin nicht so alt wie du; **¡hace ~ tiempo que no te veo!** ich habe dich so lange nicht mehr gesehen! ❷ *pl* (*indefinido*): **tener 40 y ~s años** über vierzig sein; **venir a las tantas** (*fam*) sehr spät kommen **II.** *pron* **~s** so viele; **coge ~s como quieras** nimm, so viel du möchtest; **no llego a ~** da bin ich überfordert

tapa *f* (*cubierta*) Deckel *m;* (GASTR) Snack *m;* **una ~ de aceitunas** eine Portion Oliven

tapar I. *vt* bedecken; (*en cama*) zudecken

II. *vr*: **~se** ❶ (*en cama*) sich zudecken ❷ (*oídos, ojos*) sich *dat* zuhalten

taquilla *f* (Fahrkarten)schalter *m*

tardar *vi* ❶ (*emplear tiempo*) brauchen; **a más ~** spätestens; **sin ~** unverzüglich; **no tardo nada** ich brauche nicht lange ❷ (*demasiado tiempo*): **~ en llegar** zu spät kommen; **¡no tardes!** komm bald zurück!

tarde I. *f* ❶ (*primeras horas*) Nachmittag *m;* **por la ~** nachmittags; **¡buenas ~s!** guten Tag! ❷ (*últimas horas*) Abend *m;* **¡buenas ~s!** guten Abend! II. *adv* spät

tarea *f* Aufgabe *f*

tarjeta *f* Karte *f;* **~ de embarque** Bordkarte *f*

tarta *f* Torte *f*

tasca *f* Kneipe *f*

taza *f* Tasse *f*

te I. *f* T, t *nt* II. *pron* ❶ (*objeto directo*) dich; **¡míra~!** schau dich mal an! ❷ (*objeto indirecto*) dir III. *pron*: **¿~ has lavado los dientes?** hast du dir die Zähne geputzt?

té *m* Tee *m*

techo *m* (Zimmer)decke *f*

tecla *f* Taste *f*

teclado *m* Tastatur *f*

tejado *m* Dach *nt*

tejido *m* Gewebe *nt*

tela *f* Stoff *m;* **~ de araña** Spinnennetz *nt*

tele *f* (*fam*) *abr de* **televisión** Fernseher *m*

telediario *m* (Fernseh)nachrichten *fpl*

teleférico *m* (Draht)seilbahn *f*

televisión *f* ❶ (*sistema*) Fernsehen *nt;* **~ digital** digitales Fernsehen; **~ de pago** Pay-TV *nt* ❷ (*fam: televisor*) Fernseher *m;* **~ en color** Farbfernseher *m*

telón *m* Vorhang *m*

temblar <e → ie> *vi* zittern; **~ de miedo** vor Angst zittern; **~ por alguien** um jdn zittern

temer I. *vi* sich fürchten; **~ por alguien** um jdn bangen II. *vt, vr*: **~se** (be)fürchten

temor *m* Furcht *f*

tempestad *f* Sturm *m*

templado, -a *adj* lau(warm)

temporada *f* Saison *f*

temporal *m* Sturm *m*

temprano[1] *adv* (*a primera hora*) früh; (*antes*) vorzeitig

temprano, -a[2] *adj* früh

tenaza(s) *f(pl)* Zange *f*

tender <e → ie> I. *vt* ❶ (*ropa*) aufhängen ❷ (*aproximar*) reichen; **~ la mano a alguie**[n] (*fig*) jdn helfen II. *vi* neigen (**a** zu +*dat*)

tenedor *m* Gabel *f*

tener I. *vt* ❶ haben; **~ 29 años** 29 (Jahre al[t]) sein; **¿(con que) ésas tenemos?** so ist da[s] also!; **~ la culpa de algo** an etw *dat* schul[d] sein; **¿tienes frío?** ist dir kalt?; **~ sueño** müd[e] sein ❷ (*recibir*) bekommen; **ha tenido u**[n] **niño** sie hat ein Kind gekriegt *fam* ❸ (*loc*[.]) **~ cuidado** vorsichtig sein; **~ prisa** es eilig ha[ben]; **~ en cuenta** berücksichtigen II. *au*[x] ❶ (*con participio concordante*) **~ pensad**[o] **hacer algo** vorhaben etw zu tun ❷ (*obliga*[ción], *necesidad*) **~ que** müssen; **~ much**[o] **que hacer** viel zu tun haben

tensión *f* Spannung *f;* **película de ~** Thriller *r*

tenso, -a *adj* gespannt

tentación *f* Versuchung *f*

tenue *adj* zart; **luz ~** Dämmerlicht *nt*

teñir *vt, vr*: **~se** (sich) färben; **~ de rojo** rc färben

teórico, -a *adj* theoretisch

tercer *adj* (*ante sustantivo masculino*): **en lugar** drittens

tercero, -a *adj* (*ante sustantivo masculino: tercer*) dritte(r, s)

tercio *m* Drittel *nt*

terminal *f* Endstation *f;* **~ aérea** Flughafenterminal *m o nt*

terminar I. *vt* ❶ beenden; (*proyecto*) abschließen; **¿cuándo terminas?** wann bist du fertig ❷ (*producir*) fertigstellen ❸ (*consumir*) au[f]brauchen II. *vi* enden; (*plazo*) ablaufen; **~ d**[e] **hacer** fertigmachen III. *vr*: **~se** ausgehen

ternero, -a *m, f* Kalb *nt*

terraza *f* Terrasse *f*

terremoto *m* Erdbeben *nt*

terreno *m* (*suelo*) (Erd)boden *m;* (*parcel*[a]) Grundstück *nt*

terrible *adj* schrecklich

terror *m* (panische) Angst *f;* **película de ~** Horrorfilm *m*

tesoro *m* Schatz *m*

testarudo, -a *adj* dickköpfig

testificar <c → qu> *vi, vt* aussagen

testigo *mf* Zeuge, -in *m, f*

teta *f* Brust *f*

tetera *f* Teekanne *f*

ti *pron*: **a ~** (*objeto directo*) dich; (*indirecto*) di[r]; **de ~** von dir; **para ~** für dich; **por ~** deine

wegen
ía *f* Tante *f*
ibio, -a *adj* lau(warm)
iempo *m* ❶ Zeit *f;* ~ **libre** Freizeit *f;* **a** ~ rechtzeitig ❷ (METEO) Wetter *nt*
ienda *f* Laden *m*
ierno, -a *adj* ❶ (*pan, dulces*) mürb(e) ❷ (*cariñoso*) zärtlich
ierra *f* Erde *f*
ijera(s) *f* (*pl*) Schere *f*
imbre *m* Klingel *f;* **han tocado el** ~ es hat geklingelt
ímido, -a *adj* schüchtern
ina *f* Kübel *m*
iniebla *f* Finsternis *f*
intorería *f* (chemische) Reinigung *f*
ío, -a *m, f* Onkel, Tante *m, f*
ípico, -a *adj* typisch
íquet ['tike[t]] *m* Kassenzettel *m*
ira *f* Streifen *m;* **hacer ~s algo** etw zerreißen
irar I. *vi* ❶ (*arrastrar*) ziehen (**de** an *+dat*); **tira y afloja** Tauziehen *nt* ❷ (*disparar*) schießen (**a** auf *+akk*) ❸ (*loc*): **¿cómo estás? — voy tirando** wie geht's? — es geht so **II.** *vt* (*lanzar*) werfen; (*desechar*) wegwerfen; (*disparar*) schießen; (*derribar*) zu Boden werfen
iro *m* (*lanzamiento*) Wurf *m;* (*disparo*) Schuss *m;* **ni a ~s** nicht um alles in der Welt; **sentar como un** ~ umhauen *+akk*
itular *mf* Inhaber(in) *m(f)*
ítulo *m* Titel *m*
iza *f* Kreide *f*
oalla *f* Handtuch *nt*
obillo *m* (Fuß)knöchel *m*
ocar <c → qu> **I.** *vt* ❶ (*contacto*) berühren ❷ (MÚS) spielen; (*campana*) läuten; ~ **el timbre** klingeln **II.** *vi* ❶ (*corresponder*) zustehen; **te toca jugar** du bist dran ❷ (*obligación*): **me toca barrer el patio** es ist meine Aufgabe, den Hof zu kehren **III.** *vr*: **~se** sich berühren
ocino *m* Speck *m*
odavía *adv* noch; ~ **no** noch nicht
odo[1] I. *pron* alles; ~ **lo que** [*o* **cuanto**] **...** alles, was ...; **ante** [*o* **sobre**] ~ vor allem **II.** *adv* (*fam*) völlig **III.** *m sin pl* Ganze(s) *nt;* **del** ~ ganz und gar; **no del** ~ nicht ganz
odo, -a[2] *adj* ❶ (*entero*) ganz; **toda la familia** die ganze Familie; **a toda prisa** in aller Eile ❷ (*cada*) jede(r, s); **a toda costa** um jeden Preis ❸ *pl* alle; **~s los niños** alle Kinder; **en todas partes** überall
tomar *vt* ❶ (*coger*) nehmen; ~ **una decisión** eine Entscheidung treffen; ~ **el sol** sich sonnen ❷ (*comer, beber*) zu sich *dat* nehmen; ~ **café** Kaffee trinken ❸ (*interpretar*) auffassen; ~ **a mal** übelnehmen; ~ **en serio** ernst nehmen ❹ (AM): **~la** sich betrinken ❺ (*loc*) **¡vete a ~ por culo!** (*vulg*) leck mich am Arsch!; **¡toma!** sieh mal an!
tomillo *m* Thymian *m*
tonelada *f* Tonne *f*
tónica *f* Tonic(water) *nt*
tontería *f* Dummheit *f*
tonto, -a *adj* dumm
torcer I. *vi* abbiegen; ~ **a la izquierda** nach links abbiegen **II.** *vt* biegen **III.** *vr*: **~se** ❶ (*encorvarse*) sich biegen ❷ (*dislocarse*) sich *dat* zerren; **me he torcido el pie** ich bin mit dem Fuß umgeknickt
torcido, -a *adj* schief
torero, -a *m, f* Stierkämpfer(in) *m(f)*
tormenta *f* Gewitter *nt*
tornillo *m* Schraube *f;* **apretar un** ~ eine Schraube anziehen
toro *m* Stier *m*
torpe *adj* ungeschickt
torre *f* Turm *m;* ~ **de alta tensión** Hochspannungsmast *m*
torso *m* Rumpf *m*
torta *f* ❶ Kuchen *m;* (AM) Torte *f* ❷ (*fam: bofetada*) Ohrfeige *f*
tortilla *f* Omelett(e) *nt;* (AM) Maisfladen *m*
tortuga *f* Schildkröte *f*
toser *vi* husten
tostada *f* Toast *m*
totalidad *f* Gesamtheit *f;* **en su** ~ in vollem Umfang
tóxico, -a *adj* giftig
traba *f* Hindernis *nt*
trabajador(a) I. *adj* fleißig **II.** *m(f)* Arbeiter(in) *m(f)*
trabajar I. *vi* arbeiten **II.** *vr*: **~se a alguien** (*argot*) jdn anmachen, mit jdm anbändeln
trabajo *m* Arbeit *f;* ~ **en cadena** Fließbandarbeit *f;* ~ **a destajo** Akkordarbeit *f;* ~ **estacional** Saisonarbeit *f;* **costar** ~ Mühe kosten
traducción *f* Übersetzung *f;* ~ **al/del inglés** Übersetzung ins Englische/aus dem Englischen
traducir *vt* übersetzen

traer *vt* ❶ (*llevar*) bringen; **tengo una carta para ti — trae** ich habe einen Brief für dich — gib ihn her ❷ (*ir a por*) holen ❸ (*loc*): **¿qué te trae por aquí?** was führt dich hierher?; **esto me trae sin cuidado** das ist mir egal
tráfico *m* ❶ (COM) Handel *m* ❷ (*de vehículos*) Verkehr *m*
tragar <g → gu> **I.** *vt, vr*: **~se** (hinunter)schlucken **II.** *vt*: **no ~ a alguien** jdn nicht ausstehen können
trago *m* Schluck *m;* **de un ~** in einem Zug
traición *f* Verrat *m*
traje *m* ❶ (*vestidura*) Kleidung *f;* **~ de baño** Badeanzug *m;* **~ de luces** Toreroanzug *m* ❷ (*de hombre*) Anzug *m*
trampa *f* Falle *f*
tramposo, -a *adj* betrügerisch
tranquilo, -a *adj* ruhig
transbordar *vi* umsteigen
transeúnte *mf* Passant(in) *m(f)*
transferencia *f* Überweisung *f*
tránsito *m* Verkehr *m;* **de mucho ~** verkehrsreich
transparente *adj* durchsichtig
transpirar *vi* schwitzen
transportar *vt* bringen; (*en un vehículo*) befördern; **~ por barco** verschiffen
tranvía *m* Straßenbahn *f*
trapo *m* Lappen *m*
tras *prep* ❶ (*temporal*) nach +*dat* ❷ (*espacial: detrás de*) hinter +*dat;* (*orden*) nach +*dat* ❸ (*con movimiento*) hinter +*akk;* **ponerse uno ~ otro** sich hintereinander aufstellen ❹ (*además de*) außer +*dat*
trasera *f* Rückseite *f*
trasero[1] *m* (*fam*) Hintern *m*
trasero, -a[2] *adj* hintere(r, s); **asiento ~** Rücksitz *m*
tratado *m* Vertrag *m;* **~ de no agresión** Nichtangriffspakt *m;* **~ comercial** Handelsabkommen *nt*
tratar I. *vt* behandeln **II.** *vi* ❶ (*libro*) handeln (**de/sobre** von +*dat*) ❷ (*intentar*) versuchen **III.** *vr*: **~se** ❶ (*tener trato*) miteinander verkehren; **no me trato con él** ich habe keinen Kontakt zu ihm ❷ (*ser cuestión de*) sich handeln (**de** um +*akk*); **¿de qué se trata?** worum geht es?
trato *m* ❶ Behandlung *f;* **malos ~s** Misshandlungen *fpl;* **recibir un buen ~** gut behandelt werden ❷ (*contacto*) Umgang *m;* **no querer ~s con alguien** mit jdm nichts zu tun haben wollen ❸ (*loc*): **¡~ hecho!** abgemacht!
través *prep*: **a ~ de** durch +*akk*
travesti *mf* Transvestit *m*
trayecto *m* Strecke *f*
trece *adj inv* dreizehn
trecho *m* Strecke *f*
treinta *adj inv* dreißig
tren *m* Zug *m*
trenca *f* Anorak *m*
tres *adj inv* drei; **trescientos, -as** *adj* dreihundert
triángulo *m* Dreieck *nt*
tribuna *f* Tribüne *f*
tribunal *m* Gericht *nt*
trigo *m* Weizen *m*
tripa *f* (*intestino*) Darm *m;* (*vientre*) Bauch *m*
triste *adj* traurig
triunfo *m* Sieg *m*
tronar <o → ue> *vi, vimpers* donnern
tronco *m* Stamm *m*
trono *m* Thron *m*
tropical *adj* tropisch; **clima ~** Tropenklima *nt*
trozo *m* Stück *nt;* **a ~s** in Stücken
trucha *f* Forelle *f*
truco *m* Trick *m*
trueno *m* Donner *m*
trufa *f* Trüffel *m*
tu dein(e); **~ libro/hermana** dein Buch/deine Schwester
tú *pron 2. sg* du; **tratar de ~** duzen
tumba *f* Grab *nt*
tumbarse *vr* sich hinlegen
tumbona *f* Liegestuhl *m*
tunda *f* Tracht *f* Prügel
turbio, -a *adj* trübe
turista *mf* Tourist(in) *m(f)*
turno *m* (*de trabajo*) Schicht *f;* **es tu ~** du bist an der Reihe
turquesa *adj* türkis
turrón *m* ≈Nugat *m o nt*
tutear *vt, vr*: **~se** (sich) duzen
tuyo, -a *pron* ❶ (*propiedad*): **el perro es ~** der Hund gehört dir; **¡ya es ~!** du hast es geschafft ❷ (*tras artículo*) **el ~/la tuya/lo ~** deine(r, s) ❸ (*tras sustantivo*) dein(e), von dir; **una amiga tuya** eine Freundin von dir
TVE *f abr de* **Televisión Española** *staatlicher spanischer Fernsehsender*

U u

u *konj* oder
Ud(s). *abr de* **usted(es)** Sie
UE *f abr de* **Unión Europea** EU *f*
último, -a *adj* letzte(r, s); **a ~s de mes** gegen Monatsende; **la última fila** die hintere Reihe; **por ~** schließlich
umbral *m* (Tür)schwelle *f*
un, una <unos> *art* ❶ ein(e) ❷ *pl* (*algunos*) einige, ein paar ❸ *pl* (*aproximadamente*): **unos 1000 euros** ungefähr 1000 Euro **II.** *adj* eins
unanimidad *f*: **aprobar algo por ~** etw einstimmig beschließen
ungüento *m* Salbe *f*
único, -a *adj* einzig
unidad *f* Einheit *f;* **~ familiar** Haushalt *m*
unido, -a *adj* geeint; **estamos muy ~s** wir stehen uns sehr nahe
unificación *f* Vereinigung *f*
uniforme I. *adj* einheitlich **II.** *m* Uniform *f;* **vestir de ~** Uniform tragen
unión *f* Verbindung *f*
unir *vt, vr*: **~se** (sich) vereinigen
unitario, -a *adj* einheitlich
universidad *f* Universität *f*
unívoco, -a *adj* eindeutig
uno, -a I. *adj* ❶ (*número*) eins; **a la una** (*hora*) um eins ❷ (*único*): **sólo hay una calle** es gibt nur eine einzige Straße **II.** *pron* ❶ (*alguno*) eine(r, s); **cada ~** jeder; **~s cuantos** einige ❷ *pl* (*algunos*) einige ❸ (*indeterminado*) man
uña *f* Nagel *m;* **~s de los pies** Zehennägel *mpl*
urbanización *f* (Wohn)siedlung *f*
urbano, -a *adj* städtisch; **conferencia urbana** Ortsgespräch *nt;* **planificación urbana** Stadtplanung *f*
urbe *f* Großstadt *f*
urgencia *f* ❶ (*cualidad*) Dringlichkeit *f* ❷ (*caso*) Notfall *m;* **llamada de ~** Notruf *m* ❸ *pl* (*en hospital*) Notaufnahme *f;* **médico de ~s** Notarzt *m*
urgente *adj* dringend; **¿es ~?** eilt es?
urna *f* Urne *f;* **acudir a las ~s** zur Wahl gehen
usado, -a *adj* gebraucht
usar *vt* benutzen
uso *m* Benutzung *f;* **de ~ externo** zur äußerlichen Anwendung
usted *pron* Sie *sg;* **~es** Sie *pl;* (AM: *vosotros*) ihr; **tratar de ~ a alguien** jdn siezen
usual *adj* gebräuchlich
usuario, -a *m, f* Benutzer(in) *m(f)*
útil *adj* nützlich
utilizar <z → c> *vt, vr*: **~se** benutzen
uva *f* Traube *f;* **~ pasa** Rosine *f*
uve *f* V, v *nt;* **~ doble** W, w *nt*

V v

vaca *f* Kuh *f*
vacaciones *fpl* Ferien *pl*
vaciar <*1. pres*: vacío> *vt* (aus)leeren
vacío, -a *adj* leer; **envasado al ~** vakuumverpackt
vacuna *f* Impfung *f*
vacunar *vt* impfen
vado *m*: **~ permanente** Halteverbot *m*
vagar *vi* umherirren
vagón *m* Waggon *m;* **~ cisterna** Tankwagen *m;* **~ restaurante** Speisewagen *m*
vainilla *f* Vanille *f*
vaivén *m* Hin und Her *nt*
vajilla *f* Geschirr *nt*
vale *m* Gutschein *m*
valer I. *vt* kosten; **¡vale!** in Ordnung!; **¡vale ya!** jetzt ist's (aber) genug! **II.** *vi* ❶ (*ropa*) passen ❷ (*tener validez*) gültig sein; **no ~** ungültig sein
válido, -a *adj* gültig; **no ser ~** ungültig sein
valiente *adj* mutig
valioso, -a *adj* wertvoll

valle *m* Tal *nt*
valor *m* ❶ Wert *m;* ~ **nutritivo** Nährwert *m* ❷ (*valentía*) Mut *m;* ~ **cívico** Zivilcourage *f;* **armarse de** ~ Mut fassen
valorar *vt* schätzen (**en** auf +*akk*)
vals *m* Walzer *m*
válvula *f* Ventil *nt*
vano, -a *adj* vergeblich
vapor *m* Dampf *m;* (**barco de**) ~ Dampfer *m;* **cocer al** ~ dünsten
variado, -a *adj* verschieden
variar <*1. pres*: varío> **I.** *vi* wechseln; (*cambiar*) ändern **II.** *vt* (ver)ändern
variedad *f* Vielfalt *f*
varios, -as *adj* einige; **varias veces** mehrmals
varón *m* Mann *m*
vasco, -a *adj* baskisch; **País Vasco** Baskenland *nt*
Vascongadas *fpl* ≈Baskenland *nt*
vaso *m* Glas *nt;* ~ **de papel** (Papp)becher *m*
váter *m* WC *nt*
Vd. *pron abr de* **usted** Sie
vecino, -a *m, f* Nachbar(in) *m(f)*
vegetal *adj* pflanzlich; **aceite** ~ Pflanzenöl *nt;* **carbón** ~ Holzkohle *f*
vegetariano, -a *adj* vegetarisch
vehículo *m* Fahrzeug *nt;* ~ **industrial** Nutzfahrzeug *nt;* ~ **de motor** Kraftfahrzeug *nt*
veinte *adj inv* zwanzig
vejez *f* Alter *nt*
vela *f* (*luz*) Kerze *f;* (NÁUT) Segel *nt*
velero *m* Segelschiff *nt*
velo *m* Schleier *m*
velocidad *f* Geschwindigkeit *f;* **exceso de** ~ überhöhte Geschwindigkeit
veloz *adj* flink
vena *f* Ader *f*
venado *m* Hirsch *m*
vencer <c → z> **I.** *vi* siegen; (*plazo*) ablaufen **II.** *vt* besiegen
venda *f* Binde *f*
vendar *vt* verbinden
vendedor(a) *m(f)* Verkäufer(in) *m(f);* ~ **a domicilio** Vertreter *m*
vender *vt* verkaufen (**por/en/a** für +*akk*)*;* **se vende** zu verkaufen
vendimia *f* Weinlese *f*
veneno *m* Gift *nt*
venenoso, -a *adj* giftig; **serpiente venenosa** Giftschlange *f*
venganza *f* Rache *f;* **deseo de** ~ Rachgier *f*
vengar <g → gu> *vt, vr:* ~**se** (sich) rächen
venir *vi* kommen; (*llegar*) ankommen; (*proceder*) herkommen
venta *f* Verkauf *m*
ventaja *f* Vorteil *m*
ventana *f* Fenster *nt*
ventanilla *f* Schalter *m*
ventilador *m* Ventilator *m*
ventilar *vt, vr:* ~**se** lüften
ventura *f* Glück *nt;* **mala** ~ Pech *nt*
ver *vi, vt* ❶ sehen; **a** ~ lass/lasst mal sehen ❷ (*con la inteligencia*) (ein)sehen; **¿no ves que...?** siehst du denn nicht, dass ...? ❸ (*documentos*) durchsehen ❹ (*visitar*) besuchen ❺ (*loc*): **tener que** ~ **con algo** mit etw dat zu tun haben; **¡para que veas!** so, da hast du's!
veraneo *m* Sommerurlaub *m*
verano *m* Sommer *m*
veras *fpl*: **de** ~ wirklich
verbo *m* Verb *nt;* ~ **auxiliar** Hilfsverb *nt*
verdad *f* Wahrheit *f;* **¡de** ~**!** (das stimmt) wirklich!; **¡es** ~**!** stimmt!; **¿**~**?** stimmt's?
verdadero, -a *adj* wahr
verde *adj* (*t.* POL) grün; (*no maduro*) unreif
verdura *f* Gemüse *nt*
vergüenza *f* Scham *f;* **me da** ~ es ist mir peinlich; **pasar** ~ sich schämen; **¡qué** ~**!** (mein Gott) wie peinlich!
verídico, -a *adj* wahr
verificar <c → qu> *vt* (über)prüfen
vermú *m*, **vermut** *m* Wermut *m*
verosímil *adj* wahrscheinlich
verruga *f* Warze *f*
verso *m* Vers *m*
vertebral *adj*: **columna** ~ Wirbelsäule *f*
vertiente *f* Abhang *m*
vestíbulo *m* Empfangshalle *f*
vestido *m* Kleid *nt*
vestir *vt, vr:* ~**se** (sich) anziehen
vestuario *m* Umkleidekabine *f*
vez *f* Mal *nt;* **a la** ~ gleichzeitig; **a veces** manchmal; **de** ~ **en cuando** ab und zu; **esta** ~ diesmal; **tal** ~ vielleicht
vía *f* ❶ Weg *m;* ~ **pública** Bürgersteig *m* ❷ (*ruta*) via; **a Madrid** ~ **Paris** nach Madrid via Paris ❸ (FERRO) Gleis *nt* ❹ (ANAT) Röhre *f;* ~**s respiratorias** Luftröhre *f;* **por** ~ **oral** oral

V

viajar *vi* reisen; ~ **en avión** fliegen

viaje *m* Reise *f*

viajero, -a *m, f* Reisende(r) *mf*

víbora *f* Viper *f*

vicio *m* Laster *nt*

vicioso, -a *adj* lasterhaft

víctima *f* Opfer *nt*

victoria *f* Sieg *m*

vida *f* Leben *nt;* ~ **afectiva** Gefühlsleben *nt*

videojuego *m* Videospiel *nt*

vidrio *m* (Glas)scheibe *f*

viejo, -a *adj* alt

Viena *f* Wien *nt*

viento *m* Wind *m;* **hace** ~ es ist windig

vientre *m* Bauch *m*

viernes *m inv* Freitag *m*

vigencia *f* Gültigkeit *f;* **estar en** ~ in Kraft sein

vigente *adj* gültig

vigilante *mf* Wächter(in) *m(f);* ~ **de seguridad** Wachmann *m*

vigilar *vt* überwachen

VIH *m abr de* **virus de inmunodeficiencia humana** HIV *nt*

vinagre *m* Essig *m*

vinicultor(a) *m(f)* Winzer(in) *m(f)*

vino *m* Wein *m;* ~ **de mesa** Tafelwein *m;* ~ **rosado** Rosé(wein) *m;* ~ **tinto** Rotwein *m*

viña *f* Weinberg *m*

violación *f* Vergewaltigung *f;* ~ **de contrato** Vertragsbruch *m*

violar *vt* vergewaltigen

violencia *f* Gewalt *f;* **no** ~ Gewaltlosigkeit *f;* **con** ~ gewaltsam

violento, -a *adj* ❶ gewaltig; (*discusión*) heftig ❷ (*brutal*) brutal; **acto** ~ Gewalttat *f* ❸ (AM) plötzlich

violeta *adj* violett

virar *vi, vt* wenden

virgen I. *adj* rein; (*cinta*) unbespielt **II.** *f*: **la Virgen** die Jungfrau

virtud *f* Tugend *f;* (*poder*) Fähigkeit *f;* **en** ~ **de** aufgrund +*gen*

visa *m o f* (AM), **visado** *m* Visum *nt;* ~ **de entrada** Einreisevisum *nt;* ~ **de salida** Ausreisevisum *nt*

visible *adj* sichtbar

visita *f* Besuch *m*

visitante *mf* Besucher(in) *m(f)*

visitar *vt* besuchen; (*ciudad*) besichtigen

vista *f* Sehvermögen *nt;* (*mirada*) Blick *m*

viudo, -a *m, f* Witwer, Witwe *m, f;* **quedarse** ~ verwitwen

vivencia *f* Erlebnis *nt*

víveres *mpl* Lebensmittel *ntpl*

vivienda *f* Wohnung *f*

vivir *vi* leben

vivo, -a *adj* lebendig; **ser** ~ Lebewesen *nt;* **en** ~ live

vizcaíno, -a *adj* aus Biscaya

Vizcaya *f* Biscaya *nt*

volante *m* Lenkrad *nt*

volar <o → ue> *vi* ❶ fliegen; **echar a** ~ losfliegen; ~ **y conducir** (*en turismo*) Fly and Drive ❷ (*desaparecer*) verschwinden; **el dinero ha volado** das Geld ist weg ❸ (*apresurarse*) eilen; **¡voy volando!** ich fliege!

volcán *m* Vulkan *m*

volcar *vi, vr*: **~se** (um)kippen

voleibol *m* Volleyball *m*

volumen *m* ❶ Volumen *nt;* ~ **de ventas** Umsatz *m* ❷ (*de sonido*) Lautstärke *f;* **a todo** ~ sehr laut ❸ (*tomo*) Band *m*

voluntad *f* Wille *m;* **mala** ~ Böswilligkeit *f;* **a** ~ nach Belieben; **contra su** ~ widerwillig

voluntario, -a *adj* freiwillig

volver I. *vi* (*regresar*) zurückkehren; ~ **atrás** umkehren; ~ **a casa** heimkehren; ~ **a** +*inf* wieder +*inf* **II.** *vt* umdrehen **III.** *vr*: **~se** sich umdrehen; (*convertirse*) sich verwandeln (in +*akk*); **~se viejo** alt werden

vomitar *vi* sich übergeben

vosotros, -as *pron 2. pl* ihr; (*tras preposición*) euch

votación *f* Abstimmung *f*

votar *vi, vt* abstimmen; (*elegir*) stimmen (**a/por** für +*akk*); ~ **una ley** ein Gesetz verabschieden

voto *m* Stimme *f;* (*acción*) Abstimmung *f*

voz *f* Stimme *f*

vuelo *m* Flug *m;* ~ **nacional** Inlandflug *m;* ~ **regular** Linienflug *m*

vuelta *f* ❶ (*giro*) Drehung *f;* **dar la** ~ wenden; **darse la** ~ sich umdrehen; **dar(se) una** ~ spazieren gehen ❷ (*viaje*) Rückfahrt *f* ❸ (*dinero*) Wechselgeld *nt;* **dar la** ~ herausgeben

vuestro, -a I. *adj* euer, eure; ~ **coche** euer Auto; **vuestra tía** eure Tante **II.** *pron* ❶ (*propiedad*): **¿es ~?** gehört es euch? ❷ (*tras artículo*) **el ~/la vuestra/lo** ~ eure(r, s); **los ~s** eure Angehörigen ❸ (*tras sustantivo*) eure(r), von euch; **un amigo** ~ ein Freund von euch

Ww

wáter *m* Toilette *f*

Xx

xenófobo, -a *adj* fremdenfeindlich

Yy

y *konj* und; **¿~ qué?** na und?; **~ eso que** obwohl

ya I. *adv* (*pasado*) schon; (*pronto*) sofort; **~ no fumo** ich rauche nicht mehr **II.** *konj*: **~ que** da

yate *m* Jacht *f*

yema *f* Eigelb *nt;* (*dedo*) Fingerkuppe *f*

yerno *m* Schwiegersohn *m*

yin *yines m* Jeans *f*

yo *1. sg* ich; **~ que tú** ich an deiner Stelle

yodo *m* Jod *nt*

yogur *m* Joghurt *m*

Zz

zanahoria *f* Mohrrübe *f*

zanja *f* Graben *m*

zapallo *m* (AM) Kürbis *m*

zapatería *f* Schuhgeschäft *nt*

zapatilla *f* Hausschuh *m*

zapato *m* Schuh *m*

zapear *vi* zappen

zeta *f* Z, z *nt*

zócalo *m* Sockel *m*

zona *f* Zone *f;* **~ peatonal** Fußgängerzone *f;* **~ verde** Grünzone *f*

zoológico, -a *adj*: **parque ~** Zoo *m*

zumo *m* Saft *m*

Aa

Aal *m* <-(e)s, -e> anguila *f*

ab *präp* (*räumlich*) desde; (*zeitlich*) a partir de; **~ sofort** desde ya; **~ und zu** de vez en cuando

ab|biegen *vi* torcer; **nach rechts ~** doblar a la derecha

Abbildung *f* <-en> ilustración *f*

ab|brechen *vi, vt* romper(se)

Abend *m* <-s, -e> (*bis ca. 21 Uhr*) tarde *f;* (*ab ca. 21 Uhr*) noche *f;* **es wird ~** atardece

abends *adv* (*bis ca. 21 Uhr*) por la tarde; (*ab ca. 21 Uhr*) por la noche; **um acht Uhr ~** a las ocho de la tarde

Abenteuer *nt* <-s, -> aventura *f*

aber *konj* pero

abergläubisch *adj* supersticioso

ab|fahren *vi* salir

Abfahrt *f* partida *f;* (*Zug*) salida *f*

Abfall *m* basura *f*; **Abfalleimer** *m* cubo *m* de la basura

ab|geben I. *vt* entregar; (*teilen*) dar una parte **II.** *vr*: **sich mit jdm ~** tener trato con alguien

abgelegen *adj* distante

ab|halten *vt*: **jdn von etw ~** impedir a alguien que haga algo

Abhang *m* pendiente *f*

abhängig *adj*: **~ sein von** depender de

ab|holen *vt* recoger

Abitur *nt* <-s, -e> bachillerato *m*

ab|kürzen *vt* acortar; (*Weg*) atajar; (*Wort*) abreviar

Abkürzung *f* <-en> (*Weg*) atajo *m*

ab|laden *vt* descargar

ab|laufen *vi* (*Pass*) caducar; (*verlaufen*) transcurrir

ab|lehnen *vt* rechazar

ab|lenken *vt* distraer

ab|machen *vt* (*vereinbaren*) acordar; (*Termin, Preis*) fijar; (*fam: entfernen*) quitar

Abmachung *f* <-en> acuerdo *m*

ab|messen *vt* medir

ab|nehmen I. *vi* (*Interesse*) disminuir; (*Gewicht verlieren*) adelgazar; (TEL) descolgar; **es nimmt keiner ab** no contesta nadie **II.** *vt* (*wegnehmen*) quitar; (*Blut*) sacar; (*fam: glauben*) creer

Abneigung *f* antipatía *f* (**gegen** hacia)

ab|nutzen *vt, vr*: **sich ~** (des)gastar(se)

ab|räumen *vt* (*Teller*) retirar; **den Tisch ~** recoger la mesa

Abreise *f* partida *f*

ab|reißen *vt* arrancar; (*Gebäude*) derribar

ab|sagen I. *vi*: **jdm ~** anular una cita con alguien **II.** *vt* (*Treffen*) anular

Absatz *m* (*am Schuh*) tacón *m;* (*im Text*) párrafo *m*

ab|schalten I. *vi* (*fam: unaufmerksam werden*) desconectar; (*sich entspannen*) relajarse **II.** *vt* (*ausmachen*) apagar

abscheulich *adj* repugnante

Abschied *m* <-(e)s, -e> despedida *f*

ab|schleppen *vt* (*Auto*) remolcar

Abschleppseil *nt* cuerda *f* de remolcar; **Abschleppwagen** *m* grúa *f*

ab|schließen *vt* cerrar con llave

ab|schneiden *vt* cortar

absehbar *adj* previsible; **in ~er Zeit** en breve

Absender(in) *m(f)* <-s, -; -nen> remitente *mf*

Absicht *f* <-en> intención *f;* **mit/ohne ~** a propósito/sin querer

absichtlich I. *adj* intencionado **II.** *adv* a propósito

Abstand *m* distancia *f;* **in regelmäßigen Abständen** a intervalos regulares

ab|stellen *vt* (*hinstellen*) colocar; (*ausmachen*) apagar

abstoßend *adj* repugnante

abstrakt *adj* abstracto

ab|streiten *vt* negar

ab|stürzen *vi* (*Flugzeug*) estrellarse; (*Bergsteiger*) caer; (INFOR) producirse un error de tipo general (en)

ab|suchen *vt* buscar por todas partes

Abteil *nt* compartim(i)ento *m*

Abtreibung *f* <-en> aborto *m*

ab|trocknen *vt* secar

ab|warten *vi, vt* esperar

abwärts *adv* hacia abajo

ab|waschen *vi, vt* fregar

Abwasser *nt* <-s, -wässer> aguas *fpl* residuales

ab|wechseln *vi, vr*: **sich ~** alternar(se)

Abwehrkräfte *fpl* defensas *fpl* (del organismo)

ab|wenden I. *vt* (*Blick*) apartar; (*Gefahr*) evitar

II. *vr:* **sich ~** apartarse

abwesend *adj* ausente

ab|wischen *vt* limpiar

Achse *f* <-n> eje *m*

Achsel *f* <-n> axila *f*

acht *adj* ocho

achte(r, s) *adj* octavo

achten I. *vi* atender (**auf** a); (*auf den Weg*) fijarse (**auf** en); **auf jdn ~** cuidar de alguien II. *vt:* **jdn ~** respetar a alguien

Achterbahn *f* montaña *f* rusa

achtlos *adj:* **~ mit etw umgehen** tratar algo con descuido

Achtung *f* (*Wertschätzung*) respeto *m* (**vor** a); **~!** ¡atención!

achtzehn *adj* dieciocho

achtzig *adj* ochenta

Acker *m* <-s, Äcker> campo *m*

Ader *f* <-n> vena *f*

Adoptiveltern *pl* padres *mpl* adoptivos

Adoptivkind *nt* hijo, -a *m, f* adoptivo, -a

Adressat(in) *m(f)* <-en, -en; -nen> destinatario, -a *m, f*

Adresse *f* <-n> dirección *f*

Adria *f* Adriático *m*

Advent *m* <-(e)s, -e> Adviento *m*

Affe *m* <-n, -n> mono *m*

Afrika *nt* <-s> África *f*

Afrikaner(in) *m(f)* <-s, -; -nen> africano, -a *m, f*

afrikanisch *adj* africano

Agentur *f* <-en> agencia *f*

ähneln *vi:* **jdm ~** parecerse a alguien

ähnlich *adj* parecido

Ahnung *f* <-en> (*Vorgefühl*) presentimiento *m;* (*Wissen*) idea *f;* **keine ~!** ¡ni idea!

ahnungslos *adj* (*nichts ahnend*) desprevenido; (*unwissend*) ignorante

Aktie *f* <-n> (FIN) acción *f*

Aktion *f* <-en> acción *f*

aktiv *adj* activo

aktuell *adj* actual

Akzent *m* <-(e)s, -e> acento *m*

Alarmanlage *f* sistema *m* de alarma

albern *adj* tonto; (*kindisch*) pueril

Albtraum[RR] *m* pesadilla *f*

Album *nt* <-s, Alben> álbum *m*

Alkohol *m* <-s, -e> alcohol *m*

Alkoholiker(in) *m(f)* <-s, -; -nen> alcohólico, -a *m, f*

All *nt* <-s, *ohne pl*> espacio *m*

alle(r, s) *pron* ❶ *sg* todo; **~s in ~m** en total; **vor ~m** sobre todo ❷ *pl* todos; **~ zehn Minuten** cada diez minutos; **auf ~ Fälle** de todos modos

Allee *f* <-n> avenida *f*

Alleinerziehende(r) *mf* <-n, -n; -n> padre *m* soltero, madre *f* soltera

allerdings *adv* (*einschränkend*) no obstante; (*bekräftigend*) naturalmente

Allergie *f* <-n> alergia *f* (**gegen** a)

allergisch *adj* alérgico (**gegen** a)

allgemein *adj* general; **im Allgemeinen** en general; **~ gültig** universal; **Allgemeinbildung** *f* cultura *f* general

allmählich I. *adj* paulatino II. *adv* poco a poco

Alltag *m* vida *f* cotidiana

alltäglich *adj* diario; (*gewöhnlich*) banal

allzu *adv* demasiado

Alpen *pl* Alpes *mpl*

Alphabet *nt* <-(e)s, -e> alfabeto *m*

Alptraum *m* pesadilla *f*

als *konj* (*zeitlich*) cuando; (*als ob*) como si; (*bei Vergleichen*) que; (*in der Eigenschaft*) como

also *adv* (*folglich*) por consiguiente

alt *adj* viejo; (*gebraucht*) usado; **wie ~ bist du?** ¿cuántos años tienes?; **ich bin 17 Jahre ~** tengo 17 años

Alter *nt* <-s, *ohne pl*> edad *f;* (*Lebensabschnitt*) vejez *f*

altern *vi* envejecer

Alternative *f* <-n> alternativa *f*

altmodisch *adj* chapado a la antigua; **Altstadt** *f* casco *m* antiguo

Alufolie *f* papel *m* de aluminio

Ameise *f* <-n> hormiga *f*

Amerika *nt* <-s> América *f*

Amerikaner(in) *m(f)* <-s, -; -nen> americano, -a *m, f*

amerikanisch *adj* americano

Ampel *f* <-n> semáforo *m*

Amt *nt* <-(e)s, Ämter> (*Stellung*) cargo *m;* (*Behörde*) departamento *m*

amüsant *adj* entretenido; (*lustig*) divertido

an I. *präp* (*nahe bei*) junto a; (*geographisch gelegen*) (a orillas) de; (*zeitlich*) a; **~ der Ecke** en la esquina; **Frankfurt ~ der Oder/am Main** Francfort del Oder/del Meno; **am Abend** por la tarde; **am Anfang** al principio; **am 19. April 1965** el 19 de abril de 1965 II. *präp* a; **sich ~ die Wand lehnen** apoyarse contra la pared **III.** *adv* (*eingeschaltet*) encendido; **von ... ~** a partir de...; **von Anfang ~** desde el principio

Ananas *f* <-(se)> piña *f*, ananá(s) *m* AM

an|bieten I. *vt* ofrecer **II.** *vr*: **sich ~** (*geeignet sein*) ser apropiado

Andenken *nt* <-s, -> (*Souvenir*) recuerdo *m*

andere(r, s) *pron* otro; **alle ~n** todos los demás; **jemand ~s** otra persona; **am ~n Tag** al día siguiente

ändern *vt, vr*: **sich ~** cambiar

anders *adv* de otro modo (**als** que); (*unterschiedlich*) distinto (**als** a/de); **ich habe es mir ~ überlegt** cambié de opinión

anderthalb *adj* uno y medio

Änderung *f* <-en> modificación *f*; (*Wechsel*) cambio *m*

an|deuten *vt* (*kurz erwähnen*) aludir (a); (*zu verstehen geben*) dar a entender

an|fahren I. *vi* (*starten*) arrancar **II.** *vt* (*anstoßen*) chocar (contra); (*Person*) atropellar

Anfall *m* ataque *m*

Anfang *m* <-(e)s, -fänge> comienzo *m*; **~ nächster Woche** a principios de la próxima semana; **von ~ an** desde un principio

an|fangen *vi, vt* empezar

Anfänger(in) *m(f)* <-s, -; -nen> principiante *mf*

an|fassen *vt* (*berühren*) tocar

an|freunden *vr*: **sich ~** trabar amistad; (*sich gewöhnen*) familiarizarse

Angabe *f* indicación *f*; (*Prahlerei*) fanfarronería *f*; **~n zur Person** datos personales

an|geben I. *vi* (*fam*) fanfarronear (**mit** de) **II.** *vt* (*nennen*) indicar

Angeber(in) *m(f)* <-s, -; -nen> (*fam*) fanfarrón, -ona *m, f*

angeblich I. *adj* supuesto **II.** *adv* al parecer

Angebot *nt* oferta *f*; (*Auswahl*) surtido *m*

Angel *f* <-n> caña *f* de pescar

Angelegenheit *f* asunto *m*

angeln *vi, vt* pescar (con caña)

angemessen *adj* adecuado

angenehm *adj* agradable

angesichts *präp* (*geh*) ante; **~ der Tatsache, dass ...** en vista del hecho de que...

Angestellte(r) *mf* <-n, -n; -n> empleado, -a *m, f*

Angewohnheit *f* costumbre *f* (adquirida)

an|greifen *vt* atacar; (*Gesundheit*) perjudicar

Angst *f* <Ängste> miedo *m* (**vor** a/de); **jdm ~ einjagen** meterle miedo a alguien

an|halten I. *vi* (*andauern*) perdurar; (*stoppen*) parar(se) **II.** *vt* (*Fahrzeug*) parar

Anhalter(in) *m(f)* auto(e)stopista *mf*

Anhänger[1] *m* <-s, -> (AUTO) remolque *m*; (*Schmuckstück*) colgante *m*

Anhänger(in)[2] *m(f)* <-s, -; -nen> seguidor(a) *m(f)*

Animateur(in) *m(f)* <-s, -e; -nen> animador(a) *m(f)*

an|kommen *vi* llegar; (*abhängen*) depender (**auf** de); (*fam*: *Anklang finden*) ser aceptado

an|kündigen *vt* anunciar

Ankunft *f* llegada *f*

Anlage *f* (*Begabung*) talento *m*; (*Stereoanlage*) equipo *m*

Anlass[RR] *m* <-es, -lässe> (*Grund*) motivo *m* (**zu** para); (*Gelegenheit*) ocasión *f*

Anlasser *m* <-s, -> motor *m* de arranque

an|legen *vr*: **sich ~** pelearse (**mit** con)

an|lehnen *vt, vr*: **sich ~** apoyar(se) (**an** en)

Anleitung *f* instrucciones *fpl*

an|machen *vt* (*einschalten*) encender

an|melden I. *vt* (*ankündigen*) anunciar; (*Fahrzeug*) matricular **II.** *vr*: **sich ~** inscribirse; (*Wohnsitz*) empadronarse

an|nehmen *vt* (*akzeptieren*) aceptar; (*vermuten*) suponer

Annonce *f* <-n> anuncio *m*

anonym *adj* anónimo

an|passen I. *vt* adaptar (**an** a) **II.** *vr*: **sich ~** amoldarse (**an** a)

an|pflanzen *vt* cultivar

an|probieren *vt* probar(se)

Anruf *m* (TEL) llamada *f*; **Anrufbeantworter** *m* <-s, -> contestador *m* automático

an|rufen *vt* llamar (por teléfono)

an|schauen *vt* mirar

anscheinend *adv* al parecer

Anschlag *m* (*Plakat*) cartel *m*; (*Überfall*) atentado *m* (**auf** contra)

an|schließen I. *vt* (*Gerät*) conectar (**an** a) **II.** *vr*: **sich jdm ~** (*sich zugesellen*) unirse a alguien

Anschluss[RR] *m* (*an ein Netz*) conexión *f* (**an** con); (TEL) comunicación *f* (**an** con); (*Verkehr*) enlace *m*; (*Kontakt*) compañía *f*; **~ finden** encontrar compañía

an|schnallen *vr*: **sich ~** ponerse el cinturón de seguridad

an|schreien *vt* gritar (a)

Anschrift *f* señas *fpl*

an|sehen *vt* (*betrachten*) mirar; (*erachten*) considerar (**als**); (*anmerken*) notar

Ansehen *nt* <-s, *ohne pl*> reputación *f*

Ansicht *f* opinión *f;* **meiner ~ nach** en mi opinión; **Ansichtskarte** *f* (tarjeta *f*) postal *f*

Anspannung *f* tensión *f*

an|spielen *vi* aludir (**auf** a)

an|spornen *vt* estimular (**zu** a)

an|sprechen *vt* (*erwähnen*) mencionar; **jdn ~** hablar a alguien

Anspruch *m* (*Anrecht*) derecho *m* (**auf** a); (*Anforderung*) exigencia *f*; **anspruchsvoll** *adj* exigente

Anstand *m* decencia *f*

anständig *adj* (*sittsam*) decente; (*ehrlich*) honrado; (*fam*: *zufrieden stellend*) aceptable

an|starren *vt* mirar fijamente

anstatt *präp* en vez de

an|stecken I. *vt*: **jdn mit etw ~** contagiarle algo a alguien **II.** *vr*: **sich ~** contagiarse

ansteckend *adj* contagioso

anstelle *präp* en lugar de

an|stoßen I. *vi* ❶ (*gegenstoßen*) golpearse (**an** en/contra) ❷ (*mit den Gläsern*) brindar (**auf** por) **II.** *vt* empujar

an|strengen I. *vi* fatigar **II.** *vr*: **sich ~** esforzarse

anstrengend *adj* agotador

Anstrengung *f* <-en> esfuerzo *m*

Anteil *m* parte *f*

Antenne *f* <-n> antena *f*

Antibabypille *f* píldora *f* anticonceptiva

Antibiotikum *nt* <-s, -biotika> antibiótico *m*

Antiquität *f* <-en> antigüedad *f*

Antrag *m* <-(e)s, -träge> solicitud *f* (**auf** de)

Antwort *f* <-en> respuesta *f* (**auf** a)

antworten *vt* responder (**auf** a)

Anwalt, -wältin *m, f* <-(e)s, -wälte; -nen> abogado, -a *m, f*

anwesend *adj* presente

an|widern *vt* dar asco (a)

Anzahl *f* número *m*, cantidad *f*

Anzeige *f* <-n> (*Inserat*) anuncio *m;* (TECH) indicador *m;* (JUR) denuncia *f*

an|zeigen *vt* (JUR) denunciar

an|ziehen I. *vt* (*ankleiden*) vestir; (*Kleidungsstück*) poner; (*Anziehungskraft ausüben*) atraer **II.** *vr*: **sich ~** vestirse

anziehend *adj* atractivo

Anziehungskraft *f* atracción *f*

Anzug *m* traje *m*

an|zünden *vt* (*Zigarette*) encender

Apfel *m* <-s, Äpfel> manzana *f*

Apfelsine *f* <-n> naranja *f*

Apotheke *f* <-n> farmacia *f*

Apparat *m* <-(e)s, -e> aparato *m*

Appetit *m* <-(e)s, *ohne pl*> apetito *m* (**auf** de); **guten ~!** ¡que aproveche!

Applaus *m* <-es, -e> aplauso(s) *m(pl)*

Aprikose *f* <-n> albaricoque *m*, damasco *m* AM

April *m* <-(s), -e> abril *m*

arabisch *adj* árabe

Arbeit *f* <-en> trabajo *m*

arbeiten *vi* trabajar

Arbeiter(in) *m(f)* <-s, -; -nen> trabajador(a) *m(f)*

arbeitslos *adj* parado

Arbeitslosigkeit *f* desempleo *m*

Arbeitsplatz *m* puesto *m* de trabajo

Architektur *f* arquitectura *f*

Argentinien *nt* <-s> Argentina *f*

argentinisch *adj* argentino

Ärger *m* <-s, *ohne pl*> (*Unmut*) fastidio *m;* (*Schwierigkeiten*) dificultades *fpl;* **mit jdm ~ haben** tener problemas con alguien

ärgerlich *adj* desagradable

ärgern I. *vt* fastidiar **II.** *vr*: **sich ~** enfadarse (**über** por)

Argument *nt* <-(e)s, -e> argumento *m*

arm *adj* pobre

Arm *m* <-(e)s, -e> brazo *m*; **Armband** *nt* pulsera *f*

Armee *f* <-n> ejército *m*

Ärmel *m* <-s, -> manga *f*

Armut *f* pobreza *f*

Aroma *nt* <-s, -s *o* Aromen> aroma *m*

arrogant *adj* arrogante

Arsch *m* <-(e)s, Ärsche> (*vulg*) culo *m*

Art *f* <-en> (*Klasse*) clase *f;* (*Weise*) modo *m;* (*Wesensart*) naturaleza *f*

artig *adj* obediente

Artikel *m* <-s, -> artículo *m*

Artischocke *f* <-n> alcachofa *f*

Arznei *f* <-en>, **Arzneimittel** *nt* medicamento *m*

Arzt, Ärztin *m, f* <-es, Ärzte; -nen> médico, -a *m, f*

Asche *f* ceniza *f*; **Aschenbecher** *m* cenicero *m*

Asiat(in) *m(f)* <-en, -en; -nen> asiático, -a *m, f*

asiatisch *adj* asiático

Asien *nt* <-s> Asia *f*

Asphalt *m* <-(e)s, -e> asfalto *m*

Assistent(in) *m(f)* <-en, -en; -nen> asistente *mf*

Ast *m* <-(e)s, Äste> rama *f*

Astrologie *f* astrología *f*

Asyl *nt* <-(e)s, -e> asilo *m*

Asylant(in) *m(f)* <-en, -en; -nen> asilado, -a *m, f*

Atelier *nt* <-s, -s> estudio *m*

Atem *m* <-s, *ohne pl*> aliento *m;* (*Atmung*) respiración *f;* ~ **holen** tomar aliento

Atlantik *m* <-s> Atlántico *m*

Atlas *m* <-(ses), Atlanten> atlas *m*

atmen *vi, vt* respirar

Atmosphäre *f* <-n> (*Erdatmosphäre*) atmósfera *f;* (*Stimmung*) ambiente *m*

Atom *nt* <-s, -e> átomo *m*; **Atombombe** *f* bomba *f* atómica

Attentat *nt* <-(e)s, -e> atentado *m;* **ein ~ auf jdn verüben** atentar contra (la vida de) alguien

Aubergine *f* <-n> berenjena *f*

auch *adv* también; (*sogar*) incluso; ~ **nicht** tampoco; ~ **das noch!** ¡lo que faltaba!

auf I. *präp* en; (*während*) durante; ~ **dem Tisch/dem Boden** encima de la mesa/en el suelo; ~ **Mallorca/der Post** en Mallorca/Correos II. *präp* en; (*hin zu*) a; ~ **die Erde fallen** caer al suelo; ~ **einmal** de repente; ~ **diese Weise** de esta manera III. *adv* (*offen*) abierto

auf|bauen *vt* (*errichten*) construir; (*Zelt*) montar; (*gliedern*) estructurar; (*aufmuntern*) animar

auf|blasen *vt* inflar

auf|brechen I. *vi* (*weggehen*) marcharse II. *vt* (*Schloss, Auto*) forzar

auf|drehen *vt* abrir

aufdringlich *adj* (*Person*) pesado

aufeinander *adv* (*räumlich*) uno encima del otro; (*zeitlich*) uno tras otro

aufeinander|folgen *vi* sucederse

Aufenthalt *m* <-(e)s, -e> estancia *f;* (*kurze Unterbrechung*) parada *f*

Auffahrt *f* (*Zufahrt*) entrada *f;* (*zur Autobahn*) acceso *m* a la autopista

auffällig *adj* llamativo

auf|fordern *vt* (*bitten*) pedir (a)

Aufgabe *f* (*Auftrag*) tarea *f;* (*Pflicht*) deber *m*

auf|geben I. *vi* rendirse II. *vt* (*Paket*) expedir; (*Koffer*) facturar; (*Anzeige*) poner; (*Hoffnung*) perder

auf|gehen *vi* (*Sonne*) salir; (*Tür*) abrirse

aufgeregt *adj* excitado

aufgrund *präp* a causa de

auf|halten I. *vt* (*zurückhalten*) impedir; (*Verkehr*) parar; (*stören*) molestar II. *vr*: **sich** ~ (*sein*) estar

auf|hängen I. *vt* colgar; (*Wäsche*) tender II. *vr*: **sich** ~ ahorcarse

auf|heben *vt* (*vom Boden*) recoger; (*aufbewahren*) guardar; **gut aufgehoben sein** estar en buenas manos

auf|heitern *vt* animar

auf|holen *vt* recuperar

auf|hören *vi* terminar

auf|klären I. *vt* (*Missverständnis*) poner en claro; (*Verbrechen*) esclarecer; (*belehren*) informar (**über** de/sobre) II. *vr*: **sich** ~ (*Rätsel*) resolverse

Aufkleber *m* <-s, -> pegatina *f*

Auflauf *m* (*Menschenauflauf*) gentío *m;* (*Speise*) gratinado *m*

auf|lösen I. *vt* (*Pulver*) disolver II. *vr*: **sich** ~ disolverse; (*Nebel*) disiparse

aufmerksam *adj* atento; **jdn auf jdn/etw ~ machen** llamar la atención de alguien sobre alguien/algo

auf|muntern *vt* (*fam*) reconfortar

auf|nehmen *vt* (*beginnen*) iniciar; (*auf Tonband*) grabar (**auf** en)

auf|passen *vi* (*aufmerksam sein*) tener cuidado; (*beaufsichtigen*) cuidar (**auf** a)

auf|pumpen *vt* inflar

auf|räumen *vt* arreglar

aufrecht *adj* (*gerade*) derecho; (*ehrlich*) íntegro

auf|regen *vt, vr*: **sich** ~ excitar(se) (**über** por)

aufrichtig *adj* sincero

Aufschlag *m* (*Zuschlag*) suplemento *m*

auf|schreiben *vt* apuntar

auf|stehen *vi* ponerse de pie; (*aus dem Bett*) levantarse

auf|stellen *vt* (*aufbauen*) colocar; (*Zelt*) montar

Auftrag *m* <-(e)s, -träge> (*Anweisung*) orden *f;* (*Bestellung*) pedido *m;* (*Aufgabe*) misión *f*

auf|wachen *vi* despertarse

auf|wachsen *vi* criarse

aufwärts *adv* (hacia) arriba

auf|wecken *vt* despertar

auf|zählen *vt* enumerar

Aufzug *m* ascensor *m*

Auge *nt* <-s, -n> ojo *m;* **beide ~n zudrücken** hacer la vista gorda; **unter vier ~n** a solas; **ins ~ gehen** (*fam fig*) acabar mal

Augenblick *m* momento *m*

August *m* <-(e)s, -e> agosto *m*

Auktion *f* <-en> subasta *f*

aus I. *präp* de; **er ist ~ Leipzig** es de Leipzig; **~ Erfahrung/Angst** por experiencia/miedo **II.** *adv* (*ausgeschaltet*) apagado; **von hier ~** desde aquí; **von mir ~** (*fam*) por mí

aus|bilden *vt* (*Lehrling*) formar; (*Fähigkeiten*) desarrollar

Ausbildung *f* <-en> formación *f* (profesional)

aus|brechen *vi* (*sich befreien*) escapar(se) (**aus** de); **in Tränen ~** romper a llorar

aus|breiten *vt, vr*: **sich ~** extender(se)

Ausdauer *f* perseverancia *f;* (*körperlich*) resistencia *f*

Ausdruck *m* (*Wort*) palabra *f;* (*Wendung*) expresión *f*

aus|drucken *vt* imprimir

aus|drücken I. *vt* (*äußern*) expresar; (*Zigarette*) apagar **II.** *vr*: **sich ~** expresarse

Ausfahrt *f* salida *f*

Ausflug *m* excursión *f*

ausführlich I. *adj* detallado **II.** *adv* con todo detalle

aus|füllen *vt* (*Formular*) cumplimentar; (*befriedigen*) satisfacer

Ausgang *m* salida *f;* (*Ergebnis*) desenlace *m*

aus|geben I. *vt* (*Geld*) gastar (**für** en) **II.** *vr*: **sich ~** hacerse pasar (**als/für** por)

ausgebucht *adj* completo

ausgefallen *adj* extravagante

aus|gehen *vi* salir (a divertirse); (*erlöschen*) apagarse; (*enden*) acabar; **davon ~, dass ...** partir de la base de que...

ausgezeichnet *adj* excelente

Ausguss[RR] *m* pila *f*

aus|halten *vt* soportar

Aushang *m* anuncio *m*

Aushilfe *f* auxiliar *mf*

aus|kennen *vr*: **sich ~** conocer bien (**mit/in**); (*in einem Fach*) estar versado (**in/mit** en)

aus|kommen *vi* (*sich vertragen*) entenderse; (*zurechtkommen*) arreglarse

Auskunft *f* <-künfte> información *f*

Ausland *nt* (país *m*) extranjero *m*

Ausländer(in) *m(f)* <-s, -; -nen> extranjero, -a *m, f*

ausländisch *adj* extranjero

aus|leeren *vt* (*Gefäß*) vaciar; (*Flüssigkeit*) verter

aus|leihen *vt* (*verleihen*) prestar; (*sich borgen*) tomar prestado

aus|machen *vt* (*vereinbaren*) concertar; (*fam: ausschalten*) apagar

Ausmaß *nt* dimensión *f*

Ausnahme *f* <-n> excepción *f;* **mit ~ von ...** a excepción de...

ausnahmsweise *adv* excepcionalmente

aus|nutzen *vt* (*Gelegenheit*) aprovechar; (*Notlage*) aprovecharse (de)

aus|packen *vt* (*Koffer*) deshacer; (*Geschenk*) desenvolver

Auspuff *m* <-(e)s, -e> escape *m*

aus|rauben *vt* desvalijar

aus|räumen *vt* vaciar; (*Missverständnis*) arreglar; (*Zweifel*) disipar

aus|rechnen *vt* calcular

Ausrede *f* pretexto *m*

aus|reichen *vt* bastar

aus|reißen I. *vi* (*fam*) escapar(se) **II.** *vt* arrancar

aus|ruhen *vi, vr*: **sich ~** descansar

Ausrüstung *f* equipo *m*

aus|rutschen *vi* resbalar

aus|schalten *vt* (*Licht*) apagar

aus|schlafen I. *vi, vr*: **sich ~** dormir a su gusto **II.** *vt*: **seinen Rausch ~** dormir la mona

Ausschlag *m* (MED) erupción *f* cutánea

aus|schließen *vt* excluir; (*aus einer Gemeinschaft*) expulsar (**aus** de)

ausschließlich I. *adv* únicamente **II.** *präp* con exclusión de

aus|schneiden *vt* recortar (**aus** de)

Ausschnitt *m* (*Teil*) parte *f;* (*bei Kleidung*) escote *m*

aus|schütten *vt* (*Flüssigkeit*) verter; (*Dividende*) repartir

aus|sehen *vi* parecer; **gut ~** tener buen aspecto; (*Person*) estar guapo; **es sieht nach Regen aus** parece que va a llover

Aussehen *nt* <-s, *ohne pl*> aspecto *m*

außen *adv* fuera; **von ~** por fuera

außer I. *präp* fuera de; (*bis auf*) a excepción de; (*abgesehen von*) aparte de; **~ Atem** sin aliento; **~ sich** *dat* **sein** estar fuera de sí **II.** *konj* excepto; **~ dass** excepto que *+subj;* **~ wenn** excepto si

außerdem *adv* además

äußere(r, s) *adj* exterior

außergewöhnlich *adj* excepcional

außerhalb *präp o adv* fuera (de)

äußern I. *vt* expresar **II.** *vr*: **sich ~** (*seine Meinung sagen*) pronunciarse; (*sich zeigen*) mostrarse

außerordentlich I. *adj* extraordinario **II.** *adv*

(*sehr*) sumamente
äußerst *adv* muy
Äußerung *f* <-en> declaración *f*
Aussicht *f* vista *f* (**auf** de); (*Zukunftsaussicht*) perspectiva *f* (**auf** de); **aussichtslos** *adj* inútil
aus|sprechen I. *vi* terminar (la frase) **II.** *vt* pronunciar; (*Lob*) expresar **III.** *vr*: **sich** ~ desahogarse (**bei** con); (*befürworten*) abogar (**für** por)
aus|steigen *vi* bajar (**aus** de)
Ausstellung *f* exposición *f*
Ausstrahlung *f* carisma *m*
aus|suchen *vt* escoger
aus|tauschen *vt* cambiar; (*Erfahrungen*) intercambiar
ausverkauft *adj* agotado, vendido
Auswahl *f* (*Angebot*) surtido *m;* (*Wahl*) selección *f*
aus|wählen *vt* escoger
aus|wandern *vi* emigrar (**nach** a)
auswärts *adv* fuera (de casa)
aus|wechseln *vt* (re)cambiar
Ausweg *m* salida *f*
aus|weichen *vi*: **jdm** ~ hacer sitio a alguien; **etw** *dat* ~ (*fig*) evitar algo; **eine ~de Antwort geben** responder con una evasiva
Ausweis *m* <-es, -e> documento *m;* (*Personalausweis*) documento *m* nacional de identidad
Ausweispapiere *ntpl* documentación *f*
aus|ziehen I. *vi* mudarse **II.** *vt* (*Kleidung*) quitar **III.** *vr*: **sich** ~ desnudarse
Auto *nt* <-s, -s> coche *m;* (**mit dem**) ~ **fahren** ir en coche; **Autobahn** *f* autopista *f*; **Autofahrer(in)** *m(f)* conductor(a) *m(f)*
automatisch *adj* automático

B b

Baby *nt* <-s, -s> bebé *m*
Bach *m* <-(e)s, Bäche> arroyo *m*
backen *vt* hacer (en el horno)
Backofen *m* horno *m*
Bad *nt* <-(e)s, Bäder> baño *m*; **Badeanzug** *m* traje *m* de baño; **Badehose** *f* bañador *m*
baden *vi, vt* bañar(se)
Badewanne *f* bañera *f*; **Badezimmer** *nt* cuarto *m* de baño
Bahn *f* <-en> (*Zug*) tren *m*; **Bahnhof** *m* estación *f* (de ferrocarril); **Bahnsteig** *m* <-(e)s, -e> andén *m*
Bakterie *f* <-n> bacteria *f*
bald <eher, am ehesten> *adv* pronto; **so ~ wie möglich** cuanto antes
Balearen *pl*: **die** ~ las Baleares
Balkon *m* <-s, -e *o* -s> balcón *m*
Ball *m* <-(e)s, Bälle> (*Spielzeug*) pelota *f;* (*Tanzball*) baile *m*
Ballon *m* <-s, -s *o* -e> (AERO) globo *m*
Banane *f* <-n> plátano *m*, banana *f* AM
Band[1] *m* <-(e)s, Bände> (*Buch*) tomo *m*
Band[2] *nt* <-(e)s, Bänder> cinta *f;* **am laufenden** ~ (*fam*) continuamente
Bank[1] *f* <Bänke> (*Sitzbank*) banco *m*
Bank[2] *f* <-en> (*Kreditinstitut*) banco *m*
bar *adj*: **etw** (**in**) ~ **bezahlen** pagar algo al contado
Bär *m* <-en, -en> oso *m*
barfuß *adj* descalzo
Bargeld *nt* dinero *m* al contado
Bart *m* <-(e)s, Bärte> barba *f*
Basis *f* <Basen> base *f*
Batterie *f* <-n> pila *f;* (AUTO) batería *f*
Bauch *m* <-(e)s, Bäuche> vientre *m*; **Bauchschmerzen** *mpl* dolores *mpl* de barriga
bauen *vt* construir
Bauer, Bäuerin *m, f* <-n *o* -s, -n; -nen> campesino, -a *m, f*; **Bauernhof** *m* granja *f*
baufällig *adj* en ruina
Baum *m* <-(e)s, Bäume> árbol *m*; **Baumstamm** *m* tronco *m*; **Baumwolle** *f* algodón *m*
Baustelle *f* obras *fpl*
beängstigend *adj* alarmante
Becher *m* <-s, -> vaso *m*, tarrina *f*
Becken *nt* <-s, -> (*Waschbecken*) lavabo *m;* (*Schwimmbecken*) piscina *f*
Bedenken *ntpl* (*Zweifel*) duda *f;* **ohne** ~ sin reparos
bedenklich *adj* (*zweifelhaft*) dudoso; (*Besorgnis erregend*) preocupante

Bedeutung *f* <-en> (*Sinn*) sentido *m;* (*Wichtigkeit*) importancia *f*

Bedingung *f* <-en> condición *f;* **unter der ~, dass ...** a condición de que... *+subj*

Bedürfnis *nt* <-ses, -se> necesidad *f*

Beere *f* <-n> baya *f*

Beet *nt* <-(e)s, -e> (*Gemüsebeet*) bancal *m;* (*Blumenbeet*) arriate *m*

Befehl *m* <-(e)s, -e> orden *f*

befehlen *vi, vt* ordenar

befreundet *adj* amigo (**mit** de); **sie sind** (**eng**) **~** son amigos (íntimos)

begabt *adj* dotado

Begabung *f* <-en> talento *m*

Begeisterung *f* entusiasmo *m*

Beginn *m* <-(e)s, *ohne pl*> comienzo *m*

beginnen *vi, vt* comenzar (a)

Begriff *m* (*Ausdruck*) concepto *m;* **im ~ sein etw zu tun** estar a punto de hacer algo

Begründung *f* <-en> motivo *m,* motivación *f*

Behälter *m* <-s, -> recipiente *m*

Behandlung *f* tratamiento *m*

Behauptung *f* <-en> afirmación *f*

Behinderte(**r**) *mf* <-n, -n; -n> minusválido, -a *m, f*

Behörde *f* <-n> autoridad *f*

bei *präp*: **~ Dortmund** cerca de Dortmund; **~m Bäcker** en la panadería; **er wohnt ~ seinen Eltern** vive con sus padres; **ich habe kein Geld ~ mir** no llevo dinero encima; **~ der Arbeit** durante el trabajo

bei|bringen *vt* (*lehren*) enseñar; (*mitteilen*) decir

beichten *vi, vt* confesar(se)

beide *adj* ambos; **keiner von ~n** ninguno de los dos; **ihre ~n Schwestern** sus dos hermanas

beige *adj* beige

Beilage *f* (GASTR) guarnición *f*

Beileid *nt* pésame *m;* **jdm sein ~ ausdrücken** dar el pésame a alguien

Bein *nt* <-(e)s, -e> pierna *f;* (*eines Tieres*) pata *f*

Beispiel *nt* ejemplo *m;* **zum ~** por ejemplo

beißen *vi, vt* morder

Beitrag *m* <-(e)s, -träge> (*Mitwirkung*) contribución *f;* (*Geldbetrag*) cuota *f*

bekannt *adj* conocido; **~ geben** dar a conocer; (*veröffentlichen*) hacer público; **~ machen** hacer saber; (*öffentlich*) publicar

Bekannte(**r**) *mf* <-n, -n; -n> conocido, -a *m, f*

Beleidigung *f* <-en> ofensa *f*

beliebig *adj* cualquiera

beliebt *adj* (*Person*) apreciado; (*Thema*) popular; **sich ~ machen** hacerse querer

bellen *vi* ladrar

bemerkbar *adj* perceptible; **sich ~ machen** hacerse notar

bemerkenswert *adj* notable

Bemerkung *f* <-en> observación *f*

Benehmen *nt* <-s, *ohne pl*> comportamiento *m*

Benzin *nt* <-s, -e> gasolina *f*

bequem *adj* cómodo

Bereich *m* <-(e)s, -e> área *f;* (*Sachgebiet*) sector *m*

bereit *adj* (*fertig*) preparado; (*gewillt*) dispuesto

Bereitschaft *f* <-en> disposición *f;* **~ haben** (*Arzt*) estar de servicio; (*Apotheke*) estar de guardia

Berg *m* <-(e)s, -e> montaña *f;* (*Menge*) montón *m;* **bergab** *adv* cuesta abajo; **bergauf** *adv* cuesta arriba; **Bergsteiger**(**in**) *m(f)* <-s, -; -nen> alpinista *mf,* andinista *mf* AM; **Bergwerk** *nt* mina *f*

Bericht *m* <-(e)s, -e> informe *m*

Beruf *m* <-(e)s, -e> profesión *f*

Berufsausbildung *f* formación *f* profesional; **berufstätig** *adj*: **~ sein** trabajar

berühmt *adj* famoso (**für** por)

bescheiden *adj* modesto

Bescheinigung *f* <-en> certificado *m*

beschränkt *adj* limitado; (*dumm*) de pocas luces

Beschreibung *f* <-en> descripción *f*

Beschwerde *f* <-n> ❶ *pl* (MED) molestia *f* ❷ (*Klage*) queja *f*

beschwipst *adj* (*fam*) achispado

Besen *m* <-s, -> escoba *f*

Besitz *m* <-es, *ohne pl*> posesión *f;* (*Eigentum*) propiedad *f*

besondere(**r, s**) *adj* (*speziell*) especial; (*außergewöhnlich*) extraordinario; **nichts Besonderes** nada de particular

besonders *adv* especialmente

besorgt *adj* preocupado (**über/wegen** por)

besser *adj* mejor; **das gefällt mir ~** eso me gusta más; **~ gehen** estar mejor; **~ werden** mejorar

bessern *vt, vr*: **sich ~** mejorar(se)

Besserung *f* mejora *f;* (*gesundheitlich*) mejoría

f; **gute ~!** ¡que se mejore!, ¡que te mejores!

Bestandteil *m* componente *m;* (*Einzelteil*) parte *f*

beste(r, s) *adj* mejor; **ich werde mein Bestes tun** haré todo lo que pueda

Besteck *nt* <-(e)s, -e> cubiertos *mpl*

bestimmt I. *adj* (*feststehend*) determinado; (*entschieden*) decidido; **niemand weiß etwas Bestimmtes** nadie sabe nada concreto **II.** *adv* (*sicherlich*) seguro

Besuch *m* <-(e)s, -e> visita *f;* **jdm einen ~ abstatten** hacer una visita a alguien

Besucher(in) *m(f)* <-s, -; -nen> visitante *mf*

beten *vi, vt* rezar

Beton *m* <-s, -s> hormigón *m*

Betrag *m* <-(e)s, -träge> importe *m*

Betrieb *m* <-(e)s, -e> (*Unternehmen*) empresa *f;* (*fam: Treiben*) tumulto *m;* **in ~ sein** estar en funcionamiento

betroffen *adj* (*von Maßnahmen*) afectado (**von** por); (*bestürzt*) consternado

betrübt *adj* (*geh*) afligido (**über** de/por)

Betrüger(in) *m(f)* <-s, -; -nen> estafador(a) *m(f)*

betrunken *adj* borracho

Bett *nt* <-(e)s, -en> cama *f;* **ins ~ gehen** ir(se) a la cama; **mit jdm ins ~ gehen** (*fam*) acostarse con alguien; **Bettbezug** *m* funda *f* de edredón; **Bettdecke** *f* (*Federbett*) edredón *m*

betteln *vi* mendigar

Bettler(in) *m(f)* <-s, -; -nen> mendigo, -a *m, f*

Bettzeug *nt* (*fam*) ropa *f* de cama

beugen *vr:* **sich ~** inclinarse (**über** sobre); (*sich fügen*) someterse (a)

Beule *f* <-n> (*Verletzung*) chichón *m;* (*Delle*) abolladura *f*

Beutel *m* <-s, -> bolsa *f*

Bevölkerung *f* <-en> población *f*

bevor *konj* antes de *+inf*, antes de que *+subj*

Bewegung *f* <-en> movimiento *m*

Beweis *m* <-es, -e> prueba *f*

Bewohner(in) *m(f)* <-s, -; -nen> habitante *mf*

bewölkt *adj* nuboso

Bewunderung *f* admiración *f*

bewusst[RR] **I.** *adj* (*wissend*) consciente; (*absichtlich*) intencionado; (**sich** *dat*) **~ machen** concienciar(se); **sich** *dat* **etw** *gen* **~ sein/werden** ser consciente/tomar conciencia de algo **II.** *adv* (*absichtlich*) a propósito; (*überlegt*) conscientemente; **bewusstlos**[RR] *adj* sin conocimiento

Bezahlung *f* (*Lohn*) paga *f;* **gegen ~** por dinero

Bezeichnung *f* denominación *f*

Beziehung *f* <-en> relación *f;* (*Hinsicht*) aspecto *m;* **beziehungsweise** *konj* (*genauer gesagt*) mejor dicho; (*oder, und*) respectivamente

Bezug *m* (*Überzug*) funda *f;* **in ~ auf** (con) respecto a

BH *m* <-s, -s> (*fam*) *Abk. von* **Büstenhalter** sujetador *m*

Bibel *f* <-n> Biblia *f*

Bibliothek *f* <-en> biblioteca *f*

biegen I. *vi:* **um die Ecke ~** doblar la esquina **II.** *vt, vr* **sich ~** doblar(se)

Biene *f* <-n> abeja *f*

Bier *nt* <-(e)s, -e> cerveza *f*

Bikini *m* <-s, -s> biquini *m*

Bild *nt* <-(e)s, -er> (*Gemälde*) cuadro *m;* (TV) imagen *f;* (FOTO) foto *f;* (*Vorstellung*) idea *f*

bilden *vt, vr:* **sich ~** (*a. geistig*) formar(se)

Bildschirm *m* pantalla *f*

Bildung *f* (*a. geistig*) formación *f*

Billard *nt* <-s, *ohne pl*> billar *m*

billig *adj* barato

billigen *vt* aprobar

Binde *f* <-n> (*Verband*) venda *f;* (*Monatsbinde*) compresa *f*

binden I. *vt* atar **II.** *vr:* **sich ~** comprometerse (**an** a)

Bioladen *m* (*fam*) tienda *f* de productos naturales

Biologie *f* biología *f*

biologisch *adj* biológico

Biomüll *m* basura *f* orgánica

Birne *f* <-n> pera *f;* (*Glühbirne*) bombilla *f*

bis I. *präp* hasta; **von Freitag ~ Sonntag** de viernes a domingo; **~ auf** excepto; **~ zu** como máximo **II.** *konj* hasta *+inf*, hasta que *+subj*

bisexuell *adj* bisexual

bisher *adv* hasta ahora

bisschen[RR] *adj:* **ein ~** un poco

bissig *adj* (*Hund*) mordedor; (*Bemerkung*) mordaz

bitte *adv* por favor; (**wie**) **~?** ¿cómo dice?; **~ schön** de nada

Bitte *f* <-n> ruego *m;* **ich habe eine ~ an dich** quisiera pedirte un favor

bitten *vt* pedir (**um**); **er bat um Verzeihung** pidió disculpas

bitter *adj* amargo; **~e Armut** extremada pobreza

blank *adj* (*glänzend*) reluciente; (*unbedeckt*) desnudo; **ich bin völlig ~** (*fam*) estoy sin blanca

Blase *f* <-n> (*Luftblase*) burbuja *f;* (*Hautblase*) ampolla *f;* (*Harnblase*) vejiga *f*

blasen *vi* soplar

blass[RR] *adj* pálido

Blatt *nt* <-(e)s, Blätter> (*a.* BOT) hoja *f*

Blätterteig *m* hojaldre *m*

blau *adj* azul; (*Lippen*) amoratado; (*fam: betrunken*) borracho; **~es Auge** ojo morado; **~er Fleck** moratón *m*

Blaulicht *nt* sirena *f*

bleiben *vi* quedarse; **hängen ~** (*Wissen*) quedar en la memoria; **an etw hängen ~** engancharse en algo; **gleich ~** no cambiar; **liegen ~** (*Person*) quedarse tumbado; (*Arbeit*) quedar sin hacer; **offen ~** (*Tür*) quedar abierto; **stehen ~** quedarse de pie; (*anhalten*) detenerse

bleich *adj* pálido

Bleistift *m* lápiz *m*

blenden I. *vt* (*beeindrucken*) deslumbrar **II.** *vi, vt* (*blind machen*) cegar

Blick *m* <-(e)s, -e> mirada *f;* (*Aussicht*) vista *f;* **auf den ersten ~** a primera vista

blind *adj* ciego; **~ werden** perder la vista

Blinddarmentzündung *f* apendicitis *f*

Blinker *m* <-s, -> (AUTO) intermitente *m*

Blitz *m* <-es, -e> (METEO) rayo *m;* (FOTO) flash *m*

Blödsinn *m* (*fam*) disparate *m*

blond *adj* rubio

bluffen *vi* fanfarronear

Blume *f* <-n> flor *f*

Blumenkohl *m* coliflor *f*; **Blumenstrauß** *m* <-es, -sträuße> ramo *m* de flores

Bluse *f* <-n> blusa *f*

Blut *nt* <-(e)s, *ohne pl*> sangre *f*; **Blutdruck** *m* tensión *f* arterial

bluten *vi* sangrar

Blutgruppe *f* grupo *m* sanguíneo

Blutwurst *f* morcilla *f*

Boden *m* <-s, Böden> (*Erdboden*) tierra *f;* (*Fußboden*) suelo *m;* (*Gebiet*) territorio *m;* (*von Gefäß, Meer*) fondo *m*; **Bodenschätze** *mpl* riquezas *fpl* naturales

Bogen *m* <-s, -> (*Kurve*) curva *f;* (*Waffe, a.* ARCHIT) arco *m*

Bohne *f* <-n> judía *f;* (*Kaffeebohne*) grano *m* de café

bohren *vt*: **ein Loch ~** hacer un agujero; **in der Nase ~** meterse el dedo en la nariz

Boje *f* <-n> boya *f*

Bombe *f* <-n> bomba *f*

Bonbon *m o nt* <-s, -s> caramelo *m*

Boot *nt* <-(e)s, -e> barca *f*

Bord *m*: **an ~** a bordo; **über ~ gehen** caer por la borda; **von ~ gehen** desembarcar

Bordell *nt* <-s, -e> burdel *m*

Bordstein *m* bordillo *m*

bösartig *adj* malvado; (*Bemerkung*) malicioso

böse *adj* malo; (*verärgert*) enfadado (**auf** con); **das sieht ~ aus** eso tiene mal aspecto

boshaft *adj* malvado

Bosheit *f* <-en> maldad *f*

Boss[RR] *m* <-es, -e> jefe *m*

Botschaft *f* <-en> (POL) embajada *f;* (*geh: Nachricht*) mensaje *m*

braten *vt* asar; (*in der Pfanne*) freír

Braten *m* <-s, -> asado *m*

Bratwurst *f* salchicha *f* frita

Brauch *m* <-(e)s, Bräuche> costumbre *f*

brauchen *vt* necesitar

Brauerei *f* <-en> fábrica *f* de cerveza

braun *adj* marrón; (*Teint*) moreno

Braut *f* <Bräute> novia *f*

Bräutigam *m* <-s, -e> novio *m*

brav *adj* bueno, bien educado

brechen I. *vi* ❶ (*zerbrechen*) romperse ❷ (*fam: erbrechen*) vomitar **II.** *vt* romper; (*Rekord*) batir; (*Gesetz*) infringir; **in Stücke ~** romper en pedazos; **sein Wort ~** faltar a su palabra

Brei *m* <-(e)s, -e> (*für Kinder*) papilla *f*

breit *adj* ancho; (*ausgedehnt*) amplio

Breite *f* <-n> anchura *f*

Bremse *f* <-n> (AUTO) freno *m;* (ZOOL) tábano *m*

bremsen *vi, vt* frenar

Bremslicht *nt* luz *f* de freno

brennen I. *vi* arder; (*Licht*) estar encendido **II.** *vt* (*Schnaps*) destilar

Brennnessel[RR] *f* ortiga *f*

Brett *nt* <-(e)s, -er> tabla *f;* (*Spielbrett*) tablero *m*

Brief *m* <-(e)s, -e> carta *f*; **Brieffreund(in)** *m(f)* amigo, -a *m, f* por correspondencia; **Briefkasten** *m* buzón *m*; **Briefmarke** *f* sello *m,* estampilla *f* AM; **Briefpapier** *nt* papel *m* de cartas; **Briefträger(in)** *m(f)* cartero, -a *m, f*; **Briefumschlag** *m* sobre *m*

Brille *f* <-n> gafas *fpl*; **Brillengestell** *nt* mon-

tura *f* de las gafas
bringen *vt* (*herbringen*) traer; (*hinbringen*) llevar; **etw in Ordnung** ~ poner algo en orden; **Glück** ~ traer buena suerte; **jdn aus dem Konzept** ~ confundir a alguien; **ein Kind zur Welt** ~ dar a luz un niño; **etw hinter sich** ~ conseguir terminar algo; **jdn um den Verstand** ~ volver loco a alguien
Brokkoli *pl* brécol *m*
Brombeere *f* (zarza)mora *f*
Broschüre *f* <-n> folleto *m*
Brot *nt* <-(e)s, -e> pan *m*
Brötchen *nt* <-s, -> panecillo *m*
Bruch *m* <-(e)s, Brüche> rotura *f;* (*Knochenbruch*) fractura *f;* (*Eingeweidebruch*) hernia *f;* **zu** ~ **gehen** hacerse añicos
Brücke *f* <-n> puente *m*
Bruder *m* <-s, Brüder> hermano *m*
Brühe *f* <-n> (GASTR) caldo *m;* (*fam: Schmutzwasser*) agua *f* sucia
brüllen *vi* gritar
Brunnen *m* <-s, -> pozo *m;* (*Springbrunnen*) fuente *f*
Brust *f* <Brüste> pecho *m;* (*Geflügelbrust*) pechuga *f*
brutal *adj* brutal
brüten *vi* empollar; (*nachgrübeln*) meditar (**über** sobre)
brutto *adv* bruto
Buch *nt* <-(e)s, Bücher> libro *m*
Bücherei *f* <-en> biblioteca *f*
Buchhandlung *f* librería *f*
Buchstabe *m* <-n(s), -n> letra *f*
Bucht *f* <-en> bahía *f*
bücken *vr:* **sich** ~ agacharse
Bügelbrett *nt* tabla *f* de planchar; **Bügeleisen** *nt* plancha *f*
bügeln *vi, vt* planchar
Bühne *f* <-n> escenario *m*
Bulle *m* <-n, -n> toro *m;* (*fam abw: Polizist*) madero *m*
Bundesland *nt* estado *m* federal; **Bundesrepublik** *f:* ~ **Deutschland** República *f* Federal de Alemania; **Bundeswehr** *f* ejército *m* de la República Federal de Alemania
bunt *adj* de varios colores
Burg *f* <-en> castillo *m*
Bürger(in) *m(f)* <-s, -; -nen> ciudadano, -a *m, f;* **Bürgermeister(in)** *m(f)* alcalde(sa) *m(f)*; **Bürgersteig** *m* <-(e)s, -e> acera *f,* vereda *f* AM
Büro *nt* <-s, -s> oficina *f*
Bürokratie *f* burocracia *f*
Bürste *f* <-n> cepillo *m*
bürsten *vt* cepillar
Bus *m* <-ses, -se> autobús *m*
Busch *m* <-(e)s, Büsche> (*Strauch*) mata *f*
Busen *m* <-s, -> pecho *m*
Busfahrer(in) *m(f)* conductor(a) *m(f)* de autobús; **Bushaltestelle** *f* parada *f* de autobuses
Bußgeld *nt* <-(e)s, -er> multa *f*
Butter *f* mantequilla *f;* **Butterbrot** *nt* (rebanada *f* de) pan *m* con mantequilla

C c

Campingplatz *m* camping *m*
Chance *f* <-n> ocasión *f* (**zu** de)
Chaos *nt* <-, *ohne pl*> caos *m*
Charakter *m* <-s, -e> carácter *m*
charmant *adj* encantador
Charterflug *m* (vuelo *m*) chárter *m*
Chef(in) *m(f)* <-s, -s; -nen> jefe, -a *m, f*
chemisch *adj* químico
China *nt* <-s> China *f*
Chip *m* <-s, -s> ❶ *pl* (GASTR) patatas *fpl* fritas ❷ (INFOR) chip *m*
Chor *m* <-(e)s, Chöre> coro *m*
Christ(in) *m(f)* <-en, -en; -nen> cristiano, -a *m, f*
christlich *adj* cristiano
chronisch *adj* crónico
circa *adv* cerca de
Computer *m* <-s, -> ordenador *m,* computadora *f* AM
Couch *f* <-s *o* -en> diván *m*
Creme *f* <-s> crema *f*

Dd

da I. *adv* (*dort*) allí; (*hier*) aquí; (*zeitlich*) entonces; **von ~ an** desde entonces; **~ sein** estar presente; (*vorrätig*) haber; **es ist niemand ~** no hay nadie **II.** *konj* (*weil*) ya que

dabei *adv* (*bei dieser Sache*) en esto; (*gleichzeitig*) a la vez; (*obgleich*) aunque; **~ sein etw zu tun** estar haciendo algo

da|bleiben *vi* quedarse (ahí)

Dach *nt* <-(e)s, Dächer> techo *m*; **Dachboden** *m* desván *m*

dadurch *adv* (*örtlich*) por allí; (*auf diese Weise*) de esta manera

dafür *adv* (*für das*) para esto; (*zum Ausgleich*) en cambio; (*im Hinblick darauf*) teniendo en cuenta que; **nichts ~ können** no tener la culpa; **ich bin ~** estoy a favor

dagegen *adv* (*räumlich*) contra ello; (*als Gegenmaßnahme*) contra; (*verglichen mit*) en comparación; (*im Gegensatz*) en cambio; **ich bin ~** estoy en contra

daheim *adv* (SÜDD) en casa

daher *adv* de ahí

dahin *adv* allí; (*Richtung*) hacia allí; **bis ~** hasta entonces

dahinten *adv* allí atrás

dahinter *adv* detrás

Dame *f* <-n> señora *f*

damit I. *adv* con ello **II.** *konj* para *+inf*, para que *+subj*

Dämmerung *f* <-en> crepúsculo *m*

Dampf *m* <-(e)s, Dämpfe> vapor *m*

danach *adv* después

daneben *adv* (*räumlich*) al lado; (*verglichen mit*) en comparación; (*außerdem*) además; **im Haus ~** en la casa de al lado

dank *präp* gracias a

Dank *m* <-(e)s, *ohne pl*> gracias *fpl*; **vielen ~!** ¡muchas gracias!

dankbar *adj* agradecido; **ich bin Ihnen sehr ~** se lo agradezco mucho

danke *interj* gracias; **~ schön!** ¡muchas gracias!

danken *vi, vt* agradecer (**für**); **nichts zu ~!** ¡no hay de qué!

dann *adv* (*danach*) luego; (*zu dem Zeitpunkt*) en aquel momento; (*unter diesen Umständen*) entonces; **bis ~!** ¡hasta luego!

daran *adv* en esto; **er war nahe ~ das zu tun** estuvo a punto de hacerlo; **er ist ~ schuld** él tiene la culpa (de esto)

darauf *adv* (*räumlich*) encima; (*zeitlich*) después; **bald ~** poco después; **das kommt ~ an** depende

Darm *m* <-(e)s, Därme> intestino *m*

darüber *adv* (*räumlich*) encima; (*über eine Angelegenheit*) sobre esto; **~ hinaus** además; **~ nachdenken** pensarlo

darum *adv* (*deshalb*) por eso; (*räumlich*) alrededor; **~ geht es mir gar nicht** no es eso lo que me importa

darunter *adv* (*räumlich*) debajo; **was versteht man ~?** ¿qué quiere decir esto?

das I. *art* el *m*, la *f* **II.** *pron* este *m*, estos *mpl*; **was ist das?** ¿qué es eso? **III.** *pron* que

dass[RR] *konj* que; **ohne ~** sin que *+subj*; **so ~** de modo que (*+subj*); **so ..., ~ ...** tan(to)... que...

dasselbe *pron* lo mismo (**wie** que)

Datei *f* <-en> fichero *m*

Daten *pl* datos *mpl*

Dattel *f* <-n> dátil *m*

Datum *nt* <-s, Daten> fecha *f*; **welches ~ haben wir heute?** ¿a qué fecha estamos hoy?

Dauer *f* duración *f*; **auf die ~** a la larga

dauern *vi* durar

Daumen *m* <-s, -> (dedo *m*) pulgar *m*

davon *adv* (*räumlich*) de aquí; (*Sache*) de esto; **nicht weit ~** no muy lejos de aquí; **das hängt ~ ab, ob ...** esto depende de si...

davor *adv* (*räumlich*) delante; (*zeitlich*) antes; (*Angelegenheit*) de esto; **kurz ~** poco antes

dazu *adv* (*außerdem*) además; (*dafür*) para esto; (*darüber*) al respecto; **was meinst du ~?** ¿qué opinas al respecto?; **das führt ~, dass ...** esto lleva a que... *+subj*

dazwischen *adv* en medio; **es liegen einige Jahre ~** hay un par de años de por medio

Dealer(in) *m(f)* <-s, -; -nen> camello *m fam*

Decke *f* <-n> manta *f*; (*Tischdecke*) mantel *m*; (*Zimmerdecke*) techo *m*

Deckel *m* <-s, -> tapa *f*

defekt *adj* defectuoso

Definition *f* <-en> definición *f*

dehnen I. *vt* estirar **II.** *vr*: **sich ~** ensancharse

Deich *m* <-(e)s, -e> dique *m*
deine(r, s) *pron* (*substantivisch*) (el) tuyo *m*, (la) tuya *f*
deinetwegen *adv* por ti; (*negativ*) por tu culpa
Delikatesse *f* <-n> exquisitez *f*
Delphin *m* <-s, -e> delfín *m*
Demokratie *f* <-n> democracia *f*
demokratisch *adj* democrático
Demonstration *f* <-en> (*Protestmarsch*) manifestación *f*
demütigen *vt* humillar
denken I. *vi* pensar (**an** en); **denk daran!** ¡recuérdalo! **II.** *vt* imaginarse; **für jdn/etw gedacht sein** ser para alguien/algo
Denkmal *nt* <-s, -mäler> monumento *m*
denn *konj* porque; **es sei ~, dass ...** a no ser que... +*subj*; **mehr ~ je** más que nunca
dennoch *adv* no obstante
Deo *nt* <-s, -s>, **Deodorant** *nt* <-s, -e *o* -s> desodorante *m*
Depression *f* <-en> depresión *f*
der, die, das <die> **I.** *art* el *m*, la *f*, los *mpl*, las *fpl* **II.** *pron* este *m*, esta *f*, estos *mpl*, estas *fpl*; **was ist das?** ¿qué es eso? **III.** *pron* que
derselbe, dieselbe, dasselbe <dieselben> *pron* el mismo, la misma, lo mismo (**wie** que)
deshalb *adv* por eso
Desinfektionsmittel *nt* desinfectante *m*
Dessert *nt* <-s, -s> postre *m*
desto *konj*: **je mehr ..., ~ mehr ...** cuanto más... (tanto) más...; **je früher, ~ besser** cuanto antes, mejor
Detail *nt* <-s, -s> detalle *m*
deutlich *adj* claro; (*eindeutig*) obvio
deutsch *adj* alemán
Deutsche(r) *mf* <-n, -n; -n> alemán, -ana *m, f*
Deutschland *nt* <-s> Alemania *f*
Dezember *m* <-(s), -> diciembre *m*
dezent *adj* discreto
Dia *nt* <-s, -s> diapositiva *f*
Diagnose *f* <-n> diagnóstico *m*
Dialekt *m* <-(e)s, -e> dialecto *m*
Diät *f* <-en> dieta *f*
dich *pron* te; (*mit Präposition*) ti
dicht *adj* denso
Dichtung *f* <-en> (TECH) junta *f*
dick *adj* gordo; **~ werden** engordar
die I. *art* la *f*, las *fpl* **II.** *pron* esta *f*, estas *fpl* **III.** *pron* que
Dieb(in) *m(f)* <-(e)s, -e; -nen> ladrón, -ona *m, f*; **Diebstahl** *m* <-(e)s, -stähle> robo *m*
dienen *vi* servir (**zu** para, **als** de)
Dienst *m* <-(e)s, -e> servicio *m*; **~ habend** (*Arzt*) de turno
Dienstag *m* martes *m*
diese(r, s) <diese> *pron* (*adjektivisch*) este *m*, esta *f*; (*substantivisch*) éste *m*, ésta *f*, esto *nt*
Diesel *m* <-(s), -> gasoil *m*; (*fam*: *Motor, Auto*) diesel *m*
dieselbe <dieselben> *pron* la misma (**wie** que)
diesmal *adv* esta vez
digital *adj* digital
Ding *nt* <-(e)s, -e> cosa *f*; **vor allen ~en** sobre todo
diplomatisch *adj* diplomático
dir *pron* te; (*mit Präposition*) ti
direkt *adj* directo
Direktor(in) *m(f)* <-s, -en; -nen> director(a) *m(f)*
Diskothek *f* <-en> discoteca *f*
Diskriminierung *f* <-en> discriminación *f*
Diskussion *f* <-en> discusión *f*
Distanz *f* <-en> distancia *f*
Disziplin *f* <-en> disciplina *f*
doch *adv* (*dennoch*) sin embargo; (*aber*) pero; (*Antwort*) sí
Doktor(in) *m(f)* <-s, -en; -nen> doctor(a) *m(f)*
Dollar *m* <-(s), -s> dólar *m*
dolmetschen I. *vi* hacer de intérprete **II.** *vt* traducir (oralmente)
Dolmetscher(in) *m(f)* <-s, -; -nen> intérprete *mf*
Dom *m* <-(e)s, -e> catedral *f*
Donau *f*: **die ~** el Danubio
Donner *m* <-s, -> trueno *m*
Donnerstag *m* jueves *m*
doof *adj* (*fam*) tonto
Doppelbett *nt* cama *f* de matrimonio
doppelt *adj* doble; **~ so viel** el doble
Doppelzimmer *nt* habitación *f* doble
Dorf *nt* <-(e)s, Dörfer> pueblo *m*
Dorn *m* <-(e)s, -en> (BOT) espina *f*
dort *adv* allí; **~ hinten** allí atrás; **dorther** *adv*: **von ~** de allí; **dorthin** *adv* hasta allí
Dose *f* <-n> caja *f*; (*Bierdose, Konservendose*) lata *f*; **Dosenöffner** *m* abrelatas *m*
Dosis *f* <Dosen> dosis *f*
Dotter *m o nt* <-s, -> yema *f*
Drache *m* <-n, -n> dragón *m*
Drachen *m* <-s, -> (*aus Papier*) cometa *f*

Draht *m* <-(e)s, Drähte> alambre *m*
dramatisch *adj* dramático
drängeln *vi, vt* (*fam*) empujar
drängen I. *vi* (*fordern*) insistir (**auf** en); **es drängt** (**nicht**) (no) corre prisa II. *vt* (*schieben*) empujar; (*antreiben*) apremiar (**zu** para que +*subj*) III. *vr*: **sich ~** apiñarse
draußen *adv* fuera; (*im Freien*) al aire libre
Dreck *m* <-(e)s, *ohne pl*> (*fam*) suciedad *f*
dreckig *adj* (*fam*) sucio; **es geht mir ~** estoy fatal
drehen I. *vt* girar; (*Zigarette*) liar; (*Film*) rodar; **den Kopf ~** volver la cabeza II. *vr*: **sich ~** girar
drei *adj* tres; **Dreieck** *nt* <-(e)s, -e> triángulo *m*; **dreihundert** *adj* trescientos; **Dreirad** *nt* triciclo *m*
dreißig *adj* treinta
dreist *adj* descarado
dreizehn *adj* trece
dringend *adj* urgente; **~ davon abraten, etw zu tun** desaconsejar seriamente de hacer algo
drinnen *adv* dentro; **ich gehe nach ~** voy adentro
Droge *f* <-n> droga *f*
Drogerie *f* <-n> droguería *f*
drohen *vi* amenazar; **er drohte einzuschlafen** era de temer que se durmiera
Drohung *f* <-en> amenaza *f*
drüben *adv* al otro lado; **da ~** allá enfrente
Druck *m* <-(e)s, Drücke> presión *f*; (*das Drucken*) impresión *f*; **jdn unter ~ setzen** presionar a alguien
drucken *vt* imprimir
drücken I. *vi, vt* apretar; (*Schalter*) pulsar; **jdm die Hand ~** estrecharle la mano a alguien II. *vr*: **sich ~** (*fam*) escaquearse (**vor** de)
Drucker *m* <-s, -> (INFOR) impresora *f*
Druckerei *f* <-en> imprenta *f*
drunter *adv* (*fam*): **es ging alles ~ und drüber** estaba todo revuelto
Dschungel *m* <-s, -> jungla *f*
du *pron 2. sg* tú; **mit jdm per ~ sein** tutear a alguien
Duft *m* <-(e)s, Düfte> aroma *m*
duften *vi* oler (**nach** a)
dulden *vt* tolerar
dumm *adj* tonto; **~es Zeug reden** decir disparates
Dummheit *f* <-en> estupidez *f*; (*Handlung*) tontería *f*
Dummkopf *m* tonto, -a *m, f*
dunkel *adj* oscuro; **es wird ~** está oscureciendo; **sich ~ an etw erinnern** acordarse vagamente de algo
Dunkelheit *f* oscuridad *f*; **bei Einbruch der ~** al anochecer
dünn *adj* (*schlank*) delgado; (*fein, zart*) fino; **sie ist sehr ~ geworden** ha adelgazado mucho
Dunst *m* <-(e)s, Dünste> (*Dampf*) vapor *m*; (*Rauch*) humo *m*; (*Nebel*) neblina *f*
durch I. *präp* por; **~ Zufall** por casualidad II. *adv* (*fam*): **es ist schon drei Uhr ~** ya son las tres pasadas; **das Fleisch ist ~** la carne está en su punto; **ich hab das Buch ~** he acabado de leer el libro; **~ und ~** completamente
Durcheinander *nt* <-s, *ohne pl*> desorden *m*; (*Verwirrung*) confusión *f*
Durchfahrt *f* paso *m*; **auf der ~ sein** estar de paso
Durchfall *m* diarrea *f*
durch|fallen *vi* (*durch eine Prüfung*) suspender (**durch**)
durchgehend *adj* (*Zug*) directo; **~ geöffnet** horario continuo
durch|halten *vi, vt* aguantar
durch|machen *vt* (*fam*: *erleiden*) sufrir
Durchsage *f* aviso *m*
durch|schneiden *vt* cortar; **in der Mitte ~** cortar por la mitad
Durchschnitt *m* promedio *m*; **im ~** por término medio
durchschnittlich I. *adj* medio; (*mittelmäßig*) mediano II. *adv* por término medio
durch|setzen *vt, vr*: **sich ~** imponer(se)
durchsichtig *adj* tra(n)sparente
dürfen *vi, vt* poder; **darf man hier rauchen?** ¿está permitido fumar aquí?; **nicht ~** no deber; **ich habe nicht gedurft** no me han dejado
Durst *m* <-(e)s, *ohne pl*> sed *f*
durstig *adj*: **~ sein** tener sed
Dusche *f* <-n> ducha *f*
duschen *vi, vt, vr*: **sich ~** duchar(se)
düster *adj* oscuro; (*Ort*) sombrío; (*Stimmung*) tétrico
Dutzend *nt* <-s, -e> docena *f*; **~e von Büchern** montones de libros

E e

Ebbe *f* <-n> marea *f* baja
eben I. *adj* (*flach*) llano **II.** *adv* (*gerade vorhin*) hace un momento
Ebene *f* <-n> (*Flachland*) llanura *f;* (*Niveau*) nivel *m*
ebenfalls *adv* asimismo
Echo *nt* <-s, -s> eco *m*
Echse *f* <-n> lagarto *m*
echt I. *adj* auténtico **II.** *adv* (*fam*) realmente
Ecke *f* <-n> (*außen*) esquina *f;* (*innen*) rincón *m*
Edelstein *m* piedra *f* preciosa
Effekt *m* <-(e)s, -e> efecto *m*
effektiv *adj* eficaz
egal *adj* igual; **das ist mir ganz ~** (*fam*) me da lo mismo
egoistisch *adj* egoísta
Ehe *f* <-n> matrimonio *m*; **Ehefrau** *f* mujer *f*; **Ehemann** *m* marido *m*; **Ehering** *m* alianza *f*
Ehre *f* <-n> honor *m*
Ehrgeiz *m* ambición *f*; **ehrgeizig** *adj* ambicioso
ehrlich *adj* sincero; **~ gesagt** a decir verdad
Ei *nt* <-(e)s, -er> huevo *m*
Eidechse *f* <-n> lagarto *m*
Eifersucht *f* celos *mpl*; **eifersüchtig** *adj* celoso (**auf** de)
Eigelb *nt* <-(e)s, -e> yema *f* (de huevo)
eigen *adj* propio; **eigenartig** *adj* raro
Eigenschaft *f* <-en> cualidad *f;* (*Merkmal*) característica *f*
eigensinnig *adj* testarudo
eigentlich I. *adj* verdadero **II.** *adv* (*tatsächlich*) en realidad; (*im Grunde genommen*) en el fondo
Eigentum *nt* <-s, *ohne pl*> propiedad *f*
Eigentümer(in) *m(f)* <-s, -; -nen> propietario, -a *m, f*
Eile *f* prisa *f;* **in ~ sein** tener prisa; **das hat keine ~** eso no corre prisa
eilig *adj* (*schnell*) rápido; (*dringend*) urgente; **es ~ haben** tener prisa
Eimer *m* <-s, -> cubo *m*
ein|atmen *vt* inspirar
Einbahnstraße *f* calle *f* de sentido único
ein|bilden *vt*: **sich** *dat* **etw ~** imaginarse algo, creerse algo
ein|brechen *vi* (*eindringen*) entrar a robar
Einbrecher(in) *m(f)* <-s, -; -nen> ladrón, -ona *m, f*
Einbruch *m* (*in Gebäude*) robo *m*
eindeutig *adj* inequívoco
Eindruck *m* impresión *f*
eineinhalb *adj* uno y medio
einerseits *adv*: **~ ..., andererseits ...** por una parte..., por la otra...
einfach I. *adj* simple; (*leicht*) fácil; (*schlicht*) sencillo; **eine ~e Fahrkarte** un billete de ida **II.** *adv* simplemente
Einfahrt *f* entrada *f*
Einfall *m* ocurrencia *f*
ein|fallen *vi* (*in den Sinn kommen*) ocurrir; (*in Erinnerung kommen*) venir a la memoria
Einfluss[RR] *m* influencia *f* (**auf** sobre); **unter dem ~ von Alkohol stehen** estar bajo los efectos del alcohol
Einführung *f* introducción *f*
Eingang *m* entrada *f*
eingebildet *adj* (*eitel*) presumido
ein|greifen *vi* intervenir (**in** en)
ein|halten *vt* respetar; (*Versprechen*) cumplir (con)
einheimisch *adj* autóctono, nativo AM; (*Produkt*) nacional
einheitlich *adj* uniforme
einig *adj*: **sich** *dat* **über etw ~ sein/werden** estar/ponerse de acuerdo sobre algo
einige(r, s) *pron* algún *m,* alguno, -a *m, f,* algunos *mpl,* algunas *fpl;* **das wird ~s kosten** esto va costar bastante
einigen *vr*: **sich ~** llegar a un acuerdo
Einigung *f* <-en> acuerdo *m;* **zu einer ~ kommen** llegar a un acuerdo
ein|kaufen *vi, vt* comprar; **~ gehen** ir de compras
Einkaufswagen *m* carrito *m* de la compra; **Einkaufszentrum** *nt* centro *m* comercial
Einkommen *nt* <-s, -> ingresos *mpl*
ein|laden *vt* invitar (**zu** a)
Einladung *f* invitación *f* (**zu** a)
ein|lassen I. *vt* dejar entrar (**in** en) **II.** *vr*: **sich mit jdm ~** mezclarse con alguien; **sich auf**

E

etw ~ dejarse meter en algo
einmal *adv* una vez; **noch** ~ otra vez; **auf** ~ de repente
einmalig *adj* (*außergewöhnlich*) excepcional; (*einzigartig*) único
ein|ordnen I. *vt* (*in Gruppen*) clasificar **II.** *vr:* **sich** ~ (AUTO) situarse en un carril; **sich falsch** ~ equivocarse de carril
ein|reden I. *vi:* **auf jdn** ~ tratar de convencer a alguien **II.** *vt* **jdm etw** ~ hacer creer algo a alguien; **sich** *dat* **etw** ~ meterse algo en la cabeza
eins *adj* uno
einsam *adj* solo; (*menschenleer*) desierto
ein|schalten *vt* (*Radio*) poner; (*Licht*) encender
ein|schätzen *vt* valorar
ein|schenken *vt* servir
ein|schlafen *vi* dormirse
ein|schließen *vt* encerrar (**in** en); (*einbeziehen*) incluir (**in** en)
einschließlich *präp o adv* inclusive
ein|schränken I. *vt* reducir; (*Freiheit*) limitar **II.** *vr:* **sich** ~ reducir los gastos
ein|schüchtern *vt* intimidar
ein|sehen *vt* (*verstehen*) comprender; (*Irrtum*) reconocer
Einspruch *m* protesta *f;* ~ **erheben** protestar
ein|steigen *vi* subir (**in** a)
ein|stellen I. *vt* (*anstellen*) contratar; (*beenden*) parar; (*regulieren*) ajustar **II.** *vr:* **sich** ~ (*sich richten nach*) adaptarse (**auf** a); (*sich vorbereiten*) prepararse (**auf** para)
eintönig *adj* monótono
Eintopf *m* potaje *m*
Eintritt *m* entrada *f;* ~ **frei!** ¡entrada libre!
einverstanden *adj* de acuerdo
Einwohner(in) *m(f)* <-s, -; -nen> habitante *mf*
Einzelfahrschein *m* billete *m* sencillo
einzeln *adv* uno por uno
Einzelzimmer *nt* habitación *f* individual
ein|ziehen I. *vi* (*in Wohnung*) instalarse (**in** en); (*Creme*) ser absorbido (**in** por) **II.** *vt* (*Kopf*) bajar
einzig *adj* único; ~ **und allein** únicamente; **ein ~es Mal** una sola vez
einzigartig *adj* único
Eis *nt* <-es, *ohne pl*> hielo *m;* (*Speiseeis*) helado *m*; **Eisdiele** *f* heladería *f*
Eisen *nt* <-s, -> hierro *m*; **Eisenbahn** *f* ferrocarril *m*
eiskalt *adj* (*a. fig*) helado; **Eiswürfel** *m* cubito *m* de hielo
eitel *adj* vanidoso
eitern *vi* supurar
Eiweiß *nt* <-es, -e> (*vom Ei*) clara *f;* (BIOL) proteína *f*
Ekel[1] *m* <-s, *ohne pl*> asco (**vor** a); ~ **erregend** asqueroso
Ekel[2] *nt* <-s, -> (*fam: Person*) asqueroso, -a *m, f*
ekelhaft *adj*, **ek(e)lig** *adj* asqueroso
ekeln *vr:* **er ekelt sich vor Ratten** las ratas le dan asco
Elefant *m* <-en, -en> elefante *m*
elegant *adj* elegante
Elektriker(in) *m(f)* <-s, -; -nen> electricista *mf*
elektrisch *adj* eléctrico
elektronisch *adj* electrónico
Element *nt* <-(e)s, -e> elemento *m*
elend *adj* miserable
Elendsviertel *nt* barrio *m* de chabolas
elf *adj* once
Eltern *pl* padres *mpl*
emotional *adj* emocional
Empfang *m* <-(e)s, -fänge> recepción *f;* (*Begrüßung*) recibimiento *m*
empfangen *vt* recibir
Empfänger(in) *m(f)* <-s, -; -nen> (*von Post*) destinatario, -a *m, f*
Empfängnisverhütung *f* anticoncepción *f*
empfehlen *vt* recomendar; **empfehlenswert** *adj* recomendable
empfinden *vt* sentir
empfindlich *adj* sensible
Ende *nt* <-s, -n> (*Endstück*) extremo *m;* (*Endpunkt*) final *m;* (*Film, Buch, zeitlich*) fin *m;* ~ **des Jahres** a fines de año; **der Film ist zu** ~ la película se ha acabado; **letzten ~s** al fin y al cabo
enden *vi* acabar
endgültig *adj* definitivo
endlich *adv* por fin
Energie *f* <-n> energía *f*
energisch *adj* enérgico
eng *adj* estrecho; (*Beziehung*) íntimo; ~ **befreundet sein** ser íntimos amigos
Engel *m* <-s, -> ángel *m*
England *nt* <-s> Inglaterra *f*
englisch *adj* inglés
engstirnig *adj* estrecho de miras

Enkel(in) *m(f)* <-s, -; -nen>, **Enkelkind** *nt* nieto, -a *m, f*

enorm *adj* enorme

Entbindung *f* parto *m*

Entdeckung *f* <-en> descubrimiento *m*

Ente *f* <-n> (ZOOL) pato *m*

entfernt *adj* distante; (*Ähnlichkeit*) vago; **300 Meter von hier ~** a 300 metros de aquí

Entfernung *f* <-en> distancia *f*

entgegengesetzt *adj* contrario; **in ~er Richtung** en sentido contrario

entlang *präp o präp o adv* a lo largo de; **am Fluss ~** a lo largo del río; **hier ~** (siguiendo) por aquí

entscheidend *adj* decisivo

Entscheidung *f* decisión *f;* **eine ~ treffen** tomar una decisión

Entschluss[RR] *m* decisión *f;* **einen ~ fassen** tomar una decisión

Entschuldigung *f* <-en> disculpa *f*

Enttäuschung *f* decepción *f*

entweder *konj*: **~ ... oder ...** o (bien)... o...

Entwicklung *f* <-en> desarrollo *m*; **Entwicklungsland** *nt* país *m* en (vías de) desarrollo

Entzündung *f* (MED) inflamación *f*

Epidemie *f* <-n> epidemia *f*

er *pron 3. sg m* él

erbärmlich *adj* miserable

Erbe[1] *nt* <-s, *ohne pl*> herencia *f*

Erbe, Erbin[2] *m, f* <-n, -n; -nen> heredero, -a *m, f*

erben *vi, vt* heredar

Erbse *f* <-n> guisante *m*, arveja *f* AM

Erdbeben *nt* terremoto *m*; **Erdbeere** *f* fresa *f*

Erde *f* tierra *f;* **auf die ~ fallen** caer al suelo

Erdgas *nt* gas *m* natural; **Erdgeschoss**[RR] *nt* planta *f* baja; **Erdnuss**[RR] *f* cacahuete *m*; **Erdöl** *nt* petróleo *m*

Erdteil *m* continente *m*

Ereignis *nt* <-ses, -se> acontecimiento *m*

erfahren *adj* experimentado

Erfahrung *f* <-en> experiencia *f;* (*praktische*) práctica *f;* **etw in ~ bringen** enterarse de algo

Erfindung *f* <-en> invención *f;* (*Produkt*) invento *m*

Erfolg *m* <-(e)s, -e> éxito *m;* **~ versprechend** prometedor; **erfolgreich** **I.** *adj* triunfante; (*Maßnahme*) eficaz **II.** *adv* con éxito

erforderlich *adj* necesario

erfreulich *adj* agradable

Ergebnis *nt* <-ses, -se> resultado *m*

erhältlich *adj* en venta

erholsam *adj* tranquilo

Erinnerung *f* <-en> (*Gedächtnis*) memoria *f;* (*Zurückdenken, Andenken*) recuerdo *m* (**an** de)

Erkältung *f* <-en> resfriado *m*

Erlaubnis *f* <-se> permiso *m*

Erlebnis *nt* <-ses, -se> vivencia *f;* (*Erfahrung*) experiencia *f*

Ernährung *f* alimentación *f*

ernst *adj* serio; (*Lage, Krankheit*) grave; **jdn/etw ~ nehmen** tomar a alguien/algo en serio

ernten *vt* (*a. fig*) cosechar

Ersatzreifen *m* rueda *f* de recambio; **Ersatzteil** *nt* (pieza *f* de) repuesto *m*

erschlagen *adj* (*fam: erschöpft*) hecho polvo; (*fassungslos*) atónito

erschrecken *vi* asustarse (**über/vor** de)

erst *adv* (*zuerst*) primero; (*zu Beginn*) al principio; (*nicht früher als*) no hasta; (*nur*) sólo

erstaunlich *adj* asombroso

erste(r, s) *adj* primero; **zum ~n Mal** por primera vez; **fürs Erste** de momento

erstklassig *adj* excelente

erträglich *adj* soportable

erwachsen *adj* adulto

Erwachsene(r) *mf* <-n, -n; -n> adulto, -a *m, f*

Erziehung *f* educación *f*

es *pron 3. sg nt* ❶ *nom* ello; (*Mensch*) él, ella ❷ *akk* lo

Esel *m* <-s, -> burro *m*

essbar[RR] *adj* comestible

essen *vi, vt* comer; **zu Mittag/Abend ~** almorzar/cenar

Essen *nt* <-s, -> comida *f*

Essig *m* <-s, -e> vinagre *m*

Esszimmer[RR] *nt* comedor *m*

Etage *f* <-n> piso *m*

Etikett *nt* <-(e)s, -e(n)> rótulo *m*

Etui *nt* <-s, -s> estuche *m*

etwa *adv* aproximadamente

etwas *pron* algo; (*ein bisschen*) un poco; **ohne ~ zu sagen** sin decir nada

euch *pron* os; (*mit Präposition*) vosotros/vosotras

Eule *f* <-n> lechuza *f*

Europa *nt* <-s> Europa *f*

Europäer(in) *m(f)* <-s, -; -nen> europeo, -a *m, f*

europäisch *adj* europeo
evangelisch *adj* evangélico
eventuell *adj* eventual
exakt *adj* exacto
Exemplar *nt* <-s, -e> ejemplar *m*
exklusiv *adj* exclusivo
exotisch *adj* exótico
Experiment *nt* <-(e)s, -e> experimento *m*
Experte, **Expertin** *m, f* <-n, -n; -nen> experto, -a *m, f*
Explosion *f* <-en> explosión *f*
extra I. *adj* (*fam: zusätzlich*) adicional; (*gesondert*) aparte II. *adv* (*gesondert*) aparte; (*zusätzlich*) extra; (*eigens*) especialmente; (*fam: absichtlich*) a propósito
extrem I. *adj* extremo II. *adv* en extremo

F

Ff

Fabrik *f* <-en> fábrica *f*
Faden *m* <-s, Fäden> hilo *m*
Fähigkeit *f* <-en> (*Begabung*) talento *m*
Fahne *f* <-n> bandera *f;* **eine ~ haben** (*fam*) apestar a alcohol
Fahrbahn *f* vía *f*
Fähre *f* <-n> ferry *m*
fahren I. *vi* (*losfahren*) salir; (*sich fortbewegen, reisen*) ir (**mit** en, **nach** a); (*verkehren*) circular II. *vt* ❶ (*Straße, Umleitung*) ir (por) ❷ (*befördern*) llevar ❸ (*steuern*) conducir
Fahrer(in) *m(f)* <-s, -; -nen> conductor(a) *m(f)*
Fahrkarte *f* billete *m,* boleto *m* AM
Fahrplan *m* horario *m*; **Fahrrad** *nt* bicicleta *f*; **Fahrstuhl** *m* ascensor *m*
Fahrt *f* <-en> viaje *m*; **Fahrtkosten** *pl* gastos *mpl* de viaje
Fahrzeug *nt* <-(e)s, -e> vehículo *m*
Fall *m* <-(e)s, Fälle> (*a.* LING) caso *m;* **auf gar keinen ~** de ninguna manera; **auf jeden ~** en cualquier caso
Falle *f* <-n> trampa *f*
fallen *vi* caer; (*sinken*) bajar; **~ lassen** (*Dinge*) dejar caer; (*Plan*) abandonar
falls *konj* si
falsch I. *adj* (*unrichtig*) incorrecto; (*verkehrt*) equivocado II. *adv* mal; **Sie sind ~ verbunden** (TEL) se ha equivocado Ud. de número; **~ parken** aparcar en lugar prohibido
Falschgeld *nt* dinero *m* falso
Falte *f* <-n> (*in Stoff*) pliegue *m;* (*Hautfalte*) arruga *f*
faltig *adj* arrugado
Familie *f* <-n> familia *f*; **Familienname** *m* apellido *m*
fanatisch *adj* fanático
fangen I. *vt* coger; (*Fisch*) pescar II. *vr:* **sich ~** (*seelisch*) dominarse
Fantasie *f* <-n> fantasía *f*
fantastisch[RR] *adj* fantástico
Farbe *f* <-n> color *m;* (*zum Anstreichen*) pintura *f*
färben *vt, vr:* **sich ~** teñir(se) (de)
Fass[RR] *nt* <-es, Fässer> barril *m*
fassen I. *vt* coger; (*festnehmen*) detener; (*Entschluss*) tomar II. *vr:* **sich ~** (*sich beruhigen*) calmarse
fast *adv* casi
fasten *vi* ayunar
faul *adj* (*verdorben*) podrido; (*träge*) perezoso
Faust *f* <Fäuste> puño *m*
Februar *m* <-(s), -e> febrero *m*
Feder *f* <-n> pluma *f;* (TECH) resorte *m*
fegen *vi, vt* barrer
fehlen *vi* faltar; **du hast mir sehr gefehlt** te he echado mucho de menos; **was fehlt dir?** ¿qué te pasa?
Fehler *m* <-s, -> (*Irrtum*) falta *f;* (*Mangel*) defecto *m;* **das war nicht dein ~** no fue culpa tuya
Feier *f* <-n> (*Fest*) fiesta *f*; **Feierabend** *m* fin *m* del trabajo; **~ haben** salir del trabajo
feiern *vt* celebrar
Feiertag *m* día *m* festivo
Feige *f* <-n> higo *m*
Feigling *m* <-s, -e> cobarde *mf*
feilschen *vi* regatear (**um**)
fein *adj* fino; (*Regen*) menudo
Feind(in) *m(f)* <-(e)s, -e; -nen> enemigo, -a *m,*

f; **sich** *dat* **jdn zum ~ machen** enemistarse con alguien

Feld *nt* <-(e)s, -er> campo *m*

Fell *nt* <-(e)s, -e> piel *f*

Felsen *m* <-s, -> roca *f*

felsig *adj* rocoso

Fenster *nt* <-s, -> ventana *f*

Ferien *pl* vacaciones *fpl*

Ferkel *nt* <-s, -> lechón *m;* (*fam: Mensch*) cochino, -a *m, f*

fern I. *adj* lejano **II.** *adv* lejos; **Fernbedienung** *f* mando *m* a distancia; **Fernglas** *nt* prismáticos *mpl*; **Fernlicht** *nt* luz *f* larga; **fern|sehen** *vi* ver la tele(visión); **Fernsehen** *nt* <-s, *ohne pl*> televisión *f*; **Fernseher** *m* <-s, -> (*fam*) tele *f*

Ferse *f* <-n> talón *m*

fertig *adj* (*beendet*) terminado; (*vollendet, bereit*) listo; (*fam: erschöpft*) rendido; **halb ~** a medio hacer; **das Essen ist ~** la comida está lista

fesseln *vt* atar; (*faszinieren*) fascinar

fest *adj* (*kompakt*) sólido; (*stabil*) robusto; (*stark*) fuerte; (*unerschütterlich*) firme; **~ schlafen** dormir profundamente; **einen ~en Wohnsitz haben** tener un domicilio fijo

Fest *nt* <-(e)s, -e> fiesta *f;* **Frohes ~!** ¡Felices Fiestas!

fest|legen I. *vt* establecer **II.** *vr:* **sich ~** comprometerse (**auf** a)

festlich *adj* de fiesta; (*feierlich*) ceremonioso

fest|nehmen *vt* detener

Festplatte *f* disco *m* duro

Festung *f* <-en> fortaleza *f*

fett *adj* (*Speisen*) graso; (*Mensch*) gordo

Fett *nt* <-(e)s, -e> grasa *f*; **fettarm** *adj* pobre en grasas

fettig *adj* grasiento; (*schmierig*) pringoso

feucht *adj* húmedo; **~ werden** humedecerse

Feuer *nt* <-s, -> fuego *m;* **~ fangen** incendiarse; **haben Sie ~?** ¿tiene fuego?; **Feuerleiter** *f* escalera *f* de incendios; **Feuerlöscher** *m* <-s, -> extintor *m* de incendios

Feuerwehr *f* <-en> cuerpo *m* de bomberos; **Feuerwehrmann** *m* <-(e)s, -männer *o* -leute> bombero *m*

Feuerwerk *nt* fuegos *mpl* artificiales; **Feuerzeug** *nt* <-(e)s, -e> mechero *m*

Fieber *nt* <-s, -> fiebre *f*; **Fieberthermometer** *nt* termómetro *m*

Film *m* <-(e)s, -e> película *f;* (FOTO) carrete *m*

filmen *vi, vt* rodar (una película)

Finale *nt* <-s, -> final *f*

finanziell *adj* financiero

finden I. *vt* encontrar; (*meinen*) opinar; **ich finde es gut, dass ...** me parece bien que... +*subj* **II.** *vr:* **das wird sich alles ~** todo se arreglará

Finger *m* <-s, -> dedo *m;* **da solltest du lieber die ~ von lassen** (*fam fig*) será mejor que no te metas en esto; **Fingernagel** *m* uña *f*

Firma *f* <Firmen> empresa *f*

Fisch *m* <-(e)s, -e> ❶ (ZOOL) pez *m;* (*Gericht*) pescado *m* ❷ *ohne pl* (ASTR) Piscis *m*

fischen *vi, vt* pescar

Fischer(in) *m(f)* <-s, -; -nen> pescador(a) *m(f)*

fit *adj* en (buena) forma

flach *adj* llano; (*Gewässer*) poco profundo

Fläche *f* <-n> superficie *f*

Flagge *f* <-n> bandera *f*

Flamme *f* <-n> llama *f*

Flasche *f* <-n> botella *f;* (*für Babys*) biberón *m*, mamadera *f* AM; (*fam: Versager*) cero *m* a la izquierda; **Flaschenöffner** *m* abrebotellas *m*

Fleck *m* <-(e)s, -e> mancha *f;* **blauer ~** moratón *m*

fleckig *adj* con manchas

Fleisch *nt* <-(e)s, *ohne pl*> carne *f*

fleißig I. *adj* aplicado **II.** *adv* con empeño

flexibel *adj* flexible

Fliege *f* <-n> mosca *f*

fliegen *vi* volar; (*Person*) ir en avión; **wann fliegt die nächste Maschine?** ¿cuándo sale el próximo avión?

fließen *vi* fluir; (*herausfließen*) salir

flirten *vi* flirtear

Flitterwochen *fpl* luna *f* de miel

Floh *m* <-(e)s, Flöhe> pulga *f*; **Flohmarkt** *m* rastro *m*

Flop *m* <-s, -s> fracaso *m*

Flöte *f* <-n> flauta *f*

fluchen *vi* soltar tacos; **auf etw ~** maldecir algo

Flucht *f* huida (**aus/vor** de)

flüchten I. *vi* huir (**aus/vor** de); (*aus dem Gefängnis*) fugarse (**aus** de) **II.** *vr:* **sich ~** refugiarse (**in** en)

Flüchtling *m* <-s, -e> refugiado, -a *m, f*

Flug *m* <-(e)s, Flüge> vuelo *m;* **die Zeit verging wie im ~(e)** el tiempo pasó volando

Flügel *m* <-s, -> (*eines Vogels, Flugzeugs*) ala *f;* (MUS) piano *m* de cola

Fluggesellschaft *f* compañía *f* aérea; **Flughafen** *m* aeropuerto *m*; **Flugplatz** *m* aeródromo *m*; **Flugzeug** *nt* <-(e)s, -e> avión *m*
Flur *m* <-(e)s, -e> pasillo *m*
Fluss[RR] *m* <-es, Flüsse> río *m*
flüssig *adj* líquido
Flüssigkeit *f* <-en> líquido *m*
flüstern *vi, vt* susurrar
Flut *f* <-en> marea *f* alta
Föhn *m* <-(e)s, -e> secador *m* de pelo
föhnen[RR] *vt* secar (con el secador)
Folge *f* <-n> consecuencia *f*; (RADIO, TV) capítulo *m*
folgen *vi* seguir, continuar; (*sich ergeben*) deducirse (**aus** de)
Folie *f* <-n> (*Plastikfolie*) plástico *m*
foltern *vt* torturar
fordern *vt* exigir; (*Rechte*) reivindicar
fördern *vt* fomentar; (*Talent*) activar; (*begünstigen*) favorecer
Forderung *f* <-en> exigencia *f*
Forelle *f* <-n> trucha *f*
Form *f* <-en> forma *f*; (*Backform*) molde *m*; **in ~ kommen/sein** ponerse/estar en forma
formal *adj* formal
Format *nt* <-(e)s, -e> formato *m*; (*Persönlichkeit*) personalidad *f*
formell *adj* formal
Formular *nt* <-s, -e> formulario *m*
forschen *vi* investigar; **nach etw ~** indagar algo
fort *adv* (*weg*) fuera; (*verschwunden*) desaparecido; (*verloren*) perdido; **er ist schon ~** ya se ha ido; **weit ~** muy lejos
fort|fahren *vi* (*wegfahren*) marcharse; (*weitermachen*) continuar
fort|pflanzen *vr*: **sich ~** reproducirse
Fortschritt *m* progreso *m*
fort|setzen *vt* continuar
Fortsetzung *f* <-en> continuación *f*
Foto *nt* <-s, -s> foto *f*; **Fotoapparat** *m* cámara *f* fotográfica
Frage *f* <-n> pregunta *f*
fragen *vi, vt, vr*: **sich ~** preguntar(se) (**nach** por)
Frankreich *nt* <-s> Francia *f*
französisch *adj* francés
Frau *f* <-en> (*a. Ehefrau*) mujer *f*; (*Anrede*) señora *f*; **Frauenarzt, -ärztin** *m, f* ginecólogo, -a *m, f*
frech *adj* impertinente
frei *adj* libre; (*in Freiheit*) en libertad; **~ lassen** (*nicht besetzen*) dejar libre; (*nicht beschreiben*) dejar en blanco
Freibad *nt* piscina *f* (descubierta)
Freiheit *f* <-en> libertad *f*
frei|lassen *vt* dejar en libertad
Freitag *m* viernes *m*
freiwillig *adj* voluntario
Freizeit *f* tiempo *m* libre; **Freizeitpark** *m* parque *m* de atracciones
fremd *adj* (*ausländisch*) extranjero; (*anderen gehörend*) ajeno; (*unbekannt*) desconocido; (*fremdartig*) extraño
Fremde(r) *mf* <-n, -n; -n> (*Unbekannter*) desconocido, -a *m, f*; **Fremdenführer(in)** *m(f)* guía *mf* turístico, -a; **Fremdenzimmer** *nt* habitación *f* de huéspedes
Fremdsprache *f* lengua *f* extranjera
fressen *vi, vt* (*Tier*) comer; (*fam: Mensch: gierig*) tragar
Freude *f* alegría *f* (**über** por)
freuen *vt, vr*: **sich ~** alegrar(se)
Freund(in) *m(f)* <-(e)s, -e; -nen> amigo, -a *m, f*; (*fester Freund*) novio, -a *m, f*
freundlich *adj* amable
Freundschaft *f* <-en> amistad *f*; **mit jdm ~ schließen** trabar amistad con alguien
Frieden *m* <-s, *ohne pl*> paz *f*; **~ schließen** hacer las paces
friedfertig *adj* pacífico; **Friedhof** *m* cementerio *m*
friedlich *adj* (*ruhig*) tranquilo
frieren *vi* ❶ (*Wasser*) helarse ❷ (*Mensch*) tener frío
frisch **I.** *adj* fresco; (*sauber*) limpio; **~e Luft schnappen** tomar aire fresco; **sich ~ machen** asearse **II.** *adv* (*eben erst*) recién; **~ gebackenes Brot** pan recién salido del horno
Friseur(in) *m(f)* <-s, -e; -nen> peluquero, -a *m, f*; **zum ~ gehen** ir a la peluquería
Frist *f* <-en> plazo *m*
Frisur *f* <-en> peinado *m*
froh *adj* (*glücklich*) feliz; (*fam: zufrieden*) contento
fröhlich *adj* alegre
fromm *adj* devoto
frontal *adj* frontal
Frosch *m* <-(e)s, Frösche> rana *f*
Frost *m* <-(e)s, Fröste> helada *f*
frostig *adj* frío
Frucht *f* <Früchte> fruto *m*; **fruchtbar** *adj* fér-

til; **Fruchtsaft** *m* zumo *m* de frutas

früh *adv* temprano; **heute ~** esta mañana; **Dienstag ~** el martes por la mañana; **um 6 Uhr ~** a las 6 de la mañana

früher *adj* (*ehemalig*) antiguo; (*vergangen*) pasado; **wir kennen uns von ~** nos conocemos de antes

Frühstück *nt* desayuno *m*

frühstücken *vi, vt* desayunar

Frust *m* <-(e)s, *ohne pl*> (*fam*) chasco *m*

fühlen I. *vi, vt* sentir; (*tasten*) palpar **II.** *vr*: **sich ~** sentirse

führen I. *vi* (*verlaufen*) llevar (**in/nach** a); **das führt doch zu nichts** esto no lleva a nada; **das führt zu weit** esto va demasiado lejos **II.** *vt* (*leiten*) dirigir; (*geleiten*) llevar

Führer[1] *m* <-s, -> (*Buch*) guía *f*

Führer(in)[2] *m(f)* <-s, -; -nen> líder *mf;* (*Fremdenführer*) guía *mf* (turístico, -a)

Führerschein *m* permiso *m* de conducir, licencia *f* AM

Führung *f* <-en> (*Besichtigung*) visita *f* (guiada); (*Leitung*) dirección *f*

füllen I. *vt* llenar (**mit** de/con); (GASTR) rellenar (**mit** de/con); (*einfüllen*) echar (**in** en); **Wein in Flaschen ~** embotellar vino **II.** *vr*: **sich ~** llenarse (**mit** de/con)

Füllung *f* <-en> (GASTR) relleno *m*

Fundbüro *nt* oficina *f* de objetos perdidos

fünf *adj* cinco; **fünfhundert** *adj* quinientos

fünfzehn *adj* quince

fünfzig *adj* cincuenta

funkeln *vi* resplandecer

Funktion *f* <-en> función *f*

für *präp* para; **~s Erste** por ahora; **ich bin ~ deine Idee** estoy a favor de tu idea; **das Für und Wider** el pro y el contra; **was ~ ...?** ¿qué...?

Furcht *f* temor *m* (**vor** a/de); **~ erregend** espantoso

furchtbar I. *adj* horroroso; (*fam*: *sehr groß*) enorme **II.** *adv* (*fam*: *sehr*) muy; **~ nett** simpatiquísimo

fürchten I. *vi, vt* temer (**um/für** por) **II.** *vr*: **sich ~** tener miedo (**vor** a/de)

füreinander *adv* (el) uno para el otro

Fuß *m* <-es, Füße> pie *m;* **zu ~** a pie

Fußball *m* fútbol *m;* (*Ball*) pelota *f* de fútbol; **Fußballspieler(in)** *m(f)* futbolista *mf*

Fußboden *m* suelo *m*

Fußgänger(in) *m(f)* <-s, -; -nen> peatón, -ona *m, f*; **Fußgängerzone** *f* zona *f* peatonal

Futter *nt* <-s, -> (*in Kleidung*) forro *m;* (*Nahrung*) comida *f*

füttern *vt* dar de comer (a)

Gg

Gabel *f* <-n> tenedor *m*

gähnen *vi* bostezar

Gang[1] *m* <-(e)s, Gänge> (*Gehweise*) (modo *m* de) andar *m;* (*Flur*) pasillo *m;* (GASTR) plato *m;* (AUTO) marcha *f*

Gang[2] *f* <-s> banda *f*

Gangster *m* <-s, -> gángster *m*

Gans *f* <Gänse> ganso *m*

ganz I. *adj* (*gesamt*) todo; (*vollständig*) completo; **eine ~e Menge** bastante **II.** *adv* totalmente; **~ und gar** completamente; **das gefällt mir ~ gut** esto me gusta bastante

gar I. *adj* (*Speise*) hecho (a punto) **II.** *adv*: **~ nichts** nada de nada

Garage *f* <-n> garaje *m*

Garantie *f* <-n> garantía *f*

Garderobe *f* <-n> (*Kleiderablage*) perchero *m;* (*im Theater*) guardarropa *m*

Gardine *f* <-n> cortina *f*

Garnele *f* <-n> gamba *f*

Garten *m* <-s, Gärten> jardín *m*

Gärtner(in) *m(f)* <-s, -; -nen> jardinero, -a *m, f*

Gas *nt* <-es, -e> (CHEM) gas *m;* **~ geben** (AUTO) acelerar; **Gasherd** *m* cocina *f* de gas

Gast *m* <-(e)s, Gäste> huésped *mf;* (*eingeladener*) invitado, -a *m, f*; **gastfreundlich** *adj* hospitalario; **Gaststätte** *f* <-n> restaurante *m*

Gebäck *nt* <-(e)s, -e> (*Teegebäck*) pastas *fpl*

Gebäude *nt* <-s, -> edificio *m*

geben I. *vt* dar **II.** *vunpers* haber; **was gibt's?**

(*fam*) ¿qué hay?; **gibt es noch Eintrittskarten?** ¿quedan todavía entradas?

Gebet *nt* <-(e)s, -e> oración *f*

gebildet *adj* culto

Gebirge *nt* <-s, -> sierra *f*

Gebot *nt* <-(e)s, -e> (*Grundsatz*) mandamiento *m;* (*Vorschrift*) precepto *m*

Gebrauchsanweisung *f* instrucciones *fpl* de uso

Gebühr *f* <-en> tasa *f*

Geburt *f* <-en> (*Entbindung*) parto *m;* (*das Geborenwerden*) nacimiento *m*; **Geburtsdatum** *nt* fecha *f* de nacimiento; **Geburtsort** *m* lugar *m* de nacimiento; **Geburtstag** *m* cumpleaños *m*

Gebüsch *nt* <-(e)s, -e> matorral *m*

Gedächtnis *nt* <-ses, -se> memoria *f*

Gedanke *m* <-ns, -n> idea *f;* **sich** *dat* (**über etw**) **~n machen** preocuparse (por algo); **in ~n vertieft** absorto en sus pensamientos; **jdn auf andere ~n bringen** distraer a alguien; **gedankenlos** *adj* (*unüberlegt*) irreflexivo

Gedicht *nt* <-(e)s, -e> poema *m*

Geduld *f* paciencia *f*

geduldig I. *adj* paciente **II.** *adv* con paciencia

geeignet *adj* (*Mensch*) apto; (*Material*) adecuado

Gefahr *f* <-en> peligro *m;* **auf eigene ~** por propia cuenta y riesgo

gefährlich *adj* peligroso

Gefallen *m* <-s, -> (*Gefälligkeit*) favor *m*

Gefängnis *nt* <-ses, -se> cárcel *f*

Geflügel *nt* <-s, *ohne pl*> (*Fleisch*) carne *f* de ave

Gefrierfach *nt* congelador *m*

Gefühl *nt* <-(e)s, -e> sensación *f;* (*seelisch*) sentimiento *m*; **gefühllos** *adj* insensible; (*hartherzig*) impasible; **gefühlvoll** *adj* sentimental; (*liebevoll*) cariñoso

gegen *präp* contra; (*verglichen mit*) en comparación con; (*zeitlich*) sobre; **~ Abend** al anochecer; **Gegensatz** *m* oposición *f;* **im ~ zu dir** a diferencia de ti

Gegenstand *m* objeto *m*

Gegenteil *nt* lo contrario; (**ganz**) **im ~!** ¡al contrario!

Gegenwart *f* presente *m;* (*Anwesenheit*) presencia *f*

Gegner(in) *m(f)* <-s, -; -nen> adversario, -a *m, f*

Gehalt[1] *m* <-(e)s, -e> (*Anteil*) contenido *m* (**an** de)

Gehalt[2] *nt* <-(e)s, -hälter> salario *m*

gehbehindert *adj* inválido

geheim *adj* secreto; **etw ~ halten** mantener algo en secreto; **etw vor jdm ~ halten** ocultar algo a alguien

Geheimnis *nt* <-ses, -se> secreto *m*; **geheimnisvoll** *adj* misterioso

gehen *vi* ir; (*weggehen*) irse; **zu Fuß ~** ir a pie; **das geht zu weit** eso pasa de la raya; **die Uhr geht** (**falsch**) el reloj anda (mal); **ich zeige dir, wie das geht** te enseño cómo se hace; **gut ~** ir bien; **vor sich ~** (*fam*) ocurrir; **worum geht's denn?** ¿de qué se trata?

Gehirn *nt* cerebro *m*; **Gehirnerschütterung** *f* <-en> conmoción *f* cerebral

Gehör *nt* <-(e)s, *ohne pl*> oído *m*

gehorsam *adj* obediente

Geisel *f* <-n> rehén *mf*; **Geiselnehmer(in)** *m(f)* <-s, -; -nen> secuestrador(a) *m(f)*

Geist *m* <-(e)s, -er> (*Gespenst*) fantasma *m;* (*Verstand*) mente *f*

geistig *adj* mental; **~ behindert** deficiente mental

geizig *adj* tacaño

Geländer *nt* <-s, -> barandilla *f*

gelassen I. *adj* sereno **II.** *adv* con calma; **~ bleiben** no perder la calma

gelb *adj* amarillo

Geld *nt* <-(e)s, *ohne pl*> dinero *m*; **Geldautomat** *m* cajero *m* automático; **Geldschein** *m* billete *m* de banco; **Geldstrafe** *f* multa *f*

Gelegenheit *f* <-en> ocasión *f* (**zu** para)

Gelenk *nt* <-(e)s, -e> articulación *f*

Geliebte(r) *mf* <-n, -n; -n> amante *mf*

Gemälde *nt* <-s, -> cuadro *m*

gemäß *präp* según

gemein *adj* (*niederträchtig*) infame

Gemeinde *f* <-n> (ADMIN) municipio *m;* (REL) parroquia *f*

gemeinsam I. *adj* común **II.** *adv* en común; **etw ~ benutzen** utilizar algo conjuntamente

Gemüse *nt* <-s, -> verdura *f*

gemütlich *adj* acogedor

Gen *nt* <-s, -e> gen(e) *m*

genau *adj* (*exakt*) exacto; (*sorgfältig*) escrupuloso; (*ausführlich*) detallado; **ich weiß nichts Genaueres darüber** no sé nada más concreto acerca de ello; ~ **das Gegenteil** justo lo contrario; **etw ~ nehmen** tomar algo al pie de la letra; ~ **genommen ist das nicht richtig** en sentido estricto esto no es correcto

genauso *adv*: ~ **gut wie** igual de bien que; ~ **viel wie** tanto como; ~ **wie** así como

Generation *f* <-en> generación *f*

genial *adj* genial

Genick *nt* <-(e)s, -e> nuca *f*

Genie *nt* <-s, -s> genio *m*

genießen *vt* disfrutar (de)

genug *adv* bastante; ~ **von etw haben** estar harto de algo

Genuss[RR] *m* <-es, -nüsse> (*Vergnügen*) placer *m;* (*Konsum*) consumo *m*

Gepäck *nt* <-(e)s, *ohne pl*> equipaje *m*

gepflegt *adj* cuidado

gerade I. *adj* recto; (*aufrecht*) derecho **II.** *adv* (*soeben*) ahora mismo; (*knapp*) justo; (*ausgerechnet*) precisamente

Gerät *nt* <-(e)s, -e> utensilio *m;* (*Apparat*) aparato *m*

geräumig *adj* espacioso

Geräusch *nt* <-(e)s, -e> ruido *m*

gerecht *adj* justo

Gerechtigkeit *f* justicia *f*

gereizt *adj* irritado

Gericht *nt* <-(e)s, -e> (*Speise*) plato *m;* (*Institution*) tribunal *m* (de justicia)

gering *adj* (*klein*) pequeño; (*wenig*) poco

gerissen *adj* (*fam*) astuto

gern(e) <lieber, am liebsten> *adv* con gusto; **sie liest** ~ le gusta leer; ~ **geschehen!** ¡no hay de qué!

Geruch *m* <-(e)s, -rüche> olor *m*

Gerücht *nt* <-(e)s, -e> rumor *m;* **ein ~ in die Welt setzen** difundir un rumor

Gerüst *nt* <-(e)s, -e> (*Baugerüst*) andamio *m*

Gesäß *nt* <-es, -e> trasero *m*

Geschäft *nt* <-(e)s, -e> negocio *m*; **Geschäftsführer(in)** *m(f)* gerente *mf*; **Geschäftsmann** *m* <-(e)s, -leute *o* -männer> hombre *m* de negocios

geschehen *vi* ocurrir

Geschenk *nt* <-(e)s, -e> regalo *m*

Geschichte *f* <-n> (*Erzählung*) cuento *m;* (HIST) historia *f*

geschickt *adj* hábil

Geschirr *nt* <-(e)s, *ohne pl*> platos *mpl,* vajilla *f*; **Geschirrtuch** *nt* paño *m* de cocina

Geschlecht *nt* <-(e)s, -er> (BIOL) sexo *m;* (LING) género *m*; **Geschlechtskrankheit** *f* enfermedad *f* venérea; **Geschlechtsverkehr** *m* relaciones *fpl* sexuales

Geschmack *m* <-(e)s, -schmäcke, *fam:* -schmäcker> (*einer Speise*) sabor *m;* (*ästhetisches Empfinden*) gusto *m*; **geschmacklos** *adj* (*Speisen*) sin sabor; (*taktlos*) de mal gusto

Geschrei *nt* <-s, *ohne pl*> griterío *m*

Geschwindigkeit *f* <-en> velocidad *f*

Geschwister *pl* hermanos *mpl*

Geschwür *nt* <-(e)s, -e> úlcera *f*

gesellig *adj* (*Mensch*) sociable

gesellschaftlich *adj* social

Gesetz *nt* <-es, -e> ley *f*

gesetzlich *adj* legal; **~er Feiertag** fiesta oficial

Gesicht *nt* <-(e)s, -er> cara *f*

gespannt *adj* (*neugierig*) curioso (**auf** por)

Gespenst *nt* <-(e)s, -er> fantasma *m*

Gespräch *nt* <-(e)s, -e> conversación *f* (**über** de/sobre)

gesprächig *adj* comunicativo, locuaz

Geständnis *nt* <-ses, -se> confesión *f*

Gestank *m* <-(e)s, *ohne pl*> hedor *m*

Geste *f* <-n> gesto *m*

gestern *adv* ayer; ~ **Abend** ayer por la noche

gestreift *adj* a rayas

gesund *adj* sano; (*heilsam*) saludable; **wieder ~ werden** recobrar la salud; **Vitamin C ist ~** la vitamina C es buena para la salud

Gesundheit *f* salud *f;* **auf Ihre ~!** ¡a su salud!

Getränk *nt* <-(e)s, -e> bebida *f*

Getreide *nt* <-s, -> cereales *mpl o fpl*

getrennt I. *adj* separado **II.** *adv* por separado; ~ **leben** vivir separados

Gewalt *f* <-en> (*Macht*) poder *m;* (*Gewalttätigkeit*) violencia *f;* (*Heftigkeit*) vehemencia *f;* **höhere ~** (caso de) fuerza mayor; **sich in der ~ haben** dominarse; **er verlor die ~ über seinen Wagen** perdió el control de su coche; ~ **anwenden** recurrir a la fuerza

Gewässer *nt* <-s, -> agua(s) *f(pl)*

Gewehr *nt* <-(e)s, -e> fusil *m*

Gewicht *nt* <-(e)s, *ohne pl*> peso *m;* (*Bedeutung*) importancia *f*

Gewinn *m* <-(e)s, -e> ganancia *f;* (*in Lotterie*) premio *m;* (*Nutzen*) provecho *m;* ~ **machen** obtener beneficios; ~ **bringend** lucrativo; (*vorteilhaft*) ventajoso

gewinnen *vi, vt* ganar (**bei** en)

Gewinner(in) *m(f)* <-s, -; -nen> ganador(a) *m(f)*

Gewissen *nt* <-s, -> conciencia *f;* **ein schlechtes ~ haben** tener mala conciencia; **gewissenhaft** *adj* concienzudo; **gewissenlos** *adj* sin escrúpulo(s)

gewissermaßen *adv* en cierto sentido

Gewissheit[RR] *f* <-en> certeza *f*

Gewitter *nt* <-s, -> tormenta *f*

gewöhnlich I. *adj* habitual; (*alltäglich*) corriente II. *adv* normalmente; **wie ~** como siempre; **für ~** normalmente

gewohnt *adj* acostumbrado; (*vertraut*) familiar

Gewürz *nt* <-es, -e> especia *f*

Gezeiten *fpl* marea *f*

Gier *f* avidez *f* (**nach** de)

gierig *adj* ávido (**nach** de); **~ essen** comer con gula

gießen I. *vt* (*Pflanzen*) regar; (*hineingießen*) echar II. *vunpers* (*fam*) llover mucho

Gift *nt* <-(e)s, -e> veneno *m*

giftig *adj* venenoso; (*fam: boshaft*) mordaz

gigantisch *adj* gigantesco

Gipfel *m* <-s, -> cumbre *f*

Gips *m* <-es, -e> yeso *m;* (MED) escayola *f*

Gitarre *f* <-n> guitarra *f*

Gitter *nt* <-s, -> reja *f*

Glanz *m* <-es, *ohne pl*> brillo *m;* (*Pracht*) esplendor *m*

glänzen *vi* brillar

glänzend I. *adj* brillante; (*fam: sehr gut*) espléndido II. *adv* de maravilla

Glas *nt* <-es, Gläser> (*Trinkgefäß*) vaso *m;* (*Material*) vidrio *m;* (*Brillenglas*) cristal *m*

glatt *adj* (*eben*) plano; (*nicht rau, nicht lockig*) liso; (*rutschig*) resbaladizo; **Glatteis** *nt* hielo *m*

Glatze *f* <-n> calva *f;* **eine ~ bekommen** quedarse calvo

Glaube *m* <-ns, *ohne pl*> (REL) fe *f* (**an** en); (*Vertrauen*) creencia *f;* (*Überzeugung*) convicción *f*

glauben *vi, vt* creer (**an** en)

gläubig *adj* creyente

glaubwürdig *adj* digno de crédito

gleich I. *adj* igual; **zur ~en Zeit** a la misma hora; **es ist mir ~, ob ...** me da lo mismo si...; **ganz ~ was er sagt** no importa lo que él diga II. *adv* (*sofort*) ahora mismo; **ich komme ~** ahora voy; **bis ~** hasta ahora; **~ hier** aquí mismo; **~ groß** del mismo tamaño

Gleichberechtigung *f* igualdad *f* de derechos

gleichen *vi* parecerse (a)

Gleichgewicht *nt* equilibrio *m*

gleichgültig *adj* indiferente (**gegenüber** a); (*unwichtig*) insignificante; **das ist mir ~** eso me da igual

gleichmäßig *adj* uniforme

gleichzeitig *adj* simultáneo

Gliedmaßen *fpl* extremidades *fpl*

glitzern *vi* centellear

global *adj* global

Glocke *f* <-n> campana *f*

Glück *nt* <-(e)s, *ohne pl*> suerte *f;* **zum ~** por suerte; **sein ~ versuchen** probar fortuna; **auf gut ~** (*fam*) a la buena de Dios

glücklich *adj* feliz; (*vom Glück begünstigt*) afortunado

glücklicherweise *adv* por suerte

Glückwunsch *m* felicitación *f;* **herzlichen ~!** ¡felicidades!; **herzlichen ~ zum Geburtstag!** ¡feliz cumpleaños!

Glühbirne *f* bombilla *f*

Glut *f* <-en> brasa *f;* (*von Zigarette*) ceniza *f* ardiente

Gnade *f* <-n> (*Milde*) clemencia *f*; **gnadenlos** *adj* sin piedad

Gold *nt* <-(e)s, *ohne pl*> oro *m*

Golf[1] *m* <-(e)s, -e> (GEO) golfo *m*

Golf[2] *nt* <-s, *ohne pl*> (SPORT) golf *m*

Golfplatz *m* campo *m* de golf

gönnen *vt* conceder de buen grado; **jdm etw nicht ~** envidiar algo a alguien; **sich** *dat* **etw ~** permitirse algo

Gott *m* <-es> Dios *m;* **um ~es willen!** ¡por (el amor de) Dios!; **~ sei Dank!** (*fam*) ¡gracias a Dios!; **leider ~es** (*fam*) por desgracia

Grab *nt* <-(e)s, Gräber> tumba *f*

graben *vi, vt* cavar

Graben *m* <-s, Gräben> fosa *f;* (*Straßengraben*) cuneta *f*

Grad *m* <-(e)s, -e> grado *m;* **bis zu einem gewissen ~** hasta cierto punto

Gramm *nt* <-s, -e> gramo *m*

Grammatik *f* <-en> gramática *f*

Granatapfel *m* (BOT) granada *f*

Gras *nt* <-es, Gräser> hierba *f*; **Grashalm** *m* paja *f*

Gräte *f* <-n> espina *f*

gratis *adv* gratis

grau *adj* gris
grauenhaft *adj*, **grauenvoll** *adj* aterrador; (*fam: unangenehm*) espantoso
grausam *adj* cruel
Grausamkeit *f* <-en> crueldad *f*
greifen I. *vi* (*fassen*) agarrar (**nach**); (*zu bestimmten Mitteln*) recurrir (**zu** a) II. *vt* (*nehmen*) coger, tomar AM
Grenze *f* <-n> frontera *f* (**zu** con) (*fig*) límite *m*
grenzen *vi* limitar (**an** con)
Grenzgebiet *nt* zona *f* fronteriza; **Grenzübergang** *m* paso *m* fronterizo
Grieß *m* <-es, -e> sémola *f*
Griff *m* <-(e)s, -e> (*Messergriff*) mango *m;* (*Henkel*) asa *f;* (*Handgriff*) maniobra *f;* **etw im ~ haben** dominar algo
Grill *m* <-s, -s> parrilla *f;* **vom ~** a la parrilla
grillen I. *vt* asar a la parrilla II. *vi* hacer una barbacoa
grinsen *vi* sonreír(se) (de forma burlona)
Grippe *f* <-n> gripe *f*
grob *adj* (*Gewebe*) basto; (*Gesichtszüge*) tosco; (*Fehler*) grave; (*ungefähr*) aproximativo; (*barsch*) basto
groß *adj* gran(de); (*hoch*) alto; (*älter*) mayor; **er ist fast zwei Meter ~** mide casi dos metros
großartig *adj* grandioso
Größe *f* <-n> (*Format*) tamaño *m;* (*Höhe*) altura *f;* (*Körpergröße*) estatura *f;* (*für Kleidung*) talla *f*
Großeltern *pl* abuelos *mpl*; **Großfamilie** *f* familia *f* numerosa; **Großmutter** *f* <-mütter> abuela *f*; **Großstadt** *f* metrópoli(s) *f*
größtenteils *adv* en su mayor parte
Großvater *m* abuelo *m*
groß|ziehen *vt* criar
großzügig *adj* generoso; (*tolerant*) tolerante
Grube *f* <-n> fosa *f*
grübeln *vi* cavilar
grün *adj* verde; **Grünanlage** *f* parque *m*
Grund *m* <-(e)s, Gründe> (*Ursache*) razón *f;* (*eines Gewässers*) fondo *m;* **auf ~ von** a causa de; **zu ~e gehen** irse a pique; **jdn zu ~e richten** arruinar a alguien; **zu ~e liegen** basarse en
gründen *vt* fundar
Grundgebühr *f* tarifa *f* básica; **Grundlage** *f* base *f*
gründlich *adj* (*sorgfältig*) cuidadoso
Grundnahrungsmittel *nt* producto *m* alimenticio básico
grundsätzlich *adv* (*immer*) por principio; (*eigentlich*) en principio
Grundstück *nt* terreno *m*
Gruppe *f* <-n> grupo *m*
Gruß *m* <-es, Grüße> saludo *m*
grüßen *vt* saludar
gültig *adj* válido
günstig *adj* favorable; (*Augenblick*) oportuno
Gurke *f* <-n> pepino *m*
Gürtel *m* <-s, -> cinturón *m*
gut <besser, am besten> I. *adj* buen(o) II. *adv* bien; **so ~ wie nichts** (*fam*) casi nada; **mach's ~!** ¡que te vaya bien!
Güterzug *m* tren *m* de carga
gutgläubig *adj* de buena fe
gutmütig *adj* bondadoso
Gutschein *m* vale *m*
Gymnastik *f* gimnasia *f*

Hh

Haar *nt* <-(e)s, -e> pelo *m;* **um ein ~** (*fam*) por los pelos; **Haarschnitt** *m* corte *m* de pelo
haben *vt* tener; **lieber ~** preferir; **ich habe kein Geld dabei** no llevo dinero; **und was habe ich davon?** ¿y qué saco yo de eso?; **was hast du?** ¿qué te pasa?; **ich hätte gerne ...** quisiera...
habgierig *adj* codicioso
hacken I. *vt* (*Holz*) partir; (*Zwiebeln*) picar II. *vi* (*Vogel*) picotear
Hackfleisch *nt* carne *f* picada
Hafen *m* <-s, Häfen> puerto *m*
haften *vi* (*kleben*) pegar (**an** a/en); (*aufkommen*) responder (**für** de/por)
Hagel *m* <-s, -> granizo *m*
hageln *vunpers* granizar
hager *adj* flaco
Hahn *m* <-(e)s, Hähne> gallo *m;* (*Wasserhahn*)

grifo *m*
Hai *m* <-(e)s, -e> tiburón *m*
Haken *m* <-s, -> gancho *m;* (*fam: Nachteil*) inconveniente *m*
halb I. *adj* medio; **eine ~e Stunde** media hora; **zum ~en Preis** a mitad de precio **II.** *adv* a medias; **~ öffnen** entreabrir; **~ so groß sein wie ...** ser la mitad de grande que...; **das ist ~ so schlimm** no es para tanto
Halbinsel *f* península *f*; **Halbjahr** *nt* semestre *m*; **halbtags** *adv*: **~ arbeiten** trabajar media jornada
Hälfte *f* <-n> mitad *f;* **meine bessere ~** (*fam*) mi media naranja

Halle *f* <-n> (*Hotelhalle*) hall *m*; **Hallenbad** *nt* piscina *f* cubierta
hallo *interj* hola
Hals *m* <-es, Hälse> cuello *m;* (*Kehle*) garganta *f;* **das hängt mir zum ~ heraus** (*fam*) estoy hasta el gorro; **Halskette** *f* collar *m*; **Halsschmerzen** *mpl* dolor *m* de garganta
Halt *m* <-(e)s, -e *o* -s> (*Stopp*) parada *f;* (*Stütze*) apoyo *m;* **~ machen** parar
haltbar *adj* (*Lebensmittel*) conservable; (*strapazierfähig*) duradero
Haltbarkeitsdatum *nt* fecha *f* de caducidad
halten I. *vi* (*anhalten*) parar; (*festsitzen*) estar fijo; (*widerstandsfähig sein*) resistir; (*Konserven*) conservarse; (*Wetter*) mantenerse; **zu jdm ~** apoyar a alguien **II.** *vt* (*festhalten*) sujetar; (*zurückhalten*) retener; (*Kontakt*) mantener; (*Versprechen*) cumplir; **halt den Mund!** (*fam*) ¡cierra el pico!; **etw/jdn für etw ~** tener algo/a alguien por algo; **was ~ Sie davon?** ¿qué le parece? **III.** *vr*: **sich ~** (*bleiben*) mantenerse; (*haltbar sein*) conservarse
Haltestelle *f* parada *f*
Haltung *f* <-en> (*Körperhaltung*) postura *f;* (*Einstellung*) posición *f*
Hammer *m* <-s, Hämmer> martillo *m*
Hand *f* <Hände> mano *f;* **an ~ von** por medio de; **Handball** *m* balonmano *m*; **Handbremse** *f* freno *m* de mano; **Handbuch** *nt* manual *m*
Handel *m* <-s, *ohne pl*> comercio *m;* (*verbotener Handel*) tráfico *m;* **im ~ sein** estar a la venta
handeln I. *vi* (*agieren*) actuar; (*Handel treiben*) comerciar (**mit** con); (*feilschen*) regatear; **von etw ~** tratar de algo **II.** *vunpers*: **sich ~** tratarse (**um** de)
Handfläche *f* palma *f* (de la mano); **Handgelenk** *nt* muñeca *f*; **Handgepäck** *nt* equipaje *m* de mano
Händler(in) *m(f)* <-s, -; -nen> comerciante *mf*
Handlung *f* <-en> acción *f;* (*von Buch, Film*) argumento *m*
Handrücken *m* dorso *m* de la mano
Handschuh *m* guante *m*; **Handschuhfach** *nt* guantera *f*
Handtasche *f* bolso *m* de mano; **Handtuch** *nt* toalla *f*; **Handwerk** *nt* oficio *m* (manual); **Handwerker(in)** *m(f)* <-s, -; -nen> trabajador(a) *m(f)* manual
Handy *nt* <-s, -s> (teléfono *m*) móvil *m*
Hang *m* <-(e)s, Hänge> (*Abhang*) pendiente *f;* (*Tendenz*) propensión *f* (**zu** a)
Hängematte *f* hamaca *f*
hängen[1] *vi* colgar (**an** de/en); **an jdm ~** querer a alguien
hängen[2] *vt* colgar
Happen *m* <-s, -> (*fam*) bocado *m*
harmlos *adj* inofensivo
harmonisch *adj* armonioso
Harn *m* <-(e)s, -e> orina *f*
hart *adj* duro; **~ werden** endurecerse; (*Mensch*) volverse duro
hartnäckig *adj* (*stur*) terco; (*ausdauernd*) tenaz
Hase *m* <-n, -n> liebre *f*
Haselnuss[RR] *f* avellana *f*
Hass[RR] *m* <-es, *ohne pl*> odio *m*
hassen *vt* odiar
hässlich[RR] *adj* feo
hastig *adj* (*eilig*) apresurado; (*überstürzt*) precipitado
hauen I. *vt* (*fam: schlagen*) sacudir **II.** *vr*: **sich ~** (*fam*) pegarse
Haufen *m* <-s, -> montón *m*
häufig I. *adj* frecuente **II.** *adv* a menudo
Hauptbahnhof *m* estación *f* central; **Haupteingang** *m* entrada *f* principal; **Hauptgericht** *nt* plato *m* principal; **Hauptsache** *f* punto *m* principal; **die ~ ist, dass ...** lo principal es que... +*subj*; **hauptsächlich** *adv* principalmente; **Hauptsaison** *f* temporada *f* alta; **Hauptstadt** *f* capital *f*
Haus *nt* <-es, Häuser> casa *f;* (*Gebäude*) edificio *m;* **nach ~e** a casa; **zu ~e** en casa; **Hausarbeit** *f* quehaceres *mpl* domésticos; **Hausfrau** *f* ama *f* de casa; **Haushalt** *m* <-(e)s, -e> (*Hausgemeinschaft*) casa *f;* (*Etat*) presu-

puesto *m;* **jdm den ~ führen** llevar(le) la casa a alguien; **Hausnummer** *f* número *m* de (la) casa; **Hausschuh** *m* zapatilla *f;* **Haustier** *nt* animal *m* doméstico; **Haustür** *f* puerta *f* de (la) casa

Haut *f* <Häute> piel *f;* **auf der faulen ~ liegen** (*fam*) estar tumbado a la bartola

Hebamme *f* <-n> comadrona *f*

heben *vt* (*hochheben*) alzar; (*steigern*) aumentar; (*verbessern*) mejorar

Heck *nt* <-(e)s, -e *o* -s> (NAUT) popa *f;* (AUTO) parte *f* trasera

Hecke *f* <-n> seto *m*

Heckscheibe *f* luneta *f* trasera

Hefe *f* <-n> levadura *f*

Heft *nt* <-(e)s, -e> cuaderno *m*

Heftpflaster *nt* tirita *f*

Heidelbeere *f* arándano *m*

heikel *adj* delicado

heilbar *adj* curable

heilen **I.** *vi* (*Wunde*) cicatrizarse; (*Verletzung*) curarse **II.** *vt* curar

heilig *adj* santo; **Heiligabend** *m* Nochebuena *f*

Heimat *f* patria *f*

heimlich **I.** *adj* secreto; (*unerlaubt*) clandestino **II.** *adv* en secreto

heimtückisch *adj* pérfido

Heimweg *m* camino *m* de regreso; **Heimweh** *nt* <-s, *ohne pl*> nostalgia *f* (**nach** de)

heiraten *vi, vt* casarse (con)

heiser *adj* ronco

heiß *adj* caliente; (*Wetter*) caluroso; **mir ist ~** tengo calor

heißen *vi* (*Namen haben*) llamarse; (*bedeuten*) significar; **was heißt „Kuss" auf Griechisch?** ¿cómo se dice "beso" en griego?; **das heißt** es decir

heiter *adj* (*fröhlich*) alegre; (*Tag, Himmel*) despejado

heizen **I.** *vi* encender la calefacción **II.** *vt* (*Raum*) calentar

Heizung *f* <-en> calefacción *f;* (*fam: Heizkörper*) radiador *m*

Hektik *f* ajetreo *m;* **nur keine ~!** ¡con calma!

hektisch *adj* inquieto

Held(in) *m(f)* <-en, -en; -nen> héroe, heroína *m, f*

helfen *vi* ayudar (**bei** en); **es hilft uns nicht, wenn ...** no nos sirve de nada, si...

hell *adj* claro; **es wird ~** amanece

Helm *m* <-(e)s, -e> casco *m*

Hemd *nt* <-(e)s, -en> camisa *f*

her *adv:* **von weit ~** de muy lejos; **komm ~!** ¡ven aquí!; **das ist schon lange ~** de eso hace ya tiempo

heraus *adv* (hacia) fuera

heraus|geben *vt* (*aushändigen*) entregar; (*Wechselgeld*) dar la vuelta

heraus|gehen *vi* salir (**aus** de); **aus sich** *dat* **~** abrirse, soltarse

herb *adj* acerbo; (*Wein*) seco; (*Kritik*) duro

Herbst *m* <-(e)s, -e> otoño *m*

Herd *m* <-(e)s, -e> cocina *f*

herein *adv* hacia dentro

Hering *m* <-s, -e> arenque *m*

Herkunft *f* origen *m*

Heroin *nt* <-s, *ohne pl*> heroína *f*

Herr *m* <-(e)n, -en> señor *m*

herrlich *adj* espléndido

herrschen *vi* dominar; (*König*) reinar (**über** en/sobre)

Herrscher(in) *m(f)* <-s, -; -nen> soberano, -a *m, f*

her|stellen *vt* producir

herum *adv* alrededor; **um ... ~** alrededor de...; **links ~** por la izquierda

herunter *adv* (hacia) abajo

herunter|fallen *vi* caerse

hervor|heben *vt* poner de relieve

hervorragend *adj* (*ausgezeichnet*) excelente

hervor|rufen *vt* provocar

Herz *nt* <-ens, -en> corazón *m;* **sich** *dat* **etw zu ~en nehmen** (*fam*) tomarse algo a pecho; **Herzanfall** *m* ataque *m* cardíaco; **Herzinfarkt** *m* infarto *m* de miocardio; **Herzklopfen** *nt:* **~ haben** sentir palpitaciones

herzlich **I.** *adj* cariñoso; (*Gruß*) cordial; **~en Dank** muchísimas gracias **II.** *adv* de todo corazón; **~ willkommen!** ¡bienvenido!; **~ gern!** ¡con mucho gusto!

hetzen **I.** *vi* ❶ (*sich beeilen*) darse prisa ❷ (*aufwiegeln*) agitar los ánimos **II.** *vt* (*jagen*) acosar; (*antreiben*) meter prisa **III.** *vr:* **sich ~** darse prisa

Heu *nt* <-(e)s, *ohne pl*> heno *m*

heute *adv* hoy; **~ Morgen/Abend** esta mañana/noche

heutzutage *adv* hoy (en) día

hier *adv* aquí; **~ entlang** por aquí; **~ bleiben** quedarse aquí

Hilfe *f* <-n> ayuda *f;* **~!** ¡socorro!; **erste ~** primeros auxilios; **~ leisten** prestar ayuda; **jdm zu ~ kommen** acudir en auxilio de alguien

hilflos *adj* (*allein*) desamparado; (*ratlos*) desorientado; (*unbeholfen*) torpe; **hilfreich** *adj* (*nützlich*) útil

hilfsbereit *adj* servicial

Himbeere *f* frambuesa *f*

Himmel *m* <-s, -> cielo *m*; **Himmelsrichtung** *f* punto *m* cardinal

hin I. *adv* (*in Richtung auf*) hacia allá; (*entlang*) a lo largo; **bis … ~** hasta…; **~ und zurück** (*Fahrkarte*) ida y vuelta; **~ und her** de un lado para otro; **~ und wieder** de vez en cuando **II.** *adj* (*fam: kaputt*) roto

hinauf *adv* (hacia) arriba; **den Fluss ~** río arriba

hinaus *adv* afuera; **wo geht es ~?** ¿por dónde se sale?; **darüber ~** aparte de esto

hindern *vt* impedir

Hindernis *nt* <-ses, -se> obstáculo *m;* **ein ~ überwinden** salvar un obstáculo

hindurch *adv* (*räumlich*) a través; (*zeitlich*) durante; **mitten ~** por el mismo medio

hinein *adv* (hacia) adentro

hin|fahren I. *vi* ir (en coche) **II.** *vt* llevar, transportar

Hinfahrt *f* (viaje *m* de) ida *f;* **Hin- und Rückfahrt** (viaje de) ida y vuelta; **auf der ~** a la ida

hin|fallen *vi* caerse

hin|gehen *vi* ir (**zu** a)

hinken *vi* cojear

hin|legen I. *vt* poner; (*Kind*) acostar **II.** *vr*: **sich ~** tumbarse (**auf** en); (*ins Bett gehen*) acostarse

hin|nehmen *vt* (*Tatsache*) aceptar; (*tolerieren*) tolerar

hin|setzen *vt, vr*: **sich ~** sentar(se)

Hinsicht *f*: **in ~ auf …** en cuanto a…; **in dieser ~** en relación a esto; **in jeder/gewisser ~** a todas luces/en cierto modo; **in finanzieller ~** con respecto al dinero

hinsichtlich *präp* en cuanto a

hinten *adv* atrás; **sich ~ anstellen** ponerse a la cola

hinter *präp o präp* detrás de; **das Schlimmste hast du schon ~ dir** ya has pasado lo peor; **~ etw kommen** (*fam*) descubrir algo

hintereinander *adv* (*räumlich*) uno detrás de otro; (*zeitlich*) uno después de otro; **vier Wochen ~** cuatro semanas seguidas

Hintergrund *m* fondo *m*

hinterhältig *adj* alevoso

hinterher *adv* (*zeitlich*) después

hinterlistig *adj* insidioso

Hintern *m* <-s, -> (*fam*) trasero *m*

Hinterrad *nt* rueda *f* trasera

hinunter *adv* (hacia) abajo

hinunter|gehen *vi* bajar

Hinweis *m* <-es, -e> indicación *f;* (*Anzeichen*) indicio *m*

hin|weisen *vi, vt* indicar (**auf**)

Hirn *nt* <-(e)s, -e> sesos *mpl*

historisch *adj* histórico

Hitze *f* calor *m*

Hitzschlag *m* insolación *f*

Hobby *nt* <-s, -s> hobby *m*

hoch <höher, am höchsten> **I.** *adj* alto; (*Preis*) elevado; **das ist drei Meter ~** tiene una altura de tres metros; **hohe Ansprüche stellen** tener grandes exigencias **II.** *adv* (hacia) arriba; (*sehr*) muy, mucho; **wenn es ~ kommt** (*fam*) como mucho

hochdeutsch *adj* alto alemán; **Hochebene** *f* meseta *f*; **Hochgebirge** *nt* alta montaña *f*; **Hochhaus** *nt* edificio *m* alto; **hoch|heben** *vt* alzar; **Hochland** *nt* altiplano *m*; **hochmütig** *adj* soberbio; (*herablassend*) desdeñoso; **Hochsaison** *f* temporada *f* alta; **Hochschule** *f* escuela *f* superior; **Hochspannung** *f* alta tensión *f*

höchstens *adv* como mucho; **~ wenn …** a no ser que… *+subj*

Höchstgeschwindigkeit *f* velocidad *f* máxima; **höchstwahrscheinlich** *adv* con toda probabilidad

Hochwasser *nt* (*eines Flusses*) crecida *f;* (*Überschwemmung*) inundación *f*

Hochzeit *f* boda *f*; **Hochzeitsreise** *f* viaje *m* de luna de miel; **Hochzeitstag** *m* aniversario *m* de boda

Hocker *m* <-s, -> taburete *m*

Hoden *m* <-s, -> testículo *m*

Hof *m* <-(e)s, Höfe> patio *m* (interior); (*Bauernhof*) granja *f*

hoffen *vi, vt* esperar; (*vertrauen*) confiar (**auf** en)

hoffentlich *adv* ojalá *+subj*

Hoffnung *f* <-en> esperanza *f*; **hoffnungslos** *adj* sin esperanza

höflich *adj* cortés

Höhe *f* <-n> altura *f;* **in die ~ gehen** (*Preise*) subir (*fam*) enfurecerse; **das ist doch die ~!**

(*fam*) ¡esto es el colmo!
Höhepunkt *m* punto *m* culminante
höher *adj kompar von* **hoch** más alto (**als** que)
hohl *adj* hueco
Höhle *f* <-n> cueva *f;* (*Tierhöhle*) madriguera *f*
Hohlraum *m* cavidad *f*
höhnisch *adj* burlón
holen *vt* (ir a) buscar; (*herbeischaffen*) traer; (*wegschaffen*) recoger; (*Arzt, Polizei*) llamar; **Luft ~** coger aire; **sich** *dat* **eine Erkältung ~** (*fam*) coger un catarro
Hölle *f* infierno *m*
holp(e)rig *adj* lleno de baches
Holz *nt* <-es, *ohne pl*> madera *f;* (*Brennholz*) leña *f*
homosexuell *adj* homosexual
Honig *m* <-s, -e> miel *f*; **Honigmelone** *f* melón *m*
Honorar *nt* <-s, -e> honorarios *m pl*
horchen *vi* escuchar (**an** en)
hören I. *vi, vt* oír; (*zuhören, hinhören*) escuchar; (*erfahren*) (llegar a) saber; **Radio ~** escuchar la radio; **nichts von sich** *dat* **~ lassen** no dar señales de vida; **von etw nichts ~ wollen** no querer saber nada de algo **II.** *vi* (*gehorchen*) obedecer; (*auf Rat*) hacer caso (**auf** a)
Hörer[1] *m* <-s, -> (TEL) auricular *m;* **den ~ abnehmen/auflegen** contestar/colgar
Hörer(in)[2] *m(f)* <-s, -; -nen> oyente *mf*
Hörgerät *nt* audífono *m*
Horizont *m* <-(e)s, -e> horizonte *m*
horizontal *adj* horizontal
Hormon *nt* <-s, -e> hormona *f*
Horn *nt* <-(e)s, Hörner> cuerno *m*; **Hornhaut** *f* callosidad *f;* (*am Auge*) córnea *f*
Horoskop *nt* <-s, -e> horóscopo *m*
Hose *f* <-n> pantalón *m;* **etw geht in die ~** (*fam*) algo sale mal
Hotel *nt* <-s, -s> hotel *m*
hübsch *adj* guapo; **sich ~ machen** ponerse guapo
Hubschrauber *m* <-s, -> helicóptero *m*
Hüfte *f* <-n> cadera *f*
Hügel *m* <-s, -> colina *f*
Huhn *nt* <-(e)s, Hühner> (*a.* GASTR) pollo *m;* (*Henne*) gallina
Hülle *f* <-n> funda *f;* **in ~ und Fülle** (*fam*) a patadas
Hülsenfrucht *f* legumbre *f*
human *adj* humano
Hummer *m* <-s, -> langosta *f*
Humor *m* <-s, *ohne pl*> humor *m*; **humorlos** *adj* sin humor; **humorvoll** *adj* lleno de humor
humpeln *vi* cojear
Hund *m* <-(e)s, -e> perro *m*
hundert *adj* cien(to)
Hunger *m* <-s, *ohne pl*> hambre *f*
hungrig *adj* hambriento
Hupe *f* <-n> bocina *f*
hupen *vi* tocar la bocina
hüpfen *vi* saltar
Hure *f* <-n> (*vulg*) puta *f*
husten *vi* toser
Husten *m* <-s, -> tos *f*; **Hustensaft** *m* jarabe *m* contra la tos
Hut *m* <-(e)s, Hüte> sombrero *m*
Hütte *f* <-n> cabaña *f*
hygienisch *adj* higiénico
hysterisch *adj* histérico

I i

ich *pron 1. sg* yo
ideal *adj* ideal
Idee *f* <-n> idea *f;* **wie kommst du auf die ~?** ¿cómo se te ocurre esto?
Idiot(in) *m(f)* <-en, -en; -nen> (*fam*) idiota *mf*
idiotisch *adj* (*fam*) idiota
ihm *pron* le; (*mit Präposition*) él
ihn *pron* lo; (*mit Präposition*) él
ihnen *pron* les; (*mit Präposition*) ellos/ellas
Ihnen *pron* le *sg*, les *pl;* (*mit Präposition*) usted *sg*, ustedes *pl*
ihr *pron* ❶ *2. pl mf* vosotros *m pl*, vosotras *f pl*, ustedes AM ❷ *dat von sg s.* **sie** le; (*mit Präposition*) ella
ihr, ihre, ihr *pron* (*adjektivisch*) su
Ihr, Ihre, Ihr *pron* (*adjektivisch*) su

ihre(r, s) *pron* (*substantivisch*) (el) suyo *m*, (la) suya *f*
Ihre(r, s) *pron* (*substantivisch*) (el) suyo *m*, (la) suya *f*, (los) suyos *mpl*
illegal *adj* ilegal
Illusion *f* <-en> ilusión *f*
Image *nt* <-(s), -s> imagen *f* (pública)
Imbiss[RR] *m* <-es, -e> piscolabis *m*
immer *adv* siempre; **er ist ~ noch nicht da** aún no ha llegado
immun *adj* inmune (**gegen** a/contra)
impfen *vt* vacunar
impulsiv *adj* impulsivo
in I. *präp* en; **~ Magdeburg** en Magdeburgo; **~ den Ferien** en las vacaciones; **im Januar** en enero **II.** *präp* a; **~ die Schweiz/~s Ausland fahren** ir a Suiza/al extranjero **III.** *adj* (*fam*): **~ sein** estar de moda
Indianer(in) *m(f)* <-s, -; -nen> indio, -a *m, f* (americano, -a)
indirekt *adj* indirecto
individuell *adj* individual
Industrie *f* <-n> industria *f*; **Industriegebiet** *nt* zona *f* industrial
industriell *adj* industrial
Infektion *f* <-en> infección *f*
Information *f* <-en> información *f* (**über** sobre)
Ingenieur(in) *m(f)* <-s, -e; -nen> ingeniero, -a *m, f*
Inhalt *m* <-(e)s, -e> contenido *m*; **Inhaltsverzeichnis** *nt* índice *m*
Initiative *f* <-n> iniciativa *f*; **die ~ ergreifen** tomar la iniciativa
inklusive *präp o adv* inclusive; **alles ~** todo incluido
Innenstadt *f* centro *m* de la ciudad
Innereien *pl* vísceras *fpl*
inoffiziell *adj* extraoficial
Insekt *nt* <-(e)s, -en> insecto *m*
Insel *f* <-n> isla *f*
Inserat *nt* <-(e)s, -e> anuncio *m*
insgesamt *adv* en total
Instinkt *m* <-(e)s, -e> instinto *m*
Institut *nt* <-(e)s, -e> instituto *m*
Instrument *nt* <-(e)s, -e> instrumento *m*
intakt *adj* intacto
intelligent *adj* inteligente
Intelligenz *f* inteligencia *f*
interessant *adj* interesante
Interesse *nt* <-s, -n> interés *m* (**an/für** en/por)
intern *adj* interno
international *adj* internacional
Internet *nt* <-s, -s> Internet *f*
intim *adj* íntimo
Invalide, Invalidin *m, f* <-n, -n; -nen> inválido, -a *m, f*
inzwischen *adv* entretanto
irgendein *pron* algún *m*, alguno, -a *m, f*; (*beliebig*) cualquier(a); **irgendetwas**[RR] *pron* algo; **ohne ~** sin nada; **irgendjemand**[RR] *pron* alguien; **irgendwann** *adv* algún día; **irgendwie** *adv* de alguna manera; **irgendwo** *adv* en alguna parte
Ironie *f* <-n> ironía *f*
ironisch *adj* irónico
irren I. *vi* errar (**durch** por) **II.** *vr*: **sich ~** equivocarse
Irrtum *m* <-s, -tümer> error *m*

Jj

ja *adv* sí
Jacke *f* <-n> chaqueta *f*
jagen *vt* cazar; (*Mensch*) perseguir
Jahr *nt* <-(e)s, -e> año *m*; **sie ist 18 ~e alt** tiene 18 años
Jahreszeit *f* estación *f* (del año)
Jahrhundert *nt* <-s, -e> siglo *m*
jährlich *adj* anual
Jahrtausend *nt* <-s, -e> milenio *m*; **Jahrzehnt** *nt* <-s, -e> década *f*
Jalousie *f* <-n> persiana *f*
jammern *vi* lamentarse (**über** de); (*klagen*) quejarse (**über** de)
Januar *m* <-(s), -e> enero *m*
jede(r, s) *pron* cada (uno/una); **auf ~n Fall** en todo caso; **ohne ~n Grund** sin ninguna

razón
jedenfalls *adv* en todo caso
jedoch *konj* sin embargo
jemals *adv* jamás
jemand *pron* alguien; ~ **anderes** otra persona
jetzt *adv* ahora; ~ **gleich** ahora mismo
joggen *vi* hacer footing
Joghurt *m o nt* <-(s), -(s)>, **Jogurt**[RR] *m o nt* <-(s), -(s)> yogur *m*
Johannisbeere *f* grosella *f*; **schwarze** ~ casis *f*
Journalist(in) *m(f)* <-en, -en; -nen> periodista *mf*
jubeln *vi* dar gritos de júbilo
Jubiläum *nt* <-s, Jubiläen> aniversario *m*
jucken *vi, vt* picar
Jude, Jüdin *m, f* <-n, -n; -nen> judío, -a *m, f*
Jugend *f* juventud *f*; **Jugendherberge** *f* albergue *m* juvenil
Jugendliche(r) *mf* <-n, -n; -n> joven *mf*
Juli *m* <-(s), -s> julio *m*
jung *adj* joven
Junge *m* <-n, -n> niño *m*; (*junger Mann*) muchacho *m*
Jungfrau *f* ❶ virgen *f* ❷ *ohne pl* (ASTR) Virgo *m*; **Junggeselle, Junggesellin** *m, f* soltero, -a *m, f*
Juni *m* <-(s), -s> junio *m*
Jura[1] *m* <-s> (*Kanton*) Jura *m*
Jura[2] (JUR) Derecho *m*; ~ **studieren** estudiar Derecho
Jury *f* <-s> jurado *m*

K k

Kabel *nt* <-s, -> cable *m*
Kabine *f* <-n> cabina *f*
Käfer *m* <-s, -> (*a.* AUTO) escarabajo *m*
Kaffee *m* <-s, -s> café *m*; ~ **kochen** hacer café; **schwarzer** ~ café solo
Käfig *m* <-s, -e> jaula *f*
Kai *m* <-s, -s> muelle *m*
Kakao *m* <-s, -s> cacao *m*; (*Getränk*) chocolate *m*
Kalbfleisch *nt* (carne *f* de) ternera *f*
Kalender *m* <-s, -> calendario *m*
Kalorie *f* <-n> caloría *f*; **kalorienarm** *adj* bajo en calorías
kalt *adj* (*a. fig*) frío; **mir ist** ~ tengo frío; **es ist** ~ hace frío
Kälte *f* frío *m*
Kamera *f* <-s> cámara *f*
Kamin *m* <-s, -e> chimenea *f*
Kamm *m* <-(e)s, Kämme> peine *m*
kämmen *vt* peinar
Kampf *m* <-(e)s, Kämpfe> lucha *f*
kämpfen *vi* luchar (**um/für** por); **mit etw zu ~ haben** tener problemas con algo
Kanalisation *f* <-en> canalización *f*; (*für Abwässer*) alcantarillado *m*
Kandidat(in) *m(f)* <-en, -en; -nen> candidato, -a *m, f*
Kaninchen *nt* <-s, -> conejo *m*
Kanne *f* <-n> jarra *f*; **volle** ~ (*fam*) a toda mecha
Kante *f* <-n> (*Rand*) borde *m*; (*Ecke*) canto *m*
Kantine *f* <-n> cantina *f*
Kanu *nt* <-s, -s> piragua *f*
Kanzler(in) *m(f)* <-s, -; -nen> canciller *mf*
Kapelle *f* <-n> (*Bau*) capilla *f*; (MUS) orquesta *f*
Kapital *nt* <-s, -e *o* -ien> capital *m*
Kapitän(in) *m(f)* <-s, -e; -nen> capitán, -ana *m, f*
Kapitel *nt* <-s, -> capítulo *m*
kaputt *adj* (*fam*) roto
Kapuze *f* <-n> capucha *f*
Karamell[RR] *m, Schweiz: nt* <-s, *ohne pl*> caramelo *m*
Karibik *f* (el) Caribe *m*
Karneval *m* <-s, -e *o* -s> carnaval *m*
Karosserie *f* <-n> carrocería *f*
Karotte *f* <-n> zanahoria *f*
Karpfen *m* <-s, -> carpa *f*
Karriere *f* <-n> carrera *f* (profesional)
Karte *f* <-n> (*Visitenkarte*) tarjeta *f*; (*Ansichtskarte*) (tarjeta *f*) postal *f*; (*Speisekarte*) carta *f* (del menú); (*Landkarte*) mapa *m*; (*Fahrkarte*) billete *m*; (*Eintrittskarte*) entrada *f*; (*Spielkarte*) carta *f*

Kartoffel *f* <-n> patata *f*, papa *f* AM
Karton *m* <-s, -s> (*Material*) cartón *m*; (*Behälter*) caja *f*
Karussell *nt* <-s, -s *o* -e> tiovivo *m*
Käse *m* <-s, -> queso *m*
Kasse *f* <-n> caja *f*; (*für Eintrittskarten*) taquilla *f*; **Kassenbon** *m* tíquet *m* de compra
Kassierer(in) *m(f)* <-s, -; -nen> cajero, -a *m, f*
Kastanie *f* <-n> (*Frucht*) castaña *f*
Kasten *m* <-s, Kästen> caja *f*
Katalog *m* <-(e)s, -e> catálogo *m*
Katastrophe *f* <-n> catástrofe *f*; (*fig*) desastre *m*
Kater *m* <-s, -> gato *m*; (*fam: Unwohlsein*) resaca *f*
Kathedrale *f* <-n> catedral *f*
katholisch *adj* católico
Katze *f* <-n> gato *m*
kauen *vi, vt* masticar; **an den Nägeln ~** comerse las uñas
kaufen *vt* comprar
Käufer(in) *m(f)* <-s, -; -nen> comprador(a) *m(f)*
Kaufhaus *nt* grandes almacenes *mpl*
Kaugummi *m o nt* <-s, -s> chicle *m*
kaum *adv* (*fast nicht*) apenas; **~ jemand** casi nadie; **es dauerte ~ drei Stunden** apenas duró tres horas
Kavalier *m* <-s, -e> caballero *m*
Kaviar *m* <-s, -e> caviar *m*
keck *adj* fresco
Kegelbahn *f* bolera *f*
kegeln *vi* jugar a los bolos
kehren *vi, vt* (*fegen*) barrer
Keilriemen *m* correa *f* trapezoidal
Keks *m* <-es, -e> galleta *f*
Keller *m* <-s, -> sótano *m*
Kellner(in) *m(f)* <-s, -; -nen> camarero, -a *m, f*
kennen *vt* conocer; **~ Sie ihren Namen?** ¿sabe cómo se llama?; **jdn ~ lernen** conocer a alguien
Kennzeichen *nt* (*Merkmal*) característica *f*; (*Markierung*) señal *f*; (AUTO) matrícula *f*; **besondere ~** rasgos distintivos
Kern *m* <-(e)s, -e> (*von Apfel, Birne*) pepita *f*; (*von Pfirsich, Pflaume*) hueso *m*; (*von Sonnenblume, Melone*) pipa *f*; **Kernkraftwerk** *nt* central *f* nuclear
Kerze *f* <-n> vela *f*
Ketchup *m o nt* <-(s), -s>, **Ketschup**[RR] *m o nt* <-(s), -s> catchup *m*
Kette *f* <-n> cadena *f*; (*Halskette*) collar *m*
kichern *vi* reírse para dentro
kidnappen *vt* secuestrar
Kiefer *m* <-s, -> mandíbula *f*
Kilogramm *nt* kilogramo *m*
Kilometer *m* kilómetro *m*
Kind *nt* <-(e)s, -er> niño, -a *m, f*; (*Nachwuchs*) hijo, -a *m, f*; **ein ~ erwarten** esperar un hijo
Kindergarten *m* guardería *f*, kindergarten *m* AM; **Kinderwagen** *m* cochecito *m* para niños; **Kinderzimmer** *nt* cuarto *m* de los niños
Kindheit *f* infancia *f*
kindisch *adj* infantil; **sich ~ benehmen** comportarse como un niño
Kinn *nt* <-(e)s, -e> barbilla *f*
Kino *nt* <-s, -s> cine *m*
Kiosk *m* <-(e)s, -e> quiosco *m*
Kirche *f* <-n> iglesia *f*
Kirsche *f* <-n> cereza *f*
Kissen *nt* <-s, -> cojín *m*; (*Kopfkissen*) almohada *f*
Kiste *f* <-n> caja *f*
kitschig *adj* cursi
kitzeln *vi, vt* hacer cosquillas
Klage *f* <-n> queja *f*
Klammer *f* <-n> (*Wäscheklammer*) pinza *f*; (*im Text*) paréntesis *m*
Klang *m* <-(e)s, Klänge> sonido *m*; (*der Stimme*) tono *m*
klappern *vi* golpetear
klar *adj* claro; **sich** *dat* **über etw ~ werden** darse cuenta de algo
klären *vt, vr*: (**sich**) **~** (*Angelegenheit*) aclarar(se)
Klasse *f* <-n> clase *f*
klatschen *vi* (*applaudieren*) aplaudir; (*fam: tratschen*) cotillear
Klavier *nt* <-s, -e> piano *m* (vertical)
kleben I. *vi* (*haften*) estar pegado; (*klebrig sein*) pringar; (*klebefähig sein*) pegar **II.** *vt* pegar (**an** a); **jdm eine ~** (*fam*) largar una bofetada a alguien
Klebstoff *m* pegamento *m*
Kleid *nt* <-(e)s, -er> vestido *m*
Kleiderbügel *m* percha *f*; **Kleiderschrank** *m* armario *m* ropero
Kleidung *f* <-en> ropa *f*
klein *adj* pequeño; (*Körpergröße*) bajo; **von ~ auf** desde niño; **ein ~ bisschen** un poquito; **~ beigeben** ceder; **~er werden** disminuir

Kleingeld *nt* calderilla *f*; **Kleinkind** *nt* niño, -a *m, f* pequeño, -a; **kleinlaut** *adj* apocado

kleinlich *adj* (*pedantisch*) pedante; (*geizig*) mezquino

klettern *vi* trepar (**auf** a)

Klima *nt* <-s, -s *o* -ta> clima *m*; **Klimaanlage** *f* (instalación *f* de) aire *m* acondicionado

Klinge *f* <-n> cuchilla *f*

Klingel *f* <-n> timbre *m*

klingeln *vi* tocar el timbre; (*Klingel, Telefon*) sonar

klingen *vi* sonar

Klinik *f* <-en> clínica *f*

Klinke *f* <-n> picaporte *m*

Klo *nt* <-s, -s> (*fam*) wáter *m*

klopfen *vi* golpear; (*anklopfen*) llamar

Kloß *m* <-es, Klöße> (*Fleischkloß*) albóndiga *f*

Kloster *nt* <-s, Klöster> convento *m*

Klotz *m* <-es, Klötze> bloque *m*

klug *adj* inteligente; (*schlau*) listo; **aus etw nicht ~ werden** no acabar de entender algo

Klumpen *m* <-s, -> trozo *m*; (*in Soße*) grumo *m*

knabbern *vi, vt* (*nagen*) roer; (*essen*) picar

knallen *vi* ❶ estallar; (*Korken*) saltar ❷ (*stoßen*) chocar (**auf/gegen** contra)

knapp I. *adj* escaso; **~ bei Kasse sein** andar justo de dinero; **~ 100 Euro** poco menos de 100 euros; **eine ~e Stunde** una hora escasa **II.** *adv* (*kaum*) apenas; (*gerade so*) (muy) justo; **~ sein** escasear

kneifen I. *vt* pellizcar (**in** en) **II.** *vi* (*Kleidung*) apretar; (*fam: sich drücken*) rajarse

Kneipe *f* <-n> (*fam*) bar *m*

Knie *nt* <-s, -> rodilla *f*

Knoblauch *m* <-(e)s, *ohne pl*> ajo *m*

Knöchel *m* <-s, -> (*Fußknöchel*) tobillo *m*; (*Fingerknöchel*) nudillo *m*

Knochen *m* <-s, -> hueso *m*

Knopf *m* <-(e)s, Knöpfe> botón *m*; **auf den ~ drücken** pulsar el botón

Knoten *m* <-s, -> nudo *m*; (*Frisur*) moño *m*

knurren *vi* gruñir; **mir knurrt der Magen** me suenan las tripas

knusp(e)rig *adj* crujiente

knutschen *vi* (*fam*) besuquearse

Koch, Köchin *m, f* <-(e)s, Köche; -nen> cocinero, -a *m, f*

kochen I. *vi* (*Wasser*) hervir; (*Speisen zubereiten*) cocinar **II.** *vt* (*garen*) cocer; (*zubereiten*) preparar; **weich/hart gekocht** (*Ei*) pasado por agua/duro

Kochtopf *m* olla *f*

Koffein *nt* <-s, *ohne pl*> cafeína *f*; **koffeinfrei** *adj* descafeinado

Koffer *m* <-s, -> maleta *f*, valija *f* AM; **Kofferraum** *m* maletero *m*, baúl *m* AM

Kognak *m* <-s, -s> coñac *m*

Kohl *m* <-(e)s, *ohne pl*> col *f*

Kohle *f* <-n> carbón *m*; (*fam: Geld*) pasta *f*

Kohlensäure *f*: **Mineralwasser mit ~** agua mineral con gas

Kohlrabi *m* <-(s), -(s)> colinabo *m*

Kokain *nt* <-s, *ohne pl*> cocaína *f*

Kokosnuss[RR] *f* coco *m*

Kollaps *m* <-es, -e> colapso *m*

Kollege, Kollegin *m, f* <-n, -n; -nen> colega *mf*

Koma *nt* <-s, -s *o* -ta> coma *m*; **im ~ liegen** estar en (estado de) coma

Kombination *f* <-en> combinación *f*

Komfort *m* <-s, *ohne pl*> confort *m*

komfortabel *adj* confortable

komisch *adj* cómico; (*seltsam*) raro

Komma *nt* <-s, -s *o* -ta> coma *f*

kommen *vi* venir; (*ankommen*) llegar; (*zurückkommen*) volver; **ich komme aus Dortmund** soy de Dortmund; **zu spät ~** llegar tarde; **wieder zu sich** *dat* **~** volver en sí; **wie kommst du darauf?** ¿cómo se te ocurre?; **das kommt davon, dass ...** eso se debe a...

Kommentar *m* <-(e)s, -e> comentario *m*

Kommode *f* <-n> cómoda *f*

Kommunikation *f* comunicación *f*

Kompass[RR] *m* <-es, -e> brújula *f*

kompetent *adj* competente

komplex *adj* complejo

Komplex *m* <-es, -e> complejo *m*

Kompliment *nt* <-(e)s, -e> cumplido *m*

kompliziert *adj* complicado

Kompott *nt* <-(e)s, -e> compota *f*

Kompromiss[RR] *m* <-es, -e> compromiso *m*; **mit jdm einen ~ schließen** llegar a un acuerdo con alguien

Konditorei *f* <-en> pastelería *f*

Kondom *nt* <-s, -e> condón *m*

Konfitüre *f* <-n> confitura *f*

Konflikt *m* <-(e)s, -e> conflicto *m*

König(in) *m(f)* <-s, -e; -nen> rey *m*, reina *f*; **Königreich** *nt* reino *m*

konkret I. *adj* concreto II. *adv* en concreto
Konkurrenz *f* competencia *f;* **jdm ~ machen** hacer la competencia a alguien
können[1] *Modalverb* poder *+inf;* **kann ich etwas für Sie tun?** ¿puedo ayudarle en algo?; **kann sein** es posible; **das kann nicht sein** no puede ser
können[2] I. *vt* saber; **was ~ Sie?** ¿qué sabe hacer Ud.?; **sie kann gut Spanisch** habla bien español II. *vi* poder (hacer); **ich kann nichts dafür** (*fam*) no es culpa mía; **ich kann nicht mehr** (*fam*) ya no puedo más
konsequent I. *adj* consecuente II. *adv* de forma consecuente
konservativ *adj* conservador
Konserve *f* <-n> conserva *f*
konstant *adj* constante
Konsulat *nt* <-(e)s, -e> consulado *m*
Kontakt *m* <-(e)s, -e> contacto *m*; **kontaktfreudig** *adj* sociable; **Kontaktlinse** *f* lentilla *f*
Kontinent *m* <-(e)s, -e> continente *m*
Konto *nt* <-s, Konten> (FIN) cuenta *f*
Kontrast *m* <-(e)s, -e> contraste *m*
Kontrolle *f* <-n> control *m;* **jdn/etw unter ~ haben** controlar a alguien/algo
konventionell *adj* convencional
Konzert *nt* <-(e)s, -e> concierto *m*
Kopf *m* <-(e)s, Köpfe> cabeza *f;* **mit dem ~ durch die Wand wollen** querer lo imposible; **einen kühlen ~ bewahren** mantener la calma; **jdm den ~ verdrehen** (*fam*) robarle el sentido a alguien; **Kopfhörer** *m* auricular(es) *m(pl)*; **Kopfkissen** *nt* almohada *f*; **Kopftuch** *nt* pañuelo *m* de cabeza
Kopie *f* <-n> copia *f*
Korb *m* <-(e)s, Körbe> cesta *f*
Korken *m* <-s, -> corcho *m*; **Korkenzieher** *m* <-s, -> sacacorchos *m*
Körper *m* <-s, -> cuerpo *m*; **Körpergewicht** *nt* peso *m* corporal; **Körpergröße** *f* talla *f*
körperlich *adj* corporal
Körperpflege *f* aseo *m* personal; **Körperverletzung** *f* lesión *f* física
korrekt *adj* correcto
korrupt *adj* corrupto
Kosmetik *f* cosmética *f*
Kosmos *m* <-, *ohne pl*> cosmos *m*
kosten *vt* (*probieren*) probar; (*Preis haben, erfordern*) costar; **wie viel kostet das?** ¿cuánto vale?; **das kostet Zeit** eso requiere tiempo
Kosten *pl* gastos *mpl;* **auf ~ der Gesundheit** a costa de la salud; **kostenlos** I. *adj* gratuito II. *adv* gratis
köstlich *adj* delicioso; **ich habe mich ~ amüsiert** me lo he pasado bomba
Kot *m* <-(e)s, -e *o* -s> (*geh*) excrementos *mpl*
Kotelett *nt* <-s, -s> chuleta *f*
Kotflügel *m* guardabarros *m*
kotzen *vi* (*vulg*) echar la pota; **das ist zum Kotzen** es un coñazo
Krabbe *f* <-n> cangrejo *m* de mar
krabbeln *vi* (*Kind*) andar a gatas; (*Käfer*) correr
Krach *m* <-(e)s, Kräche> (*Lärm*) ruido *m;* (*fam: Streit*) bronca *f;* **mit jdm ~ haben** tener una bronca con alguien
Kraft *f* <Kräfte> fuerza *f;* **aus eigener ~** por propio esfuerzo; **in ~ treten** entrar en vigor
kräftig I. *adj* fuerte II. *adv* (*sehr*) mucho
kraftlos *adj* sin fuerza
Kraftstoff *m* carburante *m*; **Kraftwerk** *nt* central *f* energética
Kragen *m* <-s, -> cuello *m;* **mir platzt gleich der ~** (*fam*) estoy a punto de reventar
Kralle *f* <-n> garra *f*
Krampf *m* <-(e)s, Krämpfe> calambre *m*
krank *adj* enfermo; **~ werden** caer enfermo
kränken *vt* ofender
Krankenhaus *nt* hospital *m*; **Krankenschwester** *f* enfermera *f*; **Krankenwagen** *m* ambulancia *f*
Krankheit *f* <-en> enfermedad *f*
kratzen I. *vt* rascar; (*leicht verletzen*) rasguñar; (*abkratzen*) raspar (**von** de) II. *vi* picar III. *vr*: **sich ~** rascarse
Kraut *nt* <-(e)s, Kräuter> hierba *f;* (*Weißkraut*) repollo *m*
Kräutertee *m* tisana *f*
Krawatte *f* <-n> corbata *f*
kreativ *adj* creativo
Krebs *m* <-es, -e> ❶ (ZOOL) cangrejo *m* ❷ (MED) cáncer *m;* **~ erregend** cancerígeno ❸ *ohne pl* (ASTR) Cáncer *m*
Kredit *m* <-(e)s, -e> crédito *m*; **Kreditkarte** *f* tarjeta *f* de crédito
Kreis *m* <-es, -e> círculo *m;* (ADMIN) distrito *m*; **Kreisverkehr** *m* rotonda *f*
Kreuz *nt* <-es, -e> (a. REL) cruz *f;* (*fam: Rücken*) espalda *f;* **das Rote ~** la Cruz Roja; **jdn aufs ~ legen** (*fam*) timar a alguien
Kreuzfahrt *f* crucero *m*

Kreuzung *f* <-en> cruce *m*
Kreuzworträtsel *nt* crucigrama *m*
Krieg *m* <-(e)s, -e> guerra *f*
kriegen *vt* (*fam*) obtener; (*erreichen*) conseguir
Krimi *m* <-s, -s> (*fam: Film*) película *f* policíaca; (*Roman*) novela *f* policíaca
kriminell *adj* (*a. fig*) criminal
Krise *f* <-n> crisis *f*
Kritik *f* <-en> crítica *f*
kritisch *adj* crítico; **es wird ~** la situación se pone crítica
Krone *f* <-n> (*a. Währung*) corona *f*; **einen in der ~ haben** (*fam*) estar bebido
Kröte *f* <-n> sapo *m*
Krücke *f* <-n> muleta *f*
Krümel *m* <-s, -> miga *f*
Kruste *f* <-n> costra *f*; (*vom Brot*) corteza *f*
Küche *f* <-n> cocina *f*
Kuchen *m* <-s, -> pastel *m*
Kugel *f* <-n> bola *f*; (*fam: Gewehrkugel*) bala *f*; **Kugelschreiber** *m* <-s, -> bolígrafo *m*
Kuh *f* <Kühe> vaca *f*
kühl *adj* fresco; (*abweisend*) frío
kühlen *vt* refrigerar; (*Getränke*) (poner a) enfriar
Kühlschrank *m* frigorífico *m*
Kultur *f* <-en> cultura *f*
Kummer *m* <-s, *ohne pl*> pena *f*; (*Sorge*) preocupación *f*
kümmern I. *vr*: **sich ~** preocuparse (**um** de); **er kümmert sich nicht darum, was die Leute denken** no le importa lo que piense la gente; **kümmer dich ein bisschen um sie!** ¡ocúpate un poco de ella! **II.** *vt* importar
Kunde, Kundin *m, f* <-n, -n; -nen> cliente, -a *m, f*; **Kundendienst** *m* (*Reparaturdienst*) servicio *m* técnico; (*Service*) atención *f* al cliente
kündigen I. *vt* (*Vertrag*) rescindir; (*Arbeitsstelle*) presentar su dimisión **II.** *vi* (*einem Arbeitnehmer*) despedir; (*als Arbeitnehmer*) presentar su dimisión
Kunst *f* <Künste> arte *m o f*
Künstler(in) *m(f)* <-s, -; -nen> artista *mf*
künstlich *adj* artificial
Kunststoff *m* materia *f* plástica; **aus ~** de plástico; **Kunstwerk** *nt* obra *f* de arte
Kupplung *f* <-en> (AUTO) embrague *m*
Kur *f* <-en> cura *f*; **zur ~ fahren** ir a tomar las aguas
Kürbis *m* <-ses, -se> calabaza *f*
Kurort *m* balneario *m*
Kurs *m* <-es, -e> (*Richtung*) rumbo *m*; (SCH, UNIV) curso *m*
Kurve *f* <-n> curva *f*
kurz *adj* corto; **~ vor Köln** poco antes de Colonia; **über ~ oder lang** tarde o temprano; **seit ~em** desde hace poco (tiempo); **vor ~em** hace poco; **~ darauf** poco después
Kurzschluss[RR] *m* cortocircuito *m*; **kurzsichtig** *adj* miope
Kuss[RR] *m* <-es, Küsse> beso *m*
küssen *vt, vr*: **sich ~** besar(se)
Küste *f* <-n> costa *f*

L

Labor *nt* <-s, -s *o* -e> laboratorio *m*
lächeln *vi* sonreír
lachen *vi* reír(se) (**über** de)
lächerlich *adj* ridículo; **jdn/etw ~ machen** poner a alguien/algo en ridículo; **sich ~ machen** hacer el ridículo
Lachs *m* <-es, -e> salmón *m*
Laden *m* <-s, Läden> (*Kaufladen*) tienda *f*
Lage *f* <-n> posición *f*; (*Situation*) situación *f*; **sich in jds ~ versetzen** ponerse en el lugar de alguien
Lager *nt* <-s, -> (*Flüchtlingslager*) campo *m*; (*Vorratslager*) almacén *m*
lahm *adj* (*hinkend*) cojo; (*wie gelähmt*) entumecido; (*fam: langsam*) lento
lähmen *vt* paralizar
Laie, Laiin *m, f* <-n, -n; -nen> profano, -a *m, f*
Laken *nt* <-s, -> sábana *f*
Lamm *nt* <-(e)s, Lämmer> cordero *m*
Lampe *f* <-n> lámpara *f*
Land *nt* <-(e)s, Länder> país *m*; **~ und Leute kennen lernen** conocer gente y costumbres; **auf dem ~ wohnen** vivir en el campo
landen *vi* (*Flugzeug*) aterrizar

Landkarte *f* mapa *m*
ländlich *adj* rural
Landschaft *f* <-en> paisaje *m*
Landstraße *f* carretera *f* nacional; **Landwirtschaft** *f* agricultura *f*
lange *adv* mucho tiempo; **wie ~?** ¿cuánto tiempo?; **das ist schon ~ her** ya hace mucho tiempo
Länge *f* <-n> (*räumlich*) longitud *f;* (*zeitlich*) duración *f*
Langeweile *f* aburrimiento *m*
langsam I. *adj* lento; (*allmählich*) paulatino **II.** *adv* despacio; (*allmählich*) poco a poco
langweilen *vt, vr:* **sich ~** aburrir(se)
langweilig *adj* aburrido
Lappen *m* <-s, -> trapo *m*
Lärm *m* <-(e)s, *ohne pl*> ruido *m*
Last *f* <-en> carga *f;* (*Gewicht*) peso *m*
Laster[1] *m* <-s, -> (*fam*) camión *m*
Laster[2] *nt* <-s, -> vicio *m*
lästig *adj* molesto; **jdm ~ sein** molestar a alguien
Lastwagen *m* camión *m*
Lateinamerika *nt* Latinoamérica *f;* **lateinamerikanisch** *adj* latinoamericano
Lauch *m* <-(e)s, -e> puerro *m*
Lauf *m* <-(e)s, Läufe> (SPORT) carrera *f;* (*Verlauf*) (trans)curso *m*
Laune *f* <-n> (*Einfall*) capricho *m;* (*Stimmung*) humor *m;* **schlechte ~ haben** estar de mal humor
launisch *adj* caprichoso
Laus *f* <Läuse> piojo *m*
laut I. *adj* alto; (*lautstark*) fuerte; (*lärmerfüllt*) ruidoso; **das Radio ~er stellen** poner la radio más alta; **~ lesen** leer en voz alta **II.** *präp* según
Lautstärke *f* volumen *m;* **bei voller ~** a todo volumen
lauwarm *adj* tibio
Lawine *f* <-n> alud *m*
Lebensgefahr *f* peligro *m* de muerte; **in ~ schweben** estar entre la vida y la muerte; **außer ~ sein** estar fuera de peligro; **lebensgefährlich** *adj* muy peligroso; (*Verletzung*) mortal; **~ verletzt sein** estar seriamente herido; **Lebensgefährte, Lebensgefärtin** *m, f* compañero, -a *m, f* de vida; **Lebensmittel** *ntpl* alimentos *mpl*; **Lebensunterhalt** *m* sustento *m;* **seinen ~ verdienen** ganarse la vida
Leber *f* <-n> hígado *m*
Lebewesen *nt* ser *m* vivo
lebhaft *adj* vivaz
lecken *vt* lamer
lecker *adj* rico
Leder *nt* <-s, -> cuero *m*
ledig *adj* soltero
leer *adj* vacío; **mit ~em Magen** en ayunas
leeren I. *vt* vaciar **II.** *vr:* **sich ~** vaciarse
legal *adj* legal
leger *adj* desenvuelto
Lehne *f* <-n> (*Rückenlehne*) respaldo *m*
Lehre *f* <-n> (*Ausbildung*) aprendizaje *m;* (*Erfahrung*) lección *f;* **eine ~ aus etw ziehen** sacar una conclusión de algo
Lehrer(in) *m(f)* <-s, -; -nen> profesor(a) *m(f)*
Leibwächter(in) *m(f)* guardaespaldas *mf*
Leiche *f* <-n> cadáver *m*
leichtfertig *adj* frívolo; (*unüberlegt*) irreflexivo; **leichtgläubig** *adj* crédulo; **leichtsinnig I.** *adj* (*unverantwortlich*) irresponsable; (*sorglos*) despreocupado; (*unklug*) insensato **II.** *adv* sin cuidado
leid *adv:* **ich bin es ~** (*fam*) estoy harto
Leid *nt* <-(e)s, *ohne pl*> pena *f*
leiden *vi, vt* sufrir (**an** de, **unter** con); **Hunger/Not ~** pasar hambre/vivir en la miseria; **ich kann sie nicht ~** no me cae bien
Leidenschaft *f* <-en> pasión *f* (**für** por)
leider *adv* desgraciadamente
leid|tun *vi:* **es tut mir leid, dass ...** siento que... *+subj;* **er tut mir leid** me da pena
leihen *vt* (*ausleihen*) prestar; (*entleihen*) tomar prestado
leise I. *adj* (*still*) silencioso; (*Stimme*) bajo; (*Geräusch*) ligero; (*in Andeutungen*) vago **II.** *adv* (*still*) sin (hacer) ruido; **das Radio ~r stellen** bajar la radio
Leistung *f* <-en> rendimiento *m*
leiten *vt* (*verantwortlich leiten*) dirigir; (*führen*) llevar
Leiter[1] *f* <-n> escalera *f*
Leiter(in)[2] *m(f)* <-s, -; -nen> director(a) *m(f)*
Leitung *f* <-en> (*Rohrleitung*) tuberías *fpl;* (ELEK, TEL) línea *f*
Leitungswasser *nt* agua *f* del grifo
lenken *vt* (*Fahrzeug*) conducir, manejar AM; (*führen*) dirigir
Lenkrad *nt* volante *m*
lesen *vi, vt* leer

letztens *adv* hace poco
letztlich *adv* por último
leuchten *vi* (*Licht geben*) dar luz; (*strahlen*) brillar
Leuchtturm *m* faro *m*
leugnen *vi, vt* negar
Leute *pl* gente *f;* **ungefähr 30 ~** unas 30 personas
Lexikon *nt* <-s, Lexika *o* Lexiken> enciclopedia *f*
liberal *adj* liberal
Lichtschalter *m* interruptor *m* de la luz; **Lichtschutzfaktor** *m* factor *m* de protección solar
Lid *nt* <-(e)s, -er> párpado *m*
Liebe *f* amor *m*
lieben *vt* querer; **liebenswürdig** *adj* amable
lieber *adv*: **ich schweige ~** prefiero callarme
Liebeskummer *m* mal *m* de amores; **Liebespaar** *nt* (pareja *f* de) enamorados *m pl*
liebevoll I. *adj* cariñoso **II.** *adv* con amor
Liebhaber(in) *m(f)* <-s, -; -nen> amante *mf*
Liebling *m* <-s, -e> (*Kosewort*) cariño, -a *m, f;* (*bevorzugter Mensch*) favorito, -a *m, f*
Lied *nt* <-(e)s, -er> canción *f*
lieferbar *adj* disponible
liefern *vt* entregar; **für etw Beweise ~** aportar pruebas de algo
liegen *vi* (*Person*) estar acostado; (*sich befinden*) estar; **wo liegt Durango?** ¿dónde se encuentra Durango?; **an der Elbe ~** estar a orillas del Elba; **das liegt auf dem Weg** está de camino; **es lag kein Schnee** no había nieve; **woran liegt es?** ¿a qué se debe?; **nahe ~d sein** estar claro
Liegestuhl *m* tumbona *f*
Lift *m* <-(e)s, -e *o* -s> (*Fahrstuhl*) ascensor *m;* (*Skilift*) telesquí *m*
Likör *m* <-s, -e> licor *m*
lila *adj* lila
Limonade *f* <-n> limonada *f*
Linie *f* <-n> línea *f;* **in erster ~** en primer lugar; **Linienflug** *m* vuelo *m* regular
links *adv o präp* a la izquierda (de); **nach ~** hacia la izquierda
Linkshänder(in) *m(f)* <-s, -; -nen> zurdo, -a *m, f*
Linse *f* <-n> (GASTR) lenteja *f;* (*Optik*) lente *m o f*
Lippe *f* <-n> labio *m*; **Lippenstift** *m* barra *f* de labios
Liste *f* <-n> lista *f*
listig *adj* astuto
Liter *m o nt* <-s, -> litro *m;* **zwei ~ Milch** dos litros de leche
Literatur *f* <-en> literatura *f*
Lizenz *f* <-en> licencia *f*
Lob *nt* <-(e)s, -e> elogio *m*
loben *vt* elogiar
Loch *nt* <-(e)s, Löcher> agujero *m;* (*Öffnung*) abertura *f;* (*Vertiefung*) hoyo *m*
Locke *f* <-n> rizo *m*
lockern *vt, vr*: **sich ~** (*Schraube, Seil*) aflojar(se); (*Muskeln*) relajar(se)
lockig *adj* rizado
Löffel *m* <-s, -> cuchara *f*
Lohn *m* <-(e)s, Löhne> salario *m;* (*Belohnung*) recompensa *f*
lohnen *vt, vr*: **sich ~** valer la pena
Lokal *nt* <-(e)s, -e> local *m*
Lokomotive *f* <-n> locomotora *f*
löschen *vt* (*Licht, Feuer, Durst*) apagar; (*Tonband, a.* INFOR) borrar; (*Eintragung*) cancelar
Lösung *f* <-en> solución *f*
Lotion *f* <-en> loción *f*
Lotto *nt* <-s, -s> lotería *f* primitiva
Löwe *m* <-n, -n> ❶ león *m* ❷ *ohne pl* (ASTR) Leo *m*
Lücke *f* <-n> (*Loch*) agujero *m;* (*Zwischenraum*) vacío *m;* (*Gedächtnislücke*) laguna *f*
Luft *f* <Lüfte> aire *m;* **(tief) ~ holen** respirar (hondo); **Luftballon** *m* globo *m*; **Luftmatratze** *f* colchoneta *f*; **Luftpumpe** *f* bomba *f* de aire
Lüftung *f* <-en> ventilación *f*
Luftverschmutzung *f* contaminación *f* del aire; **Luftzug** *m* corriente *f* de aire
Lüge *f* <-n> mentira *f*
lügen *vi* mentir
Lügner(in) *m(f)* <-s, -; -nen> mentiroso, -a *m, f*
Lunge *f* <-n> pulmón *m*; **Lungenentzündung** *f* pulmonía *f*
Lupe *f* <-n> lupa *f*
Lust *f* gana(s) *f(pl)* (**zu** de)
lustig *adj* (*vergnügt*) alegre; (*belustigend*) divertido; **sich über jdn/etw ~ machen** burlarse de alguien/algo
lustlos *adj* desanimado
luxuriös *adj* lujoso
Luxus *m* <-, *ohne pl*> lujo *m*

Mm

machen I. *vt* hacer; **ein Foto** ~ sacar una foto; **Eindruck** ~ causar impresión; **was** ~ **Sie beruflich?** ¿cuál es su profesión?; **jdm das Leben schwer** ~ complicarle la vida a alguien; **mach's gut!** (*fam*) ¡qué te vaya bien! **II.** *vr*: **sich hübsch** ~ ponerse guapo; **sich lächerlich** ~ hacer el ridículo
Macht *f* <Mächte> (*Staat*) potencia *f;* (*Einfluss*) poder *m*
mächtig *adj* poderoso; (*sehr groß*) enorme
machtlos *adj*: ~ **gegen etw sein** no poder hacer nada contra algo
Mädchen *nt* <-s, -> niña *f;* (*Jugendliche*) chica *f*
Made *f* <-n> cresa *f*
Magen *m* <-s, Mägen> estómago *m*
mager *adj* (*Fleisch*) magro; (*Mensch*) flaco; (*dürftig*) insuficiente
magisch *adj* mágico
Magnet *m* <-en *o* -(e)s, -e(n)> imán *m*
mähen *vt* (*Getreide*) segar; (*Rasen*) cortar
Mahlzeit *f* comida *f;* ~**!** ¡que aproveche!
Mai *m* <-(e)s, -e> mayo *m*
Mais *m* <-es, -e> maíz *m*; **Maiskolben** *m* <-s, -> mazorca *f*
Make-up *nt* <-s, -s> maquillaje *m*
mal *adv* (MATH) por; (*fam*: *ein Mal*) una vez; **noch** ~ otra vez; **erst** ~ por ahora; **warst du schon** ~ **hier?** ¿ya has estado aquí antes?
Mal[1] *nt* <-(e)s, -e> vez *f;* **nächstes** ~ la próxima vez; **das erste** ~ la primera vez; **zum letzten** ~ por última vez
Mal[2] *nt* <-(e)s, -e *o* Mäler> (*Wundmal*) estigma *m;* (*Muttermal*) lunar *m*
malen *vt* pintar; **ein Bild** ~ hacer un dibujo
Maler(in) *m(f)* <-s, -; -nen> pintor(a) *m(f)*
malerisch *adj* pintoresco
Mama *f* <-s> (*fam*) mamá *f*
man *pron* se; **das tut** ~ **nicht** eso no se hace; ~ **hat mir gesagt, dass ...** me han dicho que...
manchmal *adv* a veces
Mandel *f* <-n> ❶ (MED) amígdala *f* ❷ (BOT) almendra *f;* **gebrannte** ~**n** almendras garapiñadas; **Mandelentzündung** *f* amigdalitis *f*
Mangel *m* <-s, Mängel> (*Fehler*) defecto *m;* (*Fehlen*) falta *f* (**an** de); (*Knappheit*) escasez *f* (**an** de); **mangelhaft** *adj* deficiente
mangeln *vunpers* faltar
Mann *m* <-(e)s, Männer> hombre *m;* (*Ehemann*) marido *m*
männlich *adj* masculino
Mannschaft *f* <-en> equipo *m*
Mantel *m* <-s, Mäntel> abrigo *m*
manuell I. *adj* manual **II.** *adv* con la mano
Märchen *nt* <-s, -> cuento *m* (de hadas)
Margarine *f* <-n> margarina *f*
Marke *f* <-n> marca *f*
Markt *m* <-(e)s, Märkte> mercado *m;* **auf den** ~ **gehen** ir al mercado
Marmelade *f* <-n> mermelada *f*
März *m* <-(es), -e> marzo *m*
Marzipan *nt* <-s, -e> mazapán *m*
Maschine *f* <-n> máquina *f;* (*Flugzeug*) avión *m*
Maß *nt* <-es, -e> medida *f;* (*Ausmaß*) dimensión *f*
Massage *f* <-n> masaje *m*
Masse *f* <-n> masa *f;* (*Menge*) cantidad *f;* (*Menschenmasse*) muchedumbre *f;* **in** ~**n** a montones
Masseur(in) *m(f)* <-s, -e; -nen> masajista *mf*
mäßig *adj* moderado; (*mittelmäßig*) mediocre
massiv *adj* macizo; (*Kritik, Drohung*) masivo
maßlos I. *adj* desmesurado **II.** *adv* enormemente
Maßnahme *f* <-n> medida *f;* ~**n ergreifen** tomar medidas
mästen *vt* cebar
Material *nt* <-s, -ien> material *m*
Mathematik *f* matemáticas *fpl*
mathematisch *adj* matemático
Matratze *f* <-n> colchón *m*
Matsch *m* <-(e)s, *ohne pl*> (*fam*: *Schlamm*) lodo *m*
matschig *adj* (*fam*: *Obst*) pasado; (*Schnee*) medio derretido; (*schlammig*) fangoso
Matte *f* <-n> (*Strohmatte*) estera *f*
Mauer *f* <-n> muro *m*
Maul *nt* <-(e)s, Mäuler> (*bei Tieren*) boca *f;* **halt's** ~**!** (*fam*) ¡cierra el pico!
Maus *f* <Mäuse> (*a.* INFOR) ratón *m*
Maut *f* <-en> peaje *m*

maximal I. *adj* máximo **II.** *adv* como máximo

Mechaniker(in) *m(f)* <-s, -; -nen> mecánico, -a *m, f*

mechanisch *adj* mecánico

meckern *vi* (*fam: nörgeln*) criticar (**über**)

Medaille *f* <-n> medalla *f*

Medien *pl*: **die ~** los medios de comunicación

Medikament *nt* <-(e)s, -e> medicamento *m*

Medizin *f* <-en> medicina *f;* (*Medikament*) medicamento *m*

Meer *nt* <-(e)s, -e> mar *m;* **am ~** en el mar; **ans ~ fahren** ir al mar; **Meeresfrüchte** *fpl* mariscos *mpl*

Meerrettich *m* rábano *m*

Mehl *nt* <-(e)s, -e> harina *f*

mehr I. *adv o pron* más; **immer ~** cada vez más; **etwas ~** un poco más; **noch ~** todavía más **II.** *adv*: **nicht ~** ya no; **nichts ~** nada más

mehrdeutig *adj* ambiguo; (*missverständlich*) equívoco

mehrere *pron* varios

Mehrheit *f* <-en> mayoría *f*

mehrmals *adv* repetidas veces

Mehrwertsteuer *f* impuesto *m* sobre el valor añadido

Mehrzahl *f* mayoría *f;* (LING) plural *m*

meinen *vt* (*denken*) pensar; (*sich beziehen auf*) referirse (a); (*sagen*) decir; (*sagen wollen*) querer decir; **gut gemeint** bien intencionado

meinetwegen *adv* por mí; (*negativ*) por mi culpa

Meinung *f* <-en> opinión *f*

meiste(r, s) *pron*: **die ~n Leute glauben, dass ...** la mayoría de la gente cree que...; **die ~ Zeit** la mayor parte del tiempo

meistens *adv* la mayoría de las veces

Meisterschaft *f* <-en> (SPORT) campeonato *m*

melancholisch *adj* melancólico

melden I. *vt* informar (de); **etw bei der Polizei ~** dar parte de algo a la policía **II.** *vr*: **sich ~** (*sich zur Verfügung stellen*) presentarse; (*am Telefon*) responder (al teléfono)

Melodie *f* <-n> melodía *f*

Melone *f* <-n> (*Honigmelone*) melón *m;* (*Wassermelone*) sandía *f*

Menge *f* <-n> cantidad *f* (**an** de); (*Menschenmenge*) multitud *f;* **eine ~ lernen** aprender un montón

Mensch *m* <-en, -en> hombre *m,* ser *m* humano; **kein ~** nadie

menschlich *adj* humano

Menstruation *f* <-en> menstruación *f*

Mentalität *f* <-en> mentalidad *f*

merken *vt* (*wahrnehmen*) darse cuenta (de); (*spüren*) sentir; **sich** *dat* **etw ~** recordar algo

Merkmal *nt* <-s, -e> característica *f*

merkwürdig *adj* raro

Messe *f* <-n> (REL) misa *f;* (*Ausstellung*) feria *f*

messen *vt* medir

Messer *nt* <-s, -> cuchillo *m*

Metall *nt* <-s, -e> metal *m*

Meter *m o nt* <-s, -> metro *m*

Methode *f* <-n> método *m*

mich *pron o pron* me; (*mit Präposition*) mí

Miesmuschel *f* mejillón *m*

Miete *f* <-n> alquiler *m*

mieten *vt* alquilar

Mieter(in) *m(f)* <-s, -; -nen> inquilino, -a *m, f*

Migräne *f* jaqueca *f*

Mikrofon *nt* <-s, -e> micrófono *m*

Mikrowelle *f* (*Mikrowellenherd*) (horno *m*) microondas *m*

Milch *f* leche *f;* **Milchkaffee** *m* café *m* con leche

Militär *nt* <-s, *ohne pl*> ejército *m*

Milliardär(in) *m(f)* <-s, -e; -nen> multimillonario, -a *m, f*

Milliarde *f* <-n> mil millones *mpl*

Million *f* <-en> millón *m*

Millionär(in) *m(f)* <-s, -e; -nen> millonario, -a *m, f*

Minderheit *f* <-en> minoría *f*

mindestens *adv* por lo menos

Mine *f* <-n> mina *f*

Mineralwasser *nt* <-s, -wässer> agua *f* mineral

minimal *adj* mínimo; (*unbedeutend*) insignificante

Minimum *nt* <-s, Minima> mínimo *m* (**an** de)

minus *adv* (MATH) menos; (*Temperatur*) bajo cero

Minute *f* <-n> minuto *m*

mir *pron* me; (*mit Präposition*) mí

mischen I. *vt* mezclar **II.** *vr*: **sich ~** (*sich einmischen*) meterse (**in** en); (*unter Menschen*) mezclarse (**unter** entre)

Mischung *f* <-en> mezcla *f*

miserabel *adj* miserable

Missbrauch[RR] *m* abuso *m*

Misserfolg[RR] *m* fracaso *m*

misstrauisch[RR] *adj* desconfiado

Missverständnis[RR] *nt* <-ses, -se> malentendido *m*

Mist *m* <-(e)s, *ohne pl*> (*Dünger*) estiércol *m;* (*fam: Unsinn*) tonterías *fpl;* ~ **bauen** meter la pata

mit *präp* con; ~ **mir/dir/ihm** conmigo/contigo/con él; ~ **dem Flugzeug kommen** llegar en avión; ~ **Gewalt** a la fuerza; ~ **der Post** por correo

mit|bringen *vt* traer

Mitbürger(in) *m(f)* conciudadano, -a *m, f*

miteinander *adv* el uno con el otro; ~ **reden** hablar; **gut ~ auskommen** llevarse bien; **alle ~** todos juntos

Mitglied *nt* miembro *m*

Mitleid *nt* compasión *f* (**mit** de/por)

mit|machen I. *vi* participar (**bei** en) II. *vt* participar (en); (*fam: ertragen*) soportar

Mitmensch *m* prójimo, -a *m, f*

mit|nehmen *vt* llevar (consigo); (*psychisch*) afectar

Mittag *m* mediodía *m;* **morgen ~** mañana al mediodía; **gegen ~** hacia el mediodía; **Mittagessen** *nt* almuerzo *m*

mittags *adv* al mediodía; ~ **um eins** a la una de la tarde; **Mittagspause** *f* hora *f* de almorzar

Mitte *f* <-n> medio *m;* (*Mittelpunkt*) centro *m;* ~ **des Jahres** a mediados del año

mit|teilen *vt* comunicar

Mitteilung *f* <-en> aviso *m*

Mittel *nt* <-s, -> (*Hilfsmittel*) medio *m;* (*Maßnahme*) medida *f;* **ihr ist jedes ~ recht** no tiene escrúpulos; **Mittelamerika** *nt* América *f* Central; **Mitteleuropa** *nt* Europa *f* Central; **mittelmäßig** *adj* mediano; (*abw*) mediocre; **Mittelmeer** *nt* <-(e)s> (Mar *m*) Mediterráneo *m*

mitten *adv:* ~ **in/auf/bei/an** en medio de; ~ **im Winter** en pleno invierno; **etw ~ durchbrechen** romper algo por la mitad

Mitternacht *f* medianoche *f*

mittlere(r, s) *adj* (del) medio; (*durchschnittlich*) mediano

mittlerweile *adv* entretanto

Mittwoch *m* <-(e)s, -e> miércoles *m*

mittwochs *adv* los miércoles

Mixer *m* <-s, -> batidora *f*

Möbel *nt* <-s, -> mueble *m*

mobil *adj* móvil

Mode *f* <-n> moda *f;* **groß in ~ sein** estar muy de moda

Modell *nt* <-s, -e> modelo *m;* (*Fotomodell*) modelo *mf*

modern *adj* moderno; ~ **sein** estar de moda

modisch I. *adj* moderno II. *adv* a la moda

mögen *vt* (*Gefallen finden*) gustar; (*wollen*) querer; **ich mag ihn nicht** me cae mal; **lieber ~** preferir; **mag sein** es posible

möglich *adj* posible; **so bald wie ~** cuanto antes; **schon ~** (*fam*) puede ser; **er tat sein Möglichstes** hizo todo lo posible

Möglichkeit *f* <-en> posibilidad *f* (**zu** de); **nach ~** a ser posible

möglichst *adv* si es posible; ~ **wenig/gut** lo menos/mejor posible

Mohn *m* <-(e)s, -e> (*Mohnsamen*) semilla *f* de adormidera

Möhre *f* <-n>, **Mohrrübe** *f* (NORDD) zanahoria *f*

Molkerei *f* <-en> lechería *f*

Moment *m* <-(e)s, -e> momento *m;* **im ~** de momento

Monat *m* <-(e)s, -e> mes *m;* **im sechsten ~ (schwanger) sein** estar (embarazada) de seis meses

monatlich I. *adj* mensual II. *adv* todos los meses

Mond *m* <-(e)s, -e> luna *f*

Monitor *m* <-s, -e(n)> pantalla *f*

monoton *adj* monótono

Monster *nt* <-s, -> monstruo *m*

Montag *m* <-s, -e> lunes *m*

Monument *nt* <-(e)s, -e> monumento *m*

Moor *nt* <-(e)s, -e> pantano *m*

moralisch *adj* moral

Mord *m* <-(e)s, -e> asesinato *m*

Mörder(in) *m(f)* <-s, -; -nen> asesino, -a *m, f*

morgen *adv* mañana; ~ **früh** mañana por la mañana; ~ **Mittag/Abend** mañana al mediodía/por la tarde

Morgen *m* <-s, -> mañana *f;* **guten ~!** ¡buenos días!; **am frühen ~** temprano por la mañana

morgens *adv* por la mañana; **um sieben Uhr ~** a las siete de la mañana

Moslem, Moslime *m, f* <-s, -s; -n> musulmán, -ana *m, f*

Motiv *nt* <-s, -e> motivo *m*

Motor *m* <-s, -en> motor *m*; **Motorrad** *nt* moto(cicleta) *f*; **Motorroller** *m* escúter *m*

Motto *nt* <-s, -s> lema *m*

MP3-Player *m* <-s, -> reproductor *m* MP3

Mücke *f* <-n> mosquito *m*; **Mückenstich** *m* picadura *f* de mosquito

müde *adj* cansado; ~ **werden** cansarse

Mühe *f* <-n> esfuerzo *m;* **nur mit** ~ a duras penas; **sich** *dat* **die** ~ **machen etw zu tun** tomarse la molestia de hacer algo; **wenn es Ihnen keine** ~ **macht!** ¡si no es molestia para Ud.!

mühelos *adv* con facilidad

Mühle *f* <-n> molino *m*

Müll *m* <-(e)s, *ohne pl*> basura *f;* **etw in den** ~ **werfen** tirar algo a la basura; **Mülltonne** *f* cubo *m* de la basura

Mund *m* <-(e)s, Münder> boca *f;* **halt den** ~**!** (*fam*) ¡calla la boca!

munter *adj* (*lebhaft*) vivaz; (*fröhlich*) alegre; (*wach*) despierto

Münze *f* <-n> moneda *f*

murmeln *vi, vt* murmurar

mürrisch I. *adj* malhumorado **II.** *adv* de mala gana

Muschel *f* <-n> (*Muschelschale*) concha *f;* (*Miesmuschel*) mejillón *m*

Museum *nt* <-s, Museen> museo *m*

Musik *f* <-en> música *f*

Musiker(in) *m(f)* <-s, -; -nen> músico, -a *m, f*

Muskel *m* <-s, -n> músculo *m*; **Muskelkater** *m* agujetas *fpl*

muskulös *adj* musculoso

Müsli *nt* <-s, -s> musli *m*

müssen *vi, vt: Modalverb* tener que *+inf* (*unpersönlich*) hay que *+inf;* **ich muss mal** (*fam*) tengo que ir al baño

Muster *nt* <-s, -> modelo *m;* (*Probestück*) muestra *f*

Mut *m* <-(e)s, *ohne pl*> valor *m;* **den** ~ **verlieren** desanimarse; **jdm** ~ **machen** animar a alguien

mutig *adj* valiente

Mutter[1] *f* <Mütter> madre *f*

Mutter[2] *f* <-n> (TECH) tuerca *f*

mütterlich I. *adj* materno **II.** *adv* como una madre

Muttersprache *f* lengua *f* materna

Mütze *f* <-n> gorro *m*

mysteriös *adj* misterioso

Nn

nach I. *präp* (*Richtung*) hacia; (*Länder-, Ortsnamen*) a; (*Zug, Flugzeug*) con destino a; (*zeitlich*) después de; (*gemäß*) según; **allem Anschein** ~ por lo que parece; **meiner Meinung** ~ en mi opinión **II.** *adv:* ~ **und** ~ poco a poco; ~ **wie vor** (al) igual que antes

nach|ahmen *vt* imitar

Nachbar(in) *m(f)* <-n *o* -s, -n; -nen> vecino, -a *m, f*

nachdem *konj* después de *+inf,* después de que *+subj*

nach|denken *vi* reflexionar (**über** sobre)

nachdenklich *adj* pensativo

nacheinander *adv* (*räumlich*) sucesivamente; (*zeitlich*) seguido

nach|geben *vi* ceder

nachher *adv* después; (*später*) luego; **bis** ~**!** ¡hasta luego!

nach|holen *vt* recuperar

Nachmittag *m* tarde *f;* **am** ~ por la tarde

nachmittags *adv* por la tarde; **um vier Uhr** ~ a las cuatro de la tarde

Nachname *m* apellido *m*

Nachricht *f* <-en> noticia *f;* **eine** ~ **hinterlassen** dejar un recado

Nachsaison *f* temporada *f* baja

Nachspeise *f* postre *m*

nächste(r, s) *adj* próximo; **aus** ~**r Nähe** muy de cerca; **das** ~ **Mal** la próxima vez

Nacht *f* <Nächte> noche *f;* **gestern** ~ ayer por la noche; **über** ~ **bleiben** pasar la noche (**bei** en casa de, **in** en); **gute** ~**!** ¡buenas noches!

Nachteil *m* desventaja *f;* **im** ~ **sein** estar en desventaja

Nachthemd *nt* camisón *f*

Nachtisch *m* postre *m*

nachtragend *adj* rencoroso

nachträglich *adj* posterior

nachts *adv* por la noche; **um 2 Uhr** ~ a las dos de la madrugada

Nacken *m* <-s, -> nuca *f;* **einen steifen ~ haben** tener tortícolis

nackt *adj* desnudo

Nadel *f* <-n> aguja *f;* (*Stecknadel*) alfiler *m*

Nagel *m* <-s, Nägel> clavo *m;* (*Fingernagel*) uña *f*

nähen *vi, vt* coser; (*Wunde*) suturar

näher *adj* más próximo; (*genauer*) más detallado; **in der ~en Umgebung** en las proximidades inmediatas; **~ rücken** acercarse

Nahrungsmittel *nt* alimento *m*

naiv *adj* ingenuo

Name *m* <-ns, -n> nombre *m*

nämlich *adv* (*denn*) porque; (*und zwar*) a saber

Narbe *f* <-n> cicatriz *f*

Narkose *f* <-n> anestesia *f*

Nase *f* <-n> nariz *f;* **auf die ~ fallen** (*fam*) darse de narices; (*fig*) fracasar

nass[RR] *adj* mojado; (*Wetter, Farbe*) húmedo; **~ machen/werden** mojar/mojarse

Nation *f* <-en> nación *f;* **die Vereinten ~en** las Naciones Unidas

Nationalität *f* <-en> nacionalidad *f*

Natur *f* naturaleza *f;* **in freier ~** en plena naturaleza; **von ~ aus** por naturaleza

natürlich *adj* natural; **~ nicht!** ¡claro que no!

Nebel *m* <-s, -> niebla *f*

neben I. *präp* (*räumlich*) al lado de; (*verglichen mit*) en comparación con; (*außer*) además de **II.** *präp* al lado de

nebenan *adv* al lado

nebeneinander *adv* uno al lado del otro

Nebenwirkung *f* efecto *m* secundario

Neffe *m* <-n, -n> sobrino *m*

negativ *adj* negativo

nehmen *vt* tomar; (*wegnehmen*) quitar; (*herausnehmen*) sacar; (*Bus, Zug*) coger, tomar AM; **jdm etw übel ~** tomarle a mal algo a alguien

Neid *m* <-(e)s, *ohne pl*> envidia *f*

neidisch *adj* envidioso; **auf jdn/etw ~ sein** tener envidia de alguien/algo

neigen I. *vt, vr:* **sich ~** inclinar(se) (**nach** hacia) **II.** *vi:* **zu etw ~** tender a algo

nein no

nennen *vt* llamar; **kannst du mir Beispiele dafür ~?** ¿me puedes decir algunos ejemplos para eso?

Nerv *m* <-s, -en> nervio *m;* **die ~en behalten** conservar la calma

Nervenzusammenbruch *m* crisis *f* nerviosa

nervös *adj* nervioso; **~ werden** ponerse nervioso

Nest *nt* <-(e)s, -er> nido *m*

nett *adj* amable

netto *adv* neto

Netz *nt* <-es, -e> red *f*

neu I. *adj* nuevo; **seit ~estem** desde hace poco; **von ~em** de nuevo **II.** *adv* (*kürzlich*) recién; (*noch einmal*) de nuevo

neugierig *adj* curioso (**auf** por); **jdn ~ machen** despertar la curiosidad de alguien

Neuigkeit *f* <-en> novedad *f*

Neujahr *nt* Año *m* Nuevo; **Prost ~!** ¡Feliz Año Nuevo!

neun *adj* nueve

neunzehn *adj* diecinueve

neunzig *adj* noventa

neutral *adj* neutral

nicht *adv* no; **~ mehr** ya no; **auch ~** tampoco; **~ einmal** ni siquiera; **bestimmt ~** seguro que no

Nichte *f* <-n> sobrina *f*

nichts *pron* nada; **überhaupt ~** nada de nada; **~ als Ärger** sólo disgustos

nie *adv* nunca

niedergeschlagen *adj* deprimido

Niederlage *f* derrota *f*

niederträchtig *adj* infame

niedlich *adj* mono

niedrig *adj* bajo

niemand *pron* nadie

niesen *vi* estornudar

Niete *f* <-n> (*Los*) billete *m* de lotería no premiado; (*fam: Mensch*) inútil *mf*

Nikotin *nt* <-s, *ohne pl*> nicotina *f*

Niveau *nt* <-s, -s> nivel *m*

noch I. *adv* (*zeitlich*) todavía; (*zusätzlich*) más **immer ~** todavía; **~ nicht** todavía no; **kaum ~** apenas; **nur ~** sólo; **~ nie** nunca; **~ einmal** otra vez; **wer war ~ da?** ¿quién más estuvo? **auch das ~!** ¡lo que faltaba! **II.** *konj:* **weder .. ~ ...** ni... ni...

nochmals *adv* otra vez

Norden *m* <-s, *ohne pl*> norte *m*

Nordpol *m* polo *m* norte

Nordsee *f* Mar *m* del Norte

normal *adj* normal; (*gewöhnlich*) corriente

Notarzt, -ärztin *m, f* médico, -a *m, f* de urgencia; **Notausgang** *m* salida *f* de emergencia

Note *f* <-n> nota *f*
Notfall *m* (caso *m* de) emergencia *f*
notfalls *adv* en caso necesario
nötig *adj* necesario
Notlage *f* apuro *m;* (*Krise*) crisis *f*; **Notruf** *m* llamada *f* de socorro; **Notwehr** *f* legítima defensa *f*
November *m* <-(s), -> noviembre *m*
nüchtern *adj* (*nicht betrunken*) sobrio; (*sachlich*) objetivo; **auf ~en Magen** en ayunas
null *adj* cero
Nummer *f* <-n> número *m*
Nummernschild *nt* (AUTO) matrícula *f*
nur *adv* sólo; **~ noch** tan sólo
Nuss[RR] *f* <Nüsse> nuez *f*
nutzen I. *vi* servir II. *vt* aprovechar
nützlich *adj* útil
nutzlos *adj* inútil

O o

ob *konj* si; **als ~** como si +*subj*
oben *adv* arriba
obere(r, s) *adj* de arriba
oberflächlich *adj* superficial
objektiv *adj* objetivo
Obst *nt* <-(e)s, *ohne pl*> fruta *f*
obwohl *konj* aunque
Ochse *m* <-n, -n> buey *m*
oder *konj* o; (*andernfalls*) si no; **~ aber ...** o por el contrario...; **~ auch ...** o (bien)...
Ofen *m* <-s, Öfen> (*Backofen*) horno *m;* (*Heizofen*) estufa *f*
offenbar *adv* aparentemente
offensichtlich *adj* evidente
öffentlich I. *adj* público II. *adv* en público; **~ bekannt geben** publicar
offiziell *adj* oficial
öffnen *vi, vt, vr:* **sich ~** abrir(se)
oft *adv* a menudo; **wie ~?** ¿cuántas veces?; **nicht ~** pocas veces; **~ genug** bastante (a menudo)
ohnmächtig *adj* desmayado; (*machtlos*) impotente; **~ werden** desmayarse
Ohrfeige *f* bofetada *f*; **Ohrring** *m* pendiente *m*, aro *m* AM
ökologisch *adj* ecológico
Oktober *m* <-(s), -> octubre *m*
Öl *nt* <-(e)s, -e> aceite *m;* (*Erdöl*) petróleo *m*
Olive *f* <-n> aceituna *f*; **Olivenöl** *nt* aceite *m* de oliva
Olympiade *f* <-n> olimpiada *f*
Oma *f* <-s> (*fam*) abuela *f*
Onkel *m* <-s, -> tío *m*
Opa *m* <-s, -s> (*fam*) abuelo *m*
Oper *f* <-n> ópera *f*
Operation *f* <-en> operación *f*
Opfer *nt* <-s, -> (*Opfergabe*) ofrenda *f;* (*Verzicht*) sacrificio *m;* (*Person*) víctima *f*
opfern *vt, vr:* **sich ~** sacrificar(se) (**für** por)
optisch *adj* óptico
Orange *f* <-n> naranja *f*
Orchester *nt* <-s, -> orquesta *f*
ordentlich I. *adj* ordenado; (*anständig*) respetable II. *adv* ordenadamente; (*Benehmen*) como es debido; (*fam: viel*) mucho
ordinär *adj* (*unfein*) vulgar; (*gewöhnlich*) ordinario
Ordnung *f* orden *m;* **~ halten** mantener el orden; **für ~ sorgen** poner orden; **etw in ~ bringen** (*fam*) arreglar algo; (**das geht**) **in ~** (*fam*) está bien; **der ist in ~** (*fam*) es un buen tipo
Organ *nt* <-s, -e> órgano *m*
Organisation *f* <-en> organización *f*
Orgasmus *m* <-, Orgasmen> orgasmo *m*
Orientierung *f* orientación *f*
originell *adj* original
Orkan *m* <-s, -e> huracán *m*
Osten *m* <-s, *ohne pl*> este *m;* **der Mittlere ~** el Oriente Medio
Ostern *nt* <-, -> Pascua *f;* **Frohe ~!** ¡Felices Pascuas!
Österreich *nt* <-s> Austria *f*
österreichisch *adj* austriaco
Ostsee *f* Mar *m* Báltico
oval *adj* ovalado
Ozean *m* <-s, -e> océano *m*
Ozonloch *nt* agujero *m* (de la capa) de ozono

Pp

paar *pron*: **ein ~** (*einige*) algunos; (*wenige*) unos pocos
Paar *nt* <-(e)s, -e> (*Lebewesen*) pareja *f*; (*Dinge*) par *m*
Päckchen *nt* <-s, -> paquete *m*
packen I. *vt* coger (**an/bei** por); (*einpacken*) meter (**in** en); **den Koffer/seine Sachen ~** hacer la maleta **II.** *vi* hacer las maletas
Packung *f* <-en> paquete *m*
Paket *nt* <-(e)s, -e> paquete *m*
Palast *m* <-(e)s, -läste> palacio *m*
Palme *f* <-n> palmera *f*
Panik *f* <-en> pánico *m*
Panne *f* <-n> avería *f*
Pantoffel *m* <-s, -n> zapatilla *f*
Papa *m* <-s, -s> (*fam*) papá *m*
Papier *nt* <-s, -e> papel *m*; **Papierkorb** *m* papelera *f*
Paprika *f* <-(s)> pimiento *m*
Papst *m* <-(e)s, Päpste> Papa *m*
Paradies *nt* <-es, -e> paraíso *m*
parallel *adj* paralelo (**zu** a)
Parasit *m* <-en, -en> parásito *m*
Parfüm *nt* <-s, -e *o* -s> perfume *m*
Park *m* <-s, -s> parque *m*
P
parken *vi, vt* aparcar
Parkhaus *nt* parking *m*; **Parkplatz** *m* aparcamiento *m*
Partei *f* <-en> partido *m*
Partner(in) *m(f)* <-s, -; -nen> compañero, -a *m, f*
Party *f* <-s> fiesta *f*
Pass[RR] *m* <-es, Pässe> pasaporte *m*
Passagier(in) *m(f)* <-s, -e; -nen> pasajero, -a *m, f*
passen *vi* (*Kleidung*) sentar bien; (*Platz haben*) caber (**in** en); (*harmonieren*) pegar (**zu** con); **das passt mir gar nicht** no me viene nada bien
Patenkind *nt* ahijado, -a *m, f*
Patient(in) *m(f)* <-en, -en; -nen> paciente *mf*
Pauschale *f* <-n> importe *m* global
Pause *f* <-n> pausa *f*
Pazifik *m* <-s> (Océano *m*) Pacífico *m*
Pech *nt* <-(e)s, *ohne pl*> mala suerte *f*
Pedal *nt* <-s, -e> pedal *m*
peinlich *adj* (*unangenehm*) desagradable; (*Situation*) embarazoso; (*genau*) meticuloso
Penis *m* <-, -se *o* Penes> pene *m*
Pension *f* <-en> pensión *f*
perfekt *adj* perfecto
Periode *f* <-n> período *m*
Person *f* <-en> persona *f*
Personal *nt* <-s, *ohne pl*> personal *m*
Personalausweis *m* ≈carné *m* de identidad
Personalien *pl* datos *mpl* personales
persönlich *adj* personal; **etw ~ nehmen** tomarse algo a pecho
Perücke *f* <-n> peluca *f*
pervers *adj* perverso
Petersilie *f* perejil *m*
Petroleum *nt* <-s, *ohne pl*> petróleo *m*
Pfanne *f* <-n> sartén *f*
Pfannkuchen *m* crepe *f*, panqueque *m* AM
Pfeffer *m* <-s, -> pimienta *f*; **Pfefferminze** *f* menta *f*
Pfeife *f* <-n> (*Signalpfeife*) pito *m*; (*Tabakpfeife*) pipa *f*
Pferd *nt* <-(e)s, -e> caballo *m*
pfiffig *adj* pillo; (*witzig*) con gracia
Pfingsten *nt* <-, -> Pentecostés *m*
Pfirsich *m* <-(e)s, -e> melocotón *m*, durazno *m* AM
Pflanze *f* <-n> planta *f*
pflanzen *vt* plantar
Pflaster *nt* <-s, -> esparadrapo *m*; (*Straßenpflaster*) pavimento *m*
Pflaume *f* <-n> ciruela *f*
Pflege *f* cuidado *m*; (*Körperpflege*) aseo *m*; **Pflegekind** *nt* niño, -a *m, f* en tutela; **pflegeleicht** *adj* (*Mensch*) fácil de tratar
pflegen I. *vt* cuidar; (*Freundschaft*) cultivar **II.** *vi* soler +*inf*
Pflicht *f* <-en> deber *m*; (*Verpflichtung*) obligación *f*
pflücken *vt* coger
Pförtner(in) *m(f)* <-s, -; -nen> portero, -a *m, f*
Pfote *f* <-n> (*von Tieren*) pata *f*
Pfund *nt* <-(e)s, -e> libra *f*; **~ Sterling** libra esterlina
Pfütze *f* <-n> charco *m*
Physik *f* física *f*

Pickel *m* <-s, -> grano *m*

Picknick *nt* <-s, -s *o* -e> picnic *m*

pikant *adj* picante

Pille *f* <-n> pastilla *f*; (*Antibabypille*) píldora *f* (anticonceptiva)

Pilot(in) *m(f)* <-en, -en; -nen> piloto *mf*

Pilz *m* <-es, -e> (BOT, MED) hongo *m*

pinkeln *vi* (*fam*) mear

Pistole *f* <-n> pistola *f*

Plage *f* <-n> plaga *f*

Plakat *nt* <-(e)s, -e> cartel *m*

Plan *m* <-(e)s, Pläne> plan *m*; (*Karte*) plano *m*

Plane *f* <-n> lona *f*

planen *vt* planear

Planet *m* <-en, -en> planeta *m*

planmäßig I. *adj* previsto II. *adv* como estaba previsto

Plastik *nt* <-s, *ohne pl*> plástico *m*; **Plastiktüte** *f* bolsa *f* de plástico

Platz *m* <-es, Plätze> (*Ort, Stelle*) lugar *m*; (*öffentlicher Platz*) plaza *f*; (*Sitzplatz, Raum*) sitio *m*; **jdm ~ machen** hacer(le) sitio a alguien

Plätzchen *nt* <-s, -> (*Keks*) galleta *f*

platzen *vi* (*Rohr, Luftballon*) reventar; (*Naht*) romperse

plaudern *vi* charlar (**über** sobre/de)

pleite *adj* (*fam*): **~ sein** no tener un duro

plötzlich I. *adj* repentino II. *adv* de repente

plündern *vt* saquear

Plural *m* <-s, -e> plural *m*

plus *adv* (MATH) más; (*Temperatur*) sobre cero

Po *m* <-s, -s> (*fam*) culete *m*

Politik *f* política *f*

Politiker(in) *m(f)* <-s, -; -nen> político, -a *m, f*

politisch *adj* político

Polizei *f* <-en> policía *f*; **er ist bei der ~** es policía

Polizist(in) *m(f)* <-en, -en; -nen> policía *mf*

polnisch *adj* polaco

Pommes frites *pl* patatas *fpl* fritas

Pony[1] *nt* <-s, -s> (*Pferd*) póney *m*

Pony[2] *m* <-s, -s> (*Frisur*) flequillo *m*

populär *adj* popular

Portier *m* <-s, -s> portero *m*

Portion *f* <-en> porción *f*

Portmonee[RR] *nt* monedero *m*

Porto *nt* <-s, -s *o* Porti> franqueo *m*

Portwein *m* (vino *m* de) Oporto *m*

Porzellan *nt* <-s, -e> porcelana *f*

Position *f* <-en> posición *f*

positiv *adj* positivo

Post *f* correo *m*; (*Postamt*) (oficina *f* de) Correos *mpl*; **Postbote, Postbotin** *m, f* cartero, -a *m, f*

Postfach *nt* apartado *m* de Correos, casilla *f* (de correo) AM; **Postkarte** *f* (tarjeta *f*) postal *f*; **Postleitzahl** *f* código *m* postal

pragmatisch *adj* pragmático

prahlen *vi* jactarse (**mit** de)

praktisch *adj* práctico

Praline *f* <-n> bombón *m*

Präsident(in) *m(f)* <-en, -en; -nen> presidente, -a *m, f*

Praxis *f* <Praxen> (*Arzt*) consultorio *m*; (*Anwendung, Erfahrung*) práctica *f*; **etw in die ~ umsetzen** poner algo en práctica

predigen *vi, vt* predicar; **jdm etw ~** (*fam*) echar un sermón a alguien

Preis *m* <-es, -e> precio *m*; (*Auszeichnung*) premio *m*

Preiselbeere *f* arándano *m* rojo

Preisschild *nt* etiqueta *f* del precio; **preiswert** *adj* barato

Prellung *f* <-en> contusión *f*

Presse *f* <-n> prensa *f*

pressen *vt* (*auspressen*) exprimir; (*drücken*) apretar (**gegen/an** contra)

Priester *m* <-s, -> sacerdote *m*

prima I. *adj* (*fam*) estupendo II. *adv* (*fam*) muy bien

primitiv *adj* primitivo

Prinz, Prinzessin *m, f* <-en, -en; -nen> príncipe, princesa *m, f*

Prinzip *nt* <-s, -ien *o* -e> principio *m*; **im ~** en principio; **aus ~** por principio

privat I. *adj* privado II. *adv* en privado

pro *präp* por

Probe *f* <-n> prueba *f*; (*Probestück*) muestra *f*

proben *vi, vt* ensayar

Problem *nt* <-s, -e> problema *m*

problematisch *adj* problemático

problemlos *adj* sin problemas

Produkt *nt* <-(e)s, -e> producto *m*

Produktion *f* <-en> producción *f*

professionell *adj* profesional

Profi *m* <-s, -s> profesional *mf*

Profil *nt* <-s, -e> perfil *m*

Profit *m* <-(e)s, -e> provecho *m*

Prognose *f* <-n> pronóstico *m*

Programm *nt* <-s, -e> programa *m*
Projekt *nt* <-(e)s, -e> proyecto *m*
Promille *ntpl* (*fam*: *Alkoholgehalt im Blut*) grado *m* de alcoholemia
prominent *adj* prominente
prompt I. *adj* inmediato II. *adv* en el acto
Prospekt *m* <-(e)s, -e> folleto *m*
prost *interj* (*fam*) salud, chinchín
Prostituierte(r) *mf* <-n, -n; -n> prostituto, -a *m, f*
Protest *m* <-(e)s, -e> protesta *f*
Proviant *m* <-s, -e> víveres *mpl*
Provinz *f* <-en> provincia *f*
provinziell *adj* provinciano
Prozent *nt* <-(e)s, -e> ❶ (*Hundertstel*) tanto *m* por ciento; **50 ~ der Bevölkerung** el 50 por ciento de la población ❷ *pl* (*fam*: *Rabatt*) rebaja *f*
Prozess[RR] *m* <-es, -e> proceso *m*
prüde *adj* pudibundo
prüfen *vt* (*überprüfen*) comprobar
Prügelei *f* <-en> pelea *f*
Psychiater(in) *m(f)* <-s, -; -nen> (p)siquiatra *mf*
psychisch *adj* (p)síquico; **~ krank** enfermo mental
psychologisch *adj* (p)sicológico
Pubertät *f* pubertad *f*
Publikum *nt* <-s, *ohne pl*> público *m*
Pudding *m* <-s, -e *o* -s> budín *m*
Puderzucker *m* azúcar *m* en polvo
Puls *m* <-es, -e> pulso *m*; **den ~ fühlen** tomar el pulso
Pulver *nt* <-s, -> polvo *m*
Pumpe *f* <-n> bomba *f*
pumpen *vt* bombear; **Luft in die Reifen ~** inflar los neumáticos
Punkt *m* <-(e)s, -e> punto *m*; **wunder ~** punto flaco
pünktlich *adj* puntual
Puppe *f* <-n> muñeca *f*
pur *adj* puro
Püree *nt* <-s, -s> puré *m*
pusten *vi* (*fam*) soplar
putzen *vt* limpiar; **sich** *dat* **die Nase/die Zähne ~** limpiarse la nariz/cepillarse los dientes
Putzfrau *f* mujer *f* de la limpieza; **Putzlappen** *m* trapo *m*
Pyjama *m* <-s, -s> pijama *m*
Pyrenäen *pl* Pirineos *mpl*

Qq

quadratisch *adj* cuadrado
Quadratmeter *m o nt* metro *m* cuadrado
Qual *f* <-en> tortura *f*
Qualifikation *f* <-en> (*Befähigung*) capacidad *f*
Qualität *f* <-en> calidad *f*
Qualm *m* <-(e)s, *ohne pl*> humareda *f*
qualmen *vi* humear; (*fam*: *Mensch*) fumar
Quark *m* <-s, *ohne pl*> ≈requesón *m*, quesillo *m* AM
Quatsch *m* <-(e)s, *ohne pl*> (*fam*) tonterías *fpl*
Quelle *f* <-n> fuente *f*
Quetschung *f* <-en> contusión *f*
quitt *adj inv* (*fam*): **mit jdm ~ sein** estar en paz con alguien
Quittung *f* <-en> recibo *m*

R r

Rabatt *m* <-(e)s, -e> rebaja *f*
Rache *f* venganza *f* (**für** por)
rächen *vt, vr*: **sich ~** vengar(se) (**an** de, **für** por)
Rad *nt* <-(e)s, Räder> rueda *f*; **~ fahren** (*fam*) ir en bici
Radfahrer(in) *m(f)* ciclista *mf*
Radieschen *nt* <-s, -> rabanito *m*
radikal *adj* radical
Radio *nt* <-s, -s> radio *f*
Rahmen *m* <-s, -> marco *m*
Raps *m* <-es, -e> colza *f*
rasch **I.** *adj* rápido **II.** *adv* de prisa
Rasen *m* <-s, -> césped *m*
Rasierapparat *m* máquina *f* de afeitar
Rasierklinge *f* hoja *f* de afeitar; **Rasierwasser** *nt* loción *f* para después del afeitado
Rasse *f* <-n> raza *f*
rassistisch *adj* racista
Rat *m* <-(e)s, *ohne pl*> consejo *m*
Rate *f* <-n> (*bei Kauf*) plazo *m*; (*Verhältniszahl*) tasa *f*
raten *vi, vt* (*empfehlen*) aconsejar; (*erraten*) adivinar; **richtig ~** acertar
Rathaus *nt* ayuntamiento *m*, municipalidad *f* AM
ratlos *adj* desorientado; (*verwirrt*) desconcertado; **~ sein** no saber qué hacer
Rätsel *nt* <-s, -> adivinanza *f*; (*Geheimnis*) enigma *m*; **rätselhaft** *adj* misterioso
Ratte *f* <-n> rata *f*
rau[RR] *adj* áspero; (*Stimme*) ronco; **in ~en Mengen** (*fam*) en masas
Räuber(in) *m(f)* <-s, -; -nen> ladrón, -ona *m, f*
Raubüberfall *m* asalto *m*
Rauch *m* <-(e)s, *ohne pl*> humo *m*
rauchen **I.** *vi* echar humo **II.** *vi, vt* fumar
Raucher(in) *m(f)* <-s, -; -nen> fumador(a) *m(f)*
Raumfahrt *f* astronáutica *f*
Raupe *f* <-n> oruga *f*
Rauschgift *nt* estupefaciente *m*
Razzia *f* <Razzien> redada *f*
real *adj* real
Rechnung *f* <-en> (*Abrechnung*) cuenta *f*; (*Warenrechnung*) factura *f*
rechteckig *adj* rectangular
rechtfertigen *vt, vr*: **sich ~** justificar(se) (**für** por, **vor** ante)
rechts *adv o präp* a la derecha (de); **nach ~** hacia la derecha; **~ vor links** la derecha tiene preferencia
Rechtsanwalt, **-wältin** *m, f* abogado, -a *m, f*
rechtsradikal *adj* ultraderechista
rechtswidrig *adj* ilegal
Rede *f* <-n> discurso *m*; **jdn zur ~ stellen** pedir cuentas a alguien
reden *vi, vt* hablar (**über** sobre); **Unsinn ~** decir tonterías
Reform *f* reforma *f*
Regal *nt* <-s, -e> estantería *f*
Regel *f* <-n> (*a.* MED) regla *f*; **in der ~** por regla general
regelmäßig *adj* regular
regeln **I.** *vt* regular; (*in Ordnung bringen*) arreglar **II.** *vr*: **sich ~** arreglarse
Regen *m* <-s, -> lluvia *f*; **Regenbogen** *m* arco *m* iris; **Regenmantel** *m* gabardina *f*; **Regenschirm** *m* paraguas *m*
Regierung *f* <-en> gobierno *m*
Region *f* <-en> región *f*
regional *adj* regional
regnen *vunpers* llover
reiben *vt* (*aneinander reiben*) frotar; (*zerkleinern*) rallar
reibungslos *adj* sin dificultades
reich *adj* rico (**an** en); **~ werden** enriquecerse
Reich *nt* <-(e)s, -e> imperio *m*; (*Königreich, a. fig*) reino *m*
Reichtum *m* <-s, -tümer> riqueza *f* (**an** en); (*Vielfalt*) gran variedad *f* (**an** de)
reif *adj* maduro
Reifen *m* <-s, -> neumático *m*
Reihenfolge *f* orden *m*
rein *adj* (*pur*) puro; (*sauber*) limpio; **~ gar nichts** nada de nada
reinigen *vt* limpiar
Reinigung *f* <-en> (*Unternehmen*) tintorería *f*
Reis *m* <-es, -e> arroz *m*
Reise *f* <-n> viaje *m* (**nach/in** a); **Reisebüro** *nt* agencia *f* de viajes; **Reiseführer** *m* guía *f* turística; **Reiseleiter(in)** *m(f)* guía *mf* turístico, -a

reisen *vi* viajar (**nach/in** a)
Reisepass[RR] *m* pasaporte *m*; **Reiseveranstalter** *m* <-s, -> agente *m* de viajes
Reißverschluss[RR] *m* cremallera *f*
reiten *vi, vt* cabalgar
reizen *vt* (*provozieren*) provocar; (MED) irritar; (*anziehen*) atraer
reizend *adj* encantador
Reklame *f* <-n> publicidad *f*
Rekord *m* <-(e)s, -e> récord *m*
relativ *adj* relativo; ~ **oft** bastante a menudo
Religion *f* <-en> religión *f*
religiös *adj* religioso
Rendezvous *nt* <-, -> cita *f*
rennen *vi* correr; **gegen etw** ~ estrellarse contra algo
Rennwagen *m* coche *m* de carreras
rentabel *adj* rentable
Rente *f* <-n> pensión *f*; **in ~ gehen** (*fam*) jubilarse
Rentner(in) *m(f)* <-s, -; -nen> pensionista *mf*
Reparatur *f* <-en> reparación *f*
Reporter(in) *m(f)* <-s, -; -nen> reportero, -a *m, f*
Republik *f* <-en> república *f*
Reserve *f* <-n> reserva *f*
resolut *adj* resuelto
Respekt *m* <-(e)s, *ohne pl*> respeto *m* (**vor** a)
Rest *m* <-(e)s, -e> resto *m*
Restaurant *nt* <-s, -s> restaurante *m*
retten *vt, vr*: **sich** ~ salvar(se) (**vor** de)
Rettich *m* <-s, -e> rábano *m* largo
Rettung *f* <-en> salvación *f*; **du bist meine letzte ~!** (*fam*) ¡eres mi última esperanza!; **Rettungsboot** *nt* bote *m* salvavidas; **Rettungsring** *m* salvavidas *m*; **Rettungswagen** *m* ambulancia *f*
Revolution *f* <-en> revolución *f*
Rezept *nt* <-(e)s, -e> receta *f*
Rezeption *f* <-en> recepción *f*
Rheuma *nt* <-s, *ohne pl*> (*fam*) reuma *m o f*
Rhythmus *m* <-, Rhythmen> ritmo *m*
Richter(in) *m(f)* <-s, -; -nen> juez(a) *m(f)*
richtig|stellen *vt*: **etw** ~ rectificar algo
Richtung *f* <-en> dirección *f*
Riese, Riesin *m, f* <-n, -n; -nen> gigante, -a *m, f*
riesengroß *adj* (*fam*) gigantesco
Rille *f* <-n> ranura *f*
Rindfleisch *nt* carne *f* de vaca
Ring *m* <-(e)s, -e> anillo *m*; **~e unter den Augen haben** tener ojeras

Rippe *f* <-n> costilla *f*
Risiko *nt* <-s, -s *o* Risiken> riesgo *m*; **kein/ein ~ eingehen** no correr riesgos/correr ur riesgo
riskant *adj* arriesgado
Ritual *nt* <-s, -e *o* -ien> ritual *m*
Ritze *f* <-n> ranura *f*
Rivale, Rivalin *m, f* <-n, -n; -nen> rival *mf*
Roboter *m* <-s, -> robot *m*
Rock *m* <-(e)s, Röcke> falda *f*
Roggen *m* <-s, -> centeno *m*
roh *adj* (*ungekocht*) crudo; **Rohkost** *f* verdur *f* cruda
Rohr *nt* <-(e)s, -e> tubo *m*
Rohstoff *m* materia *f* prima
rollen I. *vi* rodar **II.** *vt* hacer rodar
Roller *m* <-s, -> patinete *m*; (*Motorroller*) ves pa® *f*
Rollladen[RR] *m* persiana *f*; **Rollschuh** *m* patí *m* sobre ruedas; ~ **laufen** patinar (sobre rue das); **Rollstuhl** *m* silla *f* de ruedas; **Rolltrepp** *f* escalera *f* mecánica
Roman *m* <-s, -e> novela *f*
rosa *adj* rosa(do)
Rose *f* <-n> rosa *f*
Rost *m* <-(e)s, -e> (*Gitterrost*) rejilla *f*; (*fi Grill*) parrilla *f*; (*auf Metall*) orín *m*
rösten *vt* tostar
rot *adj* rojo; ~ **werden** enrojecer; **Rotkohl** *r* lombarda *f*; **Rotwein** *m* vino *m* tinto
Route *f* <-n> ruta *f*
Routine *f* rutina *f*
Rübe *f* <-n> nabo *m*; **Gelbe ~n** zanahorias *fp* **Rote** ~ remolacha *f*
Rückfahrkarte *f* billete *m* de ida y vuelt **Rückfahrt** *f* (viaje *m* de) vuelta *f*; **auf der** a la vuelta
Rückgabe *f* devolución *f*
rückgängig *adj*: ~ **machen** (*Vertrag*) anula (*Verabredung*) cancelar
Rückkehr *f* regreso *m*
Rücklicht *nt* luz *f* trasera
Rucksack *m* mochila *f*
Rücksicht *f* consideración *f*; **auf jdn/etw nehmen** tener consideración con alguien/re petar algo; **rücksichtslos I.** *adj* desconsid rado **II.** *adv* sin consideración; **rücksichts voll** *adj* considerado
Rücksitz *m* asiento *m* trasero; **Rückspiegel** (espejo *m*) retrovisor *m*

ückwärts *adv* hacia atrás; **Rückwärtsgang** *m* marcha *f* atrás

Rückweg *m* (camino *m* de) vuelta *f*; **auf dem ~** a la vuelta

Rüde *m* <-n, -n> perro *m* macho

Ruder *nt* <-s, -> (*von Ruderboot*) remo *m*; (*Steuerruder*) timón *m*; **Ruderboot** *nt* bote *m* de remos

ufen *vi, vt* llamar; **etw ~** gritar algo; **nach jdm ~** llamar a alguien; **um Hilfe ~** dar voces de socorro

uhig *adj* (*bewegungslos, leise*) quieto; (*geräuschlos, gelassen*) tranquilo; (*schweigsam*) callado; **~ verlaufen** transcurrir sin incidentes

Ruhm *m* <-(e)s, *ohne pl*> gloria *f*

Rührei *nt* huevos *m pl* revueltos

rühren I. *vt* (*umrühren*) remover; (*bewegen*) mover; (*emotional*) conmover **II.** *vr*: **sich ~** moverse

rührend *adj* conmovedor

Ruine *f* <-n> ruina *f*

rülpsen *vi* (*fam*) eructar

Rum *m* <-s, -s> ron *m*

rund *adj* redondo; **ein ~es Dutzend Leute** (*fam*) aproximadamente una docena de personas; **~ um die Uhr** las 24 horas del día

Runde *f* <-n> (*Gesellschaft*) reunión *f*; (*Rundgang*) vuelta *f*; (*Getränkerunde*) ronda *f*

Rundfahrt *f* vuelta *f*; **Rundfunk** *m* radio *f*; **Rundreise** *f* gira *f*

Rutschbahn *f* tobogán *m*

rutschig *adj* resbaladizo

S s

Saal *m* <-(e)s, Säle> sala *f*

Sache *f* <-n> cosa *f*; (*Angelegenheit*) asunto *m*

Sack *m* <-(e)s, Säcke> saco *m*; **Sackgasse** *f* callejón *m* sin salida

Saft *m* <-(e)s, Säfte> zumo *m*, jugo *m* AM

agen *vt* decir; **viel ~d** significativo

Sahne *f* nata *f*

Saison *f* <-s> temporada *f*

Salat *m* <-(e)s, -e> lechuga *f*; (*Speise*) ensalada *f*

Salbe *f* <-n> pomada *f*

Salz *nt* <-es, -e> sal *f*

alzen *vt* salar

alzig *adj* salado

ammeln *vt* recoger; (*Geld*) recaudar; (*als Hobby*) seleccionar; **Erfahrungen ~** reunir experiencias

amstag *m* sábado *m*

ämtlich *pron* todo; **~e Unterlagen** todos los documentos

and *m* <-(e)s, *ohne pl*> arena *f*

andale *f* <-n> sandalia *f*

anft *adj* suave

änger(in) *m(f)* <-s, -; -nen> cantante *mf*

ardine *f* <-n> sardina *f*

arkastisch *adj* sarcástico

att *adj* (*nicht hungrig*) satisfecho, lleno

Sattel *m* <-s, Sättel> (*Reitsattel*) silla *f* de montar; (*Fahrradsattel*) sillín *m*

Satz *m* <-es, Sätze> (LING) frase *f*

Sau *f* <Säue> cerda *f*; (*fam abw*: *Mensch*) cochino, -a *m, f*

sauber *adj* limpio; **~ machen** limpiar

Sauberkeit *f* limpieza *f*

säubern *vt* limpiar; (*Wunde*) absterger

Sauce *f* <-n> salsa *f*

sauer *adj* ácido; **~ werden** (*Milch*) agriarse; **ich bin ~ auf ihn** (*fam*) estoy enfadado con él

Sauerkraut *nt* choucroute *f*

Sauerstoff *m* oxígeno *m*

saugen[1] *vi* chupar (**an**)

saugen[2] *vi, vt* (*staubsaugen*) pasar la aspiradora (a)

Säugling *m* <-s, -e> lactante *mf*

Säule *f* <-n> columna *f*

Sauna *f* <Saunen> sauna *f*

S-Bahn *f* ≈suburbano *m*

schäbig *adj* deslucido; (*gemein*) miserable

Schach *nt* <-s, *ohne pl*> ajedrez *m*

schade *adj*: **es ist ~, dass ...** es una lástima que... +*subj*; **das ist aber ~!** ¡qué lástima!

Schädel *m* <-s, -> cráneo *m*

schaden *vi*: **jdm/etw ~** dañar a alguien/algo

Schaden *m* <-s, Schäden> daño *m* (**an** de);

Schadenfreude *f* alegría *f* del mal ajeno

schädlich *adj* perjudicial

Schadstoff *m* sustancia *f* nociva

Schaf *nt* <-(e)s, -e> oveja *f*

schaffen[1] *vt* crear; (*Platz, Ordnung*) hacer

schaffen[2] *vt* (*erreichen*) lograr; **eine Prüfung** ~ aprobar un examen

Schaffner(in) *m(f)* <-s, -; -nen> revisor(a) *m(f)*

Schal *m* <-s, -s *o* -e> bufanda *f*

Schale *f* <-n> (*Obstschale, Kartoffelschale*) piel *f*; (*Nussschale, Eierschale*) cáscara *f*; (*Gefäß*) fuente *f*

schälen *vt* (*Obst, Kartoffel*) pelar; (*Ei*) quitar la cáscara (a)

Schallplatte *f* disco *m*

schalten *vi* (AUTO) cambiar de marcha; **in den dritten Gang** ~ cambiar a tercera

Schalter *m* <-s, -> (TECH) interruptor *m*; (*Postschalter*) ventanilla *f*; (*Fahrkartenschalter*) taquilla *f*

schämen *vr*: **sich** ~ avergonzarse (**wegen/für** de, **vor** ante)

Schande *f* vergüenza *f*

scharf *adj* (*Messer*) afilado; (*Speise*) picante; (FOTO) nítido; (*Kurve*) cerrado

Schatten *m* <-s, -> sombra *f*

Schatz *m* <-es, Schätze> (*a. fig*) tesoro *m*

schätzen *vt* valorar (**auf** en); (*würdigen*) apreciar; (*fam: annehmen*) suponer

schauen *vi* mirar

Schaufel *f* <-n> pala *f*

Schaufenster *nt* escaparate *m*

Schaukel *f* <-n> columpio *m*

schaukeln *vi* balancearse; (*auf einer Schaukel*) columpiarse

Schaukelstuhl *m* mecedora *f*

Schaum *m* <-(e)s, Schäume> espuma *f*

Schauspieler(in) *m(f)* <-s, -; -nen> actor, actriz *m, f*

Scheck *m* <-s, -s> cheque *m*; **einen** ~ **einlösen** cobrar un cheque; **Scheckkarte** *f* tarjeta *f* bancaria

Scheibe *f* <-n> disco *m*; (*Brotscheibe*) rebanada *f*; (*Wurstscheibe*) rodaja *f*; (*Käsescheibe*) loncha *f*; (*Glasscheibe*) cristal *m*

Scheibenwischer *m* <-s, -> limpiaparabrisas *m*

Scheide *f* <-n> (*Vagina*) vagina *f*

scheiden *vt* (*Ehe*) divorciar; **sich (von jdm)** ~ **lassen** divorciarse (de alguien)

Scheidung *f* <-en> divorcio *m*

Schein *m* <-(e)s, -e> (*Bescheinigung*) certificado *m*; (*Geldschein*) billete *m*; (*Anschein*) apariencia *f*

scheinbar I. *adj* aparente II. *adv* (*fam*) al parecer

scheinen *vi* (*den Anschein haben*) parecer; **die Sonne scheint** hace sol

Scheinwerfer *m* <-s, -> (AUTO) faro *m*

Scheiße *f* (*vulg*) mierda *f*

scheitern *vi* fracasar

Schema *nt* <-s, Schemata> esquema *m*

schenken *vt* regalar; (*widmen*) dedicar

Schere *f* <-n> tijera(s) *f(pl)*

Scherz *m* <-es, -e> broma *f*

scheu *adj* tímido; (*Tier*) espantadizo

Scheune *f* <-n> granero *m*

scheußlich *adj* horrible

Schicht *f* <-en> capa *f*; (*Gesellschaftsschicht*) clase *f*; (*Arbeitsschicht*) turno *m*; **er arbeitet** ~ trabaja por turnos

schicken I. *vt* mandar, enviar II. *vr*: **das schickt sich nicht** esto no se hace

Schicksal *nt* <-s, -e> destino *m*

Schiebedach *nt* techo *m* corredizo

schieben *vt* empujar; (*stecken*) meter (**in** en); **die Schuld auf jdn** ~ echarle la culpa a alguien; **etw vor sich** *dat* **her** ~ (*fig*) aplazar algo continuamente

schief *adj* (*krumm*) torcido; (*nicht senkrecht*) inclinado; **schief|gehen** *vi* salir mal

schielen *vi* ser bizco *fam*

Schienbein *nt* tibia *f*

Schiene *f* <-n> (EISENB) carril *m*; (MED) tablilla

schießen I. *vi*: **auf jdn** ~ disparar a alguien II. *vt* (*Ball*) lanzar; **ein Tor** ~ meter un gol

Schiff *nt* <-(e)s, -e> barco *m*

Schild *nt* <-(e)s, -er> (*Verkehrsschild*) señal (de tráfico); (*Hinweisschild*) letrero *m*

schildern *vt* narrar; (*beschreiben*) describir

Schildkröte *f* tortuga *f*

Schimmel *m* <-s, -> (*Pferd*) caballo *m* blanco; (*Schimmelpilz*) moho *m*

schimmeln *vi* enmohecer(se)

schimpfen *vi* reñir (**mit** a); (*kritisieren*) criticar (**auf/über** a)

Schimpfwort *nt* <-(e)s, -wörter> palabrota *f*

Schinken *m* <-s, -> jamón *m*

Schirm *m* <-(e)s, -e> (*Regenschirm*) paraguas

m; (*Sonnenschirm*) sombrilla *f*

schlachten *vt* matar

Schlaf *m* <-(e)s, *ohne pl*> sueño *m;* **Schlafanzug** *m* pijama *m*

Schläfe *f* <-n> sien *f*

schlafen *vi* dormir; **bei jdm ~** dormir en casa de alguien; **mit jdm ~** acostarse con alguien

Schlaflosigkeit *f* insomnio *m*

Schlafsack *m* saco *m* de dormir; **Schlafzimmer** *nt* dormitorio *m*

Schlag *m* <-(e)s, Schläge> (*a. Schicksalsschlag*) golpe *m;* (*Stromstoß*) calambre *m*

schlagen I. *vt* golpear; (*Gegner*) ganar (a) **II.** *vi* (*Herz*) latir **III.** *vr:* **sich ~** (*sich prügeln*) pegarse (**um** por)

Schlager *m* <-s, -> (*Lied*) canción *f* de moda

Schlägerei *f* <-en> pelea *f*

Schlagsahne *f* nata *f* para montar; (*geschlagen*) nata *f* montada, crema *f* AM

Schlamm *m* <-(e)s, Schlämme *o* -e> lodo *m*

Schlange *f* <-n> serpiente *f;* (*Menschenschlange*) cola *f;* (*Fahrzeugschlange*) caravana *f* (de coches); **~ stehen** hacer cola

schlank *adj* delgado

schlapp *adj* (*erschöpft*) agotado

schlau *adj* astuto; (*fam: klug*) listo; **aus jdm/etw nicht ~ werden** no entender a alguien/algo

Schlauch *m* <-(e)s, Schläuche> (*Wasserschlauch*) manguera *f;* (*Reifenschlauch*) cámara *f* de aire; **Schlauchboot** *nt* bote *m* neumático

schlecht *adj* mal(o); **mir ist ~** me siento mal

schleichen I. *vi* (*leise*) avanzar a hurtadillas; (*langsam*) ir a paso lento **II.** *vr:* **sich ~** (*hineinschleichen*) entrar a hurtadillas (**in** en/a); (*hinausschleichen*) salir a hurtadillas (**aus** de)

Schleier *m* <-s, -> velo *m*

Schleife *f* <-n> lazo *m;* (*beim Schuhebinden*) nudo *m*

Schleim *m* <-(e)s, -e> moco *m*

schleudern I. *vi* (*Auto*) patinar **II.** *vt* lanzar; (*Wäsche*) centrifugar

Schleuse *f* <-n> esclusa *f*

schließen I. *vi, vt* (*zumachen*) cerrar **II.** *vi* (*folgern*) deducir (**aus** de)

schließlich *adv* finalmente

schlimm *adj* mal(o); (*schrecklich*) terrible; (*schwerwiegend*) grave; **es gibt Schlimmeres** hay cosas peores

Schlitten *m* <-s, -> trineo *m*

Schlittschuh *m* patín *m* para hielo; **~ laufen** patinar (sobre hielo)

Schloss[RR] *nt* <-es, Schlösser> (*Burg*) castillo *m;* (*Türschloss*) cerradura *f*

Schlosser(in) *m(f)* <-s, -; -nen> cerrajero, -a *m, f*

Schluck *m* <-(e)s, -e> trago *m*

Schluckauf *m* <-s, *ohne pl*> hipo *m*

schlucken *vi, vt* tragar(se)

Schluss[RR] *m* <-es, Schlüsse> fin *m;* (*Folgerung*) conclusión *f;* **zum ~** al final; **zu dem ~ kommen, dass ...** llegar a la conclusión de que...

Schlüssel *m* <-s, -> llave *f;* **Schlüsselloch** *nt* ojo *m* de la cerradura

Schmarotzer *m* <-s, -> parásito *m*

schmecken *vi* saber (**nach** a); **schmeckt dir die Suppe?** ¿te gusta la sopa?; **es hat gut geschmeckt** estaba rico

schmeicheln *vi* lisonjear

schmelzen *vi* (*Butter, Eis*) derretirse; (*Käse*) fundirse

Schmerz *m* <-es, -en> dolor *m*

schmerzen *vi, vt* doler (a)

schmerzhaft *adj* doloroso

Schmetterling *m* <-s, -e> mariposa *f*

schminken *vt, vr:* **sich ~** maquillar(se)

Schmuck *m* <-(e)s, *ohne pl*> joyas *fpl*

schmücken *vt* adornar

schmuggeln I. *vi* hacer contrabando **II.** *vt* pasar de contrabando

schmusen *vi* (*fam*) acariciar(se)

Schmutz *m* <-es, *ohne pl*> suciedad *f*

schmutzig *adj* sucio

Schnabel *m* <-s, Schnäbel> pico *m*

Schnappschuss[RR] *m* instantánea *f*

Schnaps *m* <-es, Schnäpse> aguardiente *m*

schnarchen *vi* roncar

Schnauze *f* <-n> hocico *m;* (*fam abw: Mund*) morro *m;* **die ~ voll haben** estar hasta el gorro

Schnecke *f* <-n> caracol *m*

Schnee *m* <-s, *ohne pl*> nieve *f;* **Schneemann** *m* muñeco *m* de nieve

schneiden *vt, vr:* **sich ~** cortar(se)

schneien *vunpers* nevar; **es schneit** está nevando

schnell *adj* rápido; **mach ~!** (*fam*) ¡date prisa!

Schnittlauch *m* cebollino *m;* **Schnittwunde** *f* corte *m*

Schnitzel *nt* <-s, -> (GASTR) escalope *m;* **paniertes ~** escalope rebozado, milanesa *f* AM
Schnuller *m* <-s, -> chupete *m*
Schnupfen *m* <-s, -> constipado *m;* **~ haben** estar resfriado
Schnur *f* <Schnüre> cuerda *f*
Schnurrbart *m* bigote *m*
Schnürsenkel *m* <-s, -> (NORDD, REG) cordón *m* para zapatos
Schock *m* <-(e)s, -s> shock *m;* **unter ~ stehen** estar bajo (los efectos de un) shock
Schokolade *f* <-n> chocolate *m*
schon *adv* ya; **~ wieder** otra vez
schön I. *adj* bonito; **das Wetter ist ~** hace buen tiempo; **~es Wochenende!** ¡buen fin de semana! II. *adv* bien
schonen I. *vt* tratar con cuidado; (*Kräfte*) ahorrar; **seine Gesundheit ~** cuidarse II. *vr:* **sich ~** cuidarse
Schönheit *f* <-en> belleza *f*
schonungslos I. *adj* despiadado II. *adv* sin piedad
Schornstein *m* chimenea *f*; **Schornsteinfeger(in)** *m(f)* <-s, -; -nen> deshollinador(a) *m(f)*
Schrank *m* <-(e)s, Schränke> armario *m*
Schranke *f* <-n> barrera *f*
Schraube *f* <-n> tornillo *m*
Schraubenzieher *m* <-s, -> destornillador *m*
Schreck *m* <-(e)s, -e>, **Schrecken** *m* <-s, -> susto *m;* **~en erregend** espantoso
schrecklich *adj* horrible
Schrei *m* <-(e)s, -e> grito *m*
schreiben *vi, vt, vr:* **sich ~** escribir(se) (**auf** en)
Schreibtisch *m* escritorio *m*
schreien *vi, vt* gritar
Schriftsteller(in) *m(f)* <-s, -; -nen> escritor(a) *m(f)*
Schritt *m* <-(e)s, -e> paso *m*
Schublade *f* <-n> cajón *m*
schüchtern *adj* tímido
Schuft *m* <-(e)s, -e> (*abw*) canalla *mf*
Schuh *m* <-(e)s, -e> zapato *m*; **Schuhcreme** *f* betún *m*
Schuld *f* <-en> (*Geldbetrag*) deuda *f;* (*Verantwortung*) culpa *f* (**an** de); **jdm ~ geben** echar la culpa a alguien
schuldig *adj* culpable (**an** de); **jdm etw ~ sein** deber algo a alguien
Schule *f* <-n> escuela *f;* **~ haben** tener clase
Schüler(in) *m(f)* <-s, -; -nen> alumno, -a *m, f*
Schulferien *pl* vacaciones *fpl* escolares
Schulter *f* <-n> hombro *m;* **etw auf die leichte ~ nehmen** tomar algo a la ligera
Schuppen *m* <-s, -> cobertizo *m*
Schuss[RR] *m* <-es, Schüsse> (*aus einer Waffe*) disparo *m;* (*Fußball*) tiro *m*
Schüssel *f* <-n> fuente *f*
Schuster(in) *m(f)* <-s, -; -nen> zapatero, -a *m, f*
Schutt *m* <-(e)s, *ohne pl*> escombros *mpl*
schütteln *vt* sacudir; (*Gefäß*) agitar; (*Kopf*) mover
schütten *vt* verter (**in** en)
Schutz *m* <-es, *ohne pl*> protección *f* (**vor/gegen** contra); **jdn in ~ nehmen** defender a alguien
Schütze *m* <-n, *ohne pl*> (ASTR) Sagitario *m*
schützen *vt, vr:* **sich ~** proteger(se) (**vor/gegen** de/contra)
schwach *adj* débil
Schwager, Schwägerin *m, f* <-s, Schwäger; -nen> cuñado, -a *m, f*
Schwamm *m* <-(e)s, Schwämme> esponja *f*
schwanger *adj* embarazada
Schwangerschaft *f* <-en> embarazo *m*
Schwanz *m* <-es, Schwänze> cola *f*
schwärmen *vi* (*begeistert sein*) entusiasmarse (**für** por)
schwarz *adj* negro; **Schwarzarbeit** *f* trabajo *m* clandestino
schweigen *vi* callar(se) (**zu** ante)
Schwein *nt* <-(e)s, -e> cerdo *m*, chancho *m* AM; **~ haben** (*fam*) tener suerte
Schweiß *m* <-es, *ohne pl*> sudor *m*
Schweiz *f* Suiza *f;* **in die ~ fahren** ir a Suiza
schweizerisch *adj* suizo
schwer I. *adj* pesado; (*schwierig*) difícil; (*schlimm*) grave II. *adv* (*sehr: + Adjektiv*) muy; (*+ Verb*) mucho; **~ verletzt sein** estar gravemente herido
schwerhörig *adj* (algo) sordo
Schwester *f* <-n> hermana *f;* (*Krankenschwester*) enfermera *f*
Schwiegereltern *pl* suegros *mpl*; **Schwiegermutter** *f* <-mütter> suegra *f*; **Schwiegersohn** *m* yerno *m*; **Schwiegertochter** nuera *f*; **Schwiegervater** *m* suegro *m*
schwierig *adj* difícil
Schwimmbad *nt* piscina *f*

schwimmen *vi* nadar; (*Ding*) flotar (**auf** en)
Schwimmweste *f* chaleco *m* salvavidas
Schwindel *m* <-s, *ohne pl*> (*Schwindelgefühl*) vértigo *m;* (*fam: Betrug*) timo *m;* (*Lüge*) embuste *m;* ~ **erregend** vertiginoso
schwitzen *vi, vt* sudar
schwören *vi, vt* jurar
schwul *adj* (*fam*) homosexual
schwül *adj* bochornoso
sechs *adj* seis; **sechshundert** *adj* seiscientos
sechzehn *adj* dieciséis
sechzig *adj* sesenta
See[1] *m* <-s, -n> lago *m;* **der Genfer** ~ el Lago Leman
See[2] *f ohne pl* (*Meer*) mar *m o f;* **an die ~ fahren** ir a la costa
seekrank *adj* mareado; ~ **werden** marearse
Seele *f* <-n> alma *f*
Segelboot *nt* velero *m*
segeln *vi* navegar a vela
Segelschiff *nt* velero *m*
sehen *vi, vt* ver; **wir kennen uns vom Sehen** nos conocemos de vista
Sehenswürdigkeit *f* <-en> monumento *m*
sehnen *vr:* **sich nach etw/jdm** ~ añorar algo/a alguien
Sehnsucht *f* <-süchte> ansiedad *f* (**nach** de); (*nach Vergangenem*) nostalgia *f* (**nach** de); ~ **nach jdm/etw haben** tener añoranza de alguien/algo
sehr <mehr, am meisten> *adv* (+ *Adjektiv*) muy; (+ *Verb*) mucho; ~ **viel** muchísimo
Seife *f* <-n> jabón *m*
Seil *nt* <-(e)s, -e> cuerda *f;* **Seilbahn** *f* funicular *m*
sein *vi* ser; (*Zustand, örtlich*) estar; **ich bin Deutsche** soy alemana; **mir ist kalt** tengo frío; **ich bin 25** tengo 25 años; **was ist?** ¿qué pasa?; **sie ist verheiratet** está casada, es casada AM; **ist da jemand?** ¿hay alguien allí?; **es waren viele Leute da** había mucha gente
seit I. *präp* (*Zeitpunkt*) desde; (*Zeitraum*) desde hace; ~ **kurzem** desde hace poco **II.** *konj* desde que
Seite *f* <-n> lado *m;* (*Buchseite*) página *f;* **von allen ~n** de todas partes; **zur ~ gehen** apartarse; **auf der einen ~ ..., auf der anderen ~ ...** por una parte..., por otra...
Sekretär(in) *m(f)* <-s, -e; -nen> secretario, -a *m, f*
Sekt *m* <-(e)s, -e> cava *m*
Sekte *f* <-n> secta *f*
Sekunde *f* <-n> segundo *m*
selbst I. *pron* mismo **II.** *adv* (*sogar*) incluso
Selbstachtung *f* autoestima *f*
Selbstbefriedigung *f* masturbación *f;* **Selbstbeherrschung** *f* autocontrol *m;* **selbstbewusst**[RR] *adj* seguro de sí mismo; **Selbstmitleid** *nt* autocompasión *f;* **Selbstmord** *m* suicidio *m;* ~ **begehen** suicidarse
selbstständig[RR] *adj* independiente
selbstverständlich I. *adj* natural; **das ist doch ~!** ¡esto se sobreentiende!; **etw für ~ halten** dar algo por hecho **II.** *adv* desde luego
Selbstverteidigung *f* autodefensa *f;* **Selbstvertrauen** *nt* confianza *f* en sí mismo
Sellerie *m* <-s, -(s)>, *f* <-> apio *m*
selten I. *adj* raro **II.** *adv* raras veces
seltsam *adj* extraño
senden *vt* (*ausstrahlen*) emitir
Sender *m* <-s, -> (estación *f*) emisora *f*
Sendung *f* <-en> (RADIO, TV) emisión *f*
Senf *m* <-(e)s, -e> mostaza *f*
senkrecht *adj* vertical
Sensation *f* <-en> sensación *f*
sensibel *adj* sensible
sentimental *adj* sentimental
separat I. *adj* separado; (*Eingang*) independiente **II.** *adv* aparte
September *m* <-(s), -> se(p)tiembre *m*
Serie *f* <-n> serie *f*
Service *m* <-, *ohne pl*> (*Bedienung*) servicio *m;* (*Kundendienst*) asistencia *f* técnica
Serviette *f* <-n> servilleta *f*
Sessel *m* <-s, -> sillón *m;* **Sessellift** *m* telesilla *f*
setzen I. *vt* poner (**auf** en/sobre); (*Frist, Ziel*) fijar **II.** *vr:* **sich** ~ sentarse
seufzen *vi* suspirar
Sex *m* <-(es), *ohne pl*> (*fam*) sexo *m*
sexistisch *adj* sexista
sexuell *adj* sexual
Shampoo *nt* <-s, -s> champú *m*
sich *pron* se; (*mit Präposition*) sí
sicher *adj* seguro
Sicherheit *f* seguridad *f;* **Sicherheitsgurt** *m* cinturón *m* de seguridad
sicherlich *adv* seguramente
Sicherung *f* <-en> (ELEK) fusible *m*

Sicht *f* visibilidad *f;* (*Ausblick*) vista *f;* (*Sichtweise*) (punto *m* de) vista *f*

sie *pron* ❶ *nom 3. sg f* ella ❷ *nom 3. pl mf* ellos *mpl,* ellas *fpl* ❸ *akk von sg s.* **sie** la; (*mit Präposition*) ella ❹ *akk von pl s.* **sie** (*Menschen*) los *mpl;* (*nur Frauen*) las *fpl;* (*Sachen*) los *mpl,* las *fpl;* (*mit Präposition*) ellos *mpl,* ellas *fpl*

Sie *pron* ❶ *nom* usted *sg,* ustedes *pl* ❷ *akk* lo, los *mpl,* la, las *fpl;* (*mit Präposition*) usted *sg,* ustedes *pl*

Sieb *nt* <-(e)s, -e> (*Sandsieb*) criba *f;* (*feines Sieb*) tamiz *m;* (*für Flüssigkeiten*) colador *m*

sieben[1] *vt* (*Sand*) cribar

sieben[2] *adj* siete

siebenhundert *adj* setecientos

siebzehn *adj* diecisiete

siebzig *adj* setenta

Sieg *m* <-(e)s, -e> victoria *f* (**über** sobre)

siegen *vi* ganar

Sieger(in) *m(f)* <-s, -; -nen> vencedor(a) *m(f)*

Signal *nt* <-s, -e> señal *f*

Silber *nt* <-s, *ohne pl*> plata *f*

Silvester *m o nt* <-s, -> Nochevieja *f*

singen *vi, vt* cantar

Singular *m* <-s, -e> singular *m*

sinken *vi* (*Schiff*) hundirse; (*abnehmen*) bajar; (*Hoffnung*) disminuir

Sinn *m* <-(e)s, -e> sentido *m*

Sirene *f* <-n> sirena *f*

Situation *f* <-en> situación *f*

Sitz *m* <-es, -e> asiento *m;* (*einer Firma*) sede *f*

sitzen *vi* estar sentado (**auf** en); (*Kleidung*) quedar (bien); **am Tisch ~** estar sentado a la mesa

Skandal *m* <-s, -e> escándalo *m*

S

Skelett *nt* <-(e)s, -e> esqueleto *m*

skeptisch *adj* escéptico

Ski *m* <-s, -(er)> esquí *m;* **~ laufen** esquiar

Skorpion *m* <-s, -e> ❶ escorpión *m* ❷ *ohne pl* (ASTR) Escorpio *m*

skrupellos *adj* sin escrúpulos

Slip *m* <-s, -s> braga *f*

Smog *m* <-(s), -s> smog *m*

SMS[1] *f* <-> *Abk. von* **Short Message Service** SMS *m,* mensaje *m* corto; **eine ~ schicken** enviar un (mensaje) SMS

SMS[2] *m* <-(s), *ohne pl*> *Abk. von* **Short Message Service** SMS *m,* mensajería *f* corta

so I. *adv* así; (+ *Adjektiv/Adverb*) tan; (+ *Verb*) tanto; **~ sehr/viel** tanto **II.** *konj*: **~ dass ...** de modo que...; **~ ..., dass ...** tan(to)... que...

sobald *konj* tan pronto como +*subj*

Socke *f* <-n> calcetín *m*

Sofa *nt* <-s, -s> sofá *m*

sofort *adv* enseguida

sogar *adv* incluso

Sohle *f* <-n> (*Schuhsohle*) suela *f*

Sohn *m* <-(e)s, Söhne> hijo *m*

Soldat(in) *m(f)* <-en, -en; -nen> soldado *mf*

sollen *Modalverb* deber; **soll ich auf dich warten?** ¿quieres que te espere?; **es soll morgen schneien** parece que mañana va a nevar

Sommer *m* <-s, -> verano *m*

Sonderangebot *nt* oferta *f* especial; **sonderbar** *adj* raro

sondern *konj* sino; **nicht nur ..., ~ auch ...** no sólo... sino también...

Sonne *f* <-n> sol *m*

Sonnenaufgang *m* salida *f* del sol; **Sonnenblume** *f* girasol *m*; **Sonnenbrand** *m* quemadura *f* del sol; **Sonnenbrille** *f* gafas *fpl* de sol; **Sonnenschirm** *m* sombrilla *f*; **Sonnenstich** *m* insolación *f*; **Sonnenuntergang** *m* puesta *f* del sol

sonnig *adj* soleado; (*Gemüt*) alegre

Sonntag *m* domingo *m*

sonst *adv* (*außerdem*) más; (*im Übrigen*) por lo demás; (*für gewöhnlich*) normalmente; (*andernfalls*) si no; **~ nichts** nada más; **genau wie ~** igual que siempre

Sorge *f* <-n> preocupación *f* (**um** por); **keine ~!** ¡no te preocupes!

sorgen I. *vi* ocuparse (**für** de); **für jdn ~** cuidar a alguien **II.** *vr*: **sich ~** preocuparse (**um** por)

sorgfältig *adj* esmerado

Sorte *f* <-n> tipo *m*

Soße *f* <-n> salsa *f*

Souvenir *nt* <-s, -s> recuerdo *m*

sowieso *adv* de todas maneras

sowohl *konj*: **~ ... als auch ...** tanto... como...

sozial *adj* social

sozusagen *adv* por así decir

spannend *adj* cautivador; (*Buch, Film*) de suspense

sparen *vi, vt* ahorrar

Spargel *m* <-s, -> espárrago *m*

Sparkasse *f* caja *f* de ahorros

sparsam *adj* económico; (*Person*) poco gastador

Spaß *m* <-es, Späße> (*Scherz*) broma *f;* (*Ver*

gnügen) diversión *f;* **viel ~!** ¡que te diviertas!
spät *adv* tarde; **wie ~ ist es?** ¿qué hora es?
später *adv* más tarde; **bis ~!** ¡hasta luego!
spätestens *adv* lo más tarde
Speck *m* <-(e)s, -e> (GASTR) tocino *m;* (*geräuchert*) bacón *m*
Speichel *m* <-s, *ohne pl*> saliva *f*
speichern *vi, vt* almacenar
Speisekarte *f* carta *f* (del menú)
spektakulär *adj* espectacular
spenden *vt* donar
Sperma *nt* <-s, Spermen *o* -ta> esperma *m o f*
Spezialist(in) *m(f)* <-en, -en; -nen> especialista *mf* (**für** en)
Spezialität *f* <-en> especialidad *f*
Spiegel *m* <-s, -> espejo *m;* **Spiegelei** *nt* huevo *m* frito
Spiel *nt* <-(e)s, -e> juego *m;* (SPORT) partido *m*
spielen I. *vt* jugar (a); (*Instrument*) tocar **II.** *vi* jugar; (*herumspielen*) juguetear (**mit/an** con)
Spielfilm *m* largometraje *m;* **Spielplatz** *m* parque *m* infantil; **Spielzeug** *nt* <-(e)s, -e> juguete *m*
Spieß *m* <-es, -e> (*Bratspieß*) asador *m;* (*Speise*) pincho *m*
Spinat *m* <-(e)s, -e> espinaca *f*
Spinne *f* <-n> araña *f*
Spiritus *m* <-, -se> alcohol *m* (de quemar)
spitz *adj* (punti)agudo
Splitter *m* <-s, -> (*Holzsplitter*) astilla *f;* (*Glas-/Knochensplitter*) esquirla *f*
spontan *adj* espontáneo
Sport *m* <-(e)s, -e> deporte *m;* **~ treiben** practicar deporte
Sportler(in) *m(f)* <-s, -; -nen> deportista *mf*
sportlich *adj* deportivo
Sportplatz *m* campo *m* de deportes
spöttisch *adj* burlón
Sprache *f* <-n> lengua *f;* (*Ausdrucksweise*) lenguaje *m*
Sprachkurs *m* curso *m* de idioma
Spray *m o nt* <-s, -s> (e)spray *m*
sprechen *vi, vt* hablar (**über** sobre)
Sprechstunde *f* (*Arzt*) (hora *f* de) consulta *f*
Sprichwort *nt* <-(e)s, -wörter> refrán *m*
Springbrunnen *m* fuente *f*
springen *vi* saltar (**über**)
Spritze *f* <-n> (*Injektion*) inyección *f*
sprühen *vi* (*überquellen*) rebosar (**vor** de)
Sprung *m* <-(e)s, Sprünge> salto *m;* (*Riss*) raja *f*
spucken *vi, vt* escupir
Spüle *f* <-n> fregadero *m*
spülen *vt* (*Geschirr*) fregar
Spülmaschine *f* lavavajillas *m,* lavaplatos *m;* **Spülmittel** *nt* lavavajillas *m*
Staat *m* <-(e)s, -en> (POL) Estado *m*
Staatsangehörigkeit *f* <-en> nacionalidad *f*
stabil *adj* sólido; (*Währung*) estable
Stachel *m* <-s, -> (*Pflanze*) espina *f;* (*Insekt*) aguijón *m*
Stadion *nt* <-s, Stadien> estadio *m*
Stadt *f* <Städte> ciudad *f*; **Stadtplan** *m* plano *m* de la ciudad
Stall *m* <-(e)s, Ställe> establo *m*
Stamm *m* <-(e)s, Stämme> (*Baumstamm*) tronco *m;* (*Volksstamm*) tribu *f*
Stand *m* <-(e)s, Stände> (*Verkaufsstand*) puesto *m;* (*Messestand*) (e)stand *m;* (*Wasserstand, Entwicklungsstand*) nivel *m;* **im ~e sein etw zu tun** ser capaz de hacer algo
Standard *m* <-s, -s> estándar *m*
ständig *adj* continuo
Standpunkt *m* punto *m* de vista
Stange *f* <-n> vara *f*
Stapel *m* <-s, -> montón *m*
Star *m* <-s, -s> (*Person*) estrella *f*
stark I. *adj* fuerte **II.** *adv* (+ *Adjektiv*) muy; (+ *Verb*) mucho; **~ erkältet sein** tener un fuerte resfriado
Stärke *f* fuerza *f*
starr *adj* rígido; (*Blick*) fijo
starren *vi* (*blicken*) clavar los ojos (**auf** en)
Start *m* <-(e)s, -s> (*Flugzeugstart*) despegue *m*
starten I. *vi* (*Flugzeug*) despegar **II.** *vt* (*beginnen*) comenzar; (*Auto, Motor*) arrancar
Station *f* <-en> (*Haltestelle*) parada *f;* (*Krankenhausstation*) unidad *f*
statt *präp o konj* en vez de
statt|finden *vi* tener lugar
Stau *m* <-(e)s, -s *o* -e> (*Verkehrsstau*) atasco *m*
Staub *m* <-(e)s, -e *o* Stäube> polvo *m*
staubig *adj* polvoriento
staub|saugen *vi, vt* pasar la aspiradora (a)
Staudamm *m* presa *f*
staunen *vi* estar asombrado (**über** de/por)
Stausee *m* embalse *m*
stechen I. *vt* pinchar; (*Insekt*) picar **II.** *vr:* **sich ~** pincharse (**an** con)
Steckdose *f* enchufe *m*

Stecker *m* <-s, -> enchufe *m*

stehen *vi* (*Mensch*) estar de pie; (*sein*) estar; (*Verkehr*) estar paralizado; **unter Drogen ~** estar bajo los efectos de las drogas; **der Bart steht dir gut** la barba te queda bien

stehlen *vi, vt* robar

steif *adj* (*starr*) tieso; (*förmlich*) formal; **~er Hals** tortícolis *m*

steigen *vi* subir; **in den/aus dem Bus ~** subir al/bajar del autobús; **aufs/vom Fahrrad ~** montarse en/bajarse de la bicicleta

steigern *vt* aumentar (**um** en)

steil *adj* empinado

Stein *m* <-(e)s, -e> piedra *f*; **Steinbock** *m* <-(e)s, -böcke> ❶ cabra *f* montés ❷ *ohne pl* (ASTR) Capricornio *m*

Stelle *f* <-n> (*Ort*) lugar *m;* (*Textstelle*) pasaje *m;* (*Arbeitsstelle*) puesto *m* (de trabajo); **an erster ~** en primer lugar; **an ~ von etw** en vez de algo; **auf der ~** (*sofort*) inmediatamente

stellen I. *vt* poner (**auf** en); (*bereitstellen*) poner a disposición; **stell das Radio leiser/lauter** baja/sube la radio; **die Uhr ~** poner el reloj en hora; **etw in Frage ~** poner algo en duda **II.** *vr:* **sich ~** (*sich hinstellen*) ponerse (de pie) (**auf** en); (*vortäuschen*) fingir; (*der Polizei*) entregarse; **sich taub ~** hacerse el sordo

Stempel *m* <-s, -> sello *m;* (*Poststempel*) matasellos *m*

sterben *vi* morir (**an** de)

Stereoanlage *f* equipo *m* estereofónico

steril *adj* estéril

Stern *m* <-(e)s, -e> estrella *f*

Steuer[1] *nt* <-s, -> (*Auto, Flugzeug*) volante *m;* (*Schiff*) timón *m;* **am ~ sitzen** ir al volante

Steuer[2] *f* <-n> (*Abgaben*) impuesto *m*

steuern *vt* (*Auto*) conducir; (*Schiff, Flugzeug*) pilotar

stickig *adj* sofocante

Stiefel *m* <-s, -> bota *f*

Stiefmutter *f* <-mütter> madrastra *f*; **Stiefvater** *m* padrastro *m*

Stier *m* <-(e)s, -e> ❶ toro *m* ❷ *ohne pl* (ASTR) Tauro *m*; **Stierkampf** *m* (*Stierkampfkunst*) tauromaquia *f;* (*Veranstaltung*) corrida *f* (de toros)

Stil *m* <-(e)s, -e> estilo *m*

still *adj* (*lautlos*) silencioso; (*ruhig*) tranquilo

Stille *f* (*Schweigen*) silencio *m;* (*Ruhe*) tranquilidad *f*

stillen *vt* (*Säugling*) dar el pecho (a); (*Blutung*) cortar; (*Schmerz*) mitigar; (*Hunger, Durst*) saciar

Stimme *f* <-n> voz *f;* (*bei einer Wahl*) voto *m*

stimmen *vi* (*richtig sein*) ser correcto; (*wählen*) votar

Stimmung *f* <-en> (*Gemütsverfassung*) estado *m* de ánimo; (*einer Gesellschaft*) ambiente *m;* **in guter/schlechter ~** de buen/mal humor

stinken *vi* oler mal

Stirn *f* <-en> frente *f*

Stock[1] *m* <-(e)s, Stöcke> palo *m*

Stock[2] *m* <-(e)s, -> (*Stockwerk*) piso *m*

Stoff *m* <-(e)s, -e> (*Gewebe*) tela *f;* (*Substanz*) su(b)stancia *f*

stöhnen *vi* gemir (**vor** a causa de); (*klagen*) quejarse (**über** de)

stolpern *vi* tropezar (**über** con)

stolz *adj* orgulloso (**auf** de)

stoppen *vi, vt* parar(se)

Stoppschild *nt* señal *f* de stop

Storch *m* <-(e)s, Störche> cigüeña *f*

stören *vi, vt* molestar; (*Verkehr*) perturbar; **störe ich?** ¿molesto?

Stoßdämpfer *m* amortiguador *m*

stoßen I. *vt* (*schubsen*) empujar; **jdn vor den Kopf ~** (*fam fig*) ofender a alguien **II.** *vi* (*prallen*) chocar (**an/gegen** contra/con/en) **III.** *vr:* **sich ~** (*anprallen*) darse (**an** contra)

Stoßstange *f* parachoques *m*

stottern *vi* tartamudear

Strafe *f* <-n> castigo *m;* (*Freiheitsstrafe*) pena *f;* (*Geldstrafe*) multa *f*

Strafzettel *m* (*fam*) multa *f*

Strähne *f* <-n> mechón *m*

Strand *m* <-(e)s, Strände> playa *f*

Straße *f* <-n> calle *f;* (*Landstraße*) carretera *f*

Straßenbahn *f* tranvía *m*

Strauch *m* <-(e)s, Sträucher> arbusto *m*

Strauß[1] *m* <-es, -e> (*Vogel*) avestruz *m*

Strauß[2] *m* <-es, Sträuße> (*Blumenstrauß*) ramo *m* (de flores)

streicheln *vt* acariciar

streichen I. *vt* (*anstreichen*) pintar; (*durchstreichen*) tachar **II.** *vi* (*darüberstreichen*) pasar (la mano) (**durch/über** por)

Streichholz *nt* cerilla *f*

Streifenwagen *m* coche *m* patrulla

streiken *vi* estar en huelga

Streit *m* <-(e)s, -e> disputa *f*

streiten I. *vi* pelear (**um** por); (*mit Worten*) discutir (**über** sobre) **II.** *vr*: **sich ~** pelearse (**um/wegen** por)
streng *adj* severo; (*Geruch*) acre
Stress[RR] *m* <-es, *ohne pl*> estrés *m*
stressig *adj* (*fam*) estresante
Strich *m* <-(e)s, -e> (*Linie*) raya *f*; **jdm einen ~ durch die Rechnung machen** (*fam*) desbaratar los proyectos de alguien; **auf den ~ gehen** (*fam*) hacer la carrera
Stroh *nt* <-(e)s, *ohne pl*> paja *f*
Strom *m* <-(e)s, Ströme> (ELEK) corriente *f*; (*Fluss*) río *m*; **Stromausfall** *m* apagón *m*
Strömung *f* <-en> corriente *f*
Struktur *f* <-en> estructura *f*
Strumpf *m* <-(e)s, Strümpfe> media *f*; **Strumpfhose** *f* panty *m*
Stück *nt* <-(e)s, -e> (*a.* THEAT) pieza *f*; (*Teil*) trozo *m*; **zwei Euro das ~** dos euros cada uno; **aus freien ~en** voluntariamente
Student(in) *m(f)* <-en, -en; -nen> estudiante *mf* (universitario)
Stufe *f* <-n> (*Treppenstufe*) escalón *m*; (*Ebene*) nivel *m*
Stuhl *m* <-(e)s, Stühle> silla *f*
stumm *adj* mudo
stumpf *adj* (*nicht scharf*) desafilado
Stunde *f* <-n> hora *f*
stur *adj* testarudo
Sturm *m* <-(e)s, Stürme> tempestad *f*
stürmisch *adj* (*Wetter*) tempestuoso; (*ungestüm*) impetuoso
stürzen I. *vi* (*fallen*) caer(se); (*rennen*) precipitarse (**zu/an** hacia, **in** a) **II.** *vt* derribar; (*umkippen*) volcar **III.** *vr*: **sich ~** arrojarse (**aus** por); **sich auf jdn ~** abalanzarse sobre alguien; **sich auf/in etw ~** lanzarse sobre/a algo
Sturzhelm *m* casco *m* (protector)
stützen *vt, vr*: **sich ~** apoyar(se) (**auf** en)
subjektiv *adj* subjetivo
Substanz *f* <-en> sustancia *f*
Suche *f* <-n> búsqueda *f*
suchen *vi, vt* buscar
Sucht *f* <-en *o* Süchte> adicción *f*
süchtig *adj* adicto (**nach** a); **~ machen** producir adicción
Süden *m* <-s, *ohne pl*> sur *m*
Südpol *m* polo *m* sur
Summe *f* <-n> suma *f*
Sumpf *m* <-(e)s, Sümpfe> pantano *m*
Sünde *f* <-n> pecado *m*
Supermarkt *m* supermercado *m*
Suppe *f* <-n> sopa *f*
surfen *vi* practicar el surf
süß *adj* dulce
Süßstoff *m* edulcorante *m*
Symbol *nt* <-s, -e> símbolo *m* (**für** de)
sympathisch *adj* simpático
Symptom *nt* <-s, -e> síntoma *m* (**für** de)
System *nt* <-s, -e> sistema *m*
systematisch *adj* sistemático
Szene *f* <-n> escena *f*; **jdm eine ~ machen** montar(le) a alguien una escena

T t

Tabak *m* <-s, -e> tabaco *m*
Tablett *nt* <-(e)s, -s *o* -e> bandeja *f*
Tablette *f* <-n> pastilla *f*
Tafel *f* <-n> (*Brett, Anzeigetafel*) tabla *f*; (*Schokoladentafel*) tableta *f*
Tagebuch *nt* diario *m*
Tageszeitung *f* diario *m*
täglich I. *adj* diario **II.** *adv* todos los días; **dreimal ~** tres veces al día
tagsüber *adv* durante el día
Taktik *f* <-en> táctica *f*
Tal *nt* <-(e)s, Täler> valle *m*
Talent *nt* <-(e)s, -e> talento *m*
Tampon *m* <-s, -s> tampón *m*
Tank *m* <-s, -s *o* -e> depósito *m*
tanken *vi, vt* echar gasolina
Tankstelle *f* gasolinera *f*
Tante *f* <-n> tía *f*
Tanz *m* <-es, Tänze> baile *m*
tanzen *vi, vt* bailar
Tapete *f* <-n> papel *m* pintado
tapfer *adj* valiente

Tasche *f* <-n> (*an Kleidung*) bolsillo *m;* (*Handtasche*) bolso *m;* (*Reisetasche*) bolsa *f* (de viaje)
Taschenlampe *f* linterna *f*; **Taschenmesser** *nt* navaja *f*; **Taschentuch** *nt* pañuelo *m*
Tasse *f* <-n> taza *f*
Taste *f* <-n> tecla *f*
Tat *f* <-en> acción *f;* **etw in die ~ umsetzen** poner algo en práctica; **in der ~!** ¡en efecto!
Täter(in) *m(f)* <-s, -; -nen> autor(a) *m(f)* de un delito
Tatort *m* lugar *m* de los hechos
Tätowierung *f* <-en> tatuaje *m*
Tatsache *f* hecho *m*
tatsächlich I. *adj* real **II.** *adv* de hecho
taub *adj* sordo; (*Körperteil*) entumecido; **sich ~ stellen** hacerse el sordo
Taube *f* <-n> paloma *f*
taubstumm *adj* sordomudo
tauchen I. *vi* (*Mensch*) bucear **II.** *vt* (*hineinhalten*) mojar (**in** en)
tauen *vi* derretirse; (*Fluss*) deshelarse
tauschen *vi, vt* cambiar (**gegen** por)
täuschen I. *vi, vt* engañar; **wenn mich nicht alles täuscht ...** si no me equivoco... **II.** *vr:* **sich ~** equivocarse; **sich in jdm ~** equivocarse con alguien
tausend *adj* mil
Taxi *nt* <-s, -s> taxi *m*; **Taxifahrer(in)** *m(f)* taxista *mf*
Team *nt* <-s, -s> equipo *m*
Technik *f* <-en> (*Arbeitsweise*) técnica *f;* (*Methode*) método *m;* (*Technologie*) tecnología *f*
technisch *adj* técnico
Tee *m* <-s, -s> té *m;* (*Kräutertee*) infusión *f*; **Teekanne** *f* tetera *f*; **Teelöffel** *m* cucharilla *f* de té
Teich *m* <-(e)s, -e> estanque *m*
Teig *m* <-(e)s, -e> masa *f*
Teil[1] *m o nt* <-(e)s, -e> parte *f;* **zum ~** en parte
Teil[2] *nt* <-(e)s, -e> (*einzelnes Stück*) pieza *f;* (*Ersatzteil*) recambio *m*
teilen I. *vt* dividir (**in** en); **sich** *dat* **etw** (**mit jdm**) **~** compartir algo (con alguien) **II.** *vr:* **sich ~** dividirse (**in** en); (*Straße*) bifurcarse
teil|nehmen *vi* participar (**an** en)
Teilnehmer(in) *m(f)* <-s, -; -nen> participante *mf*
teilweise *adv* en parte
Telefon *nt* <-s, -e> teléfono *m;* **ans ~ gehen** coger el teléfono; **Telefonbuch** *nt* guía *f* telefónica; **Telefonkarte** *f* tarjeta *f* telefónica; **Telefonnummer** *f* (número *m* de) teléfono *m*; **Telefonzelle** *f* cabina *f* telefónica
Telegramm *nt* <-s, -e> telegrama *m*
Teller *m* <-s, -> plato *m*
Temperatur *f* <-en> temperatura *f*
Tempo *nt* <-s, -s> velocidad *f*; **Tempolimit** *nt* límite *m* de velocidad
Teppich *m* <-s, -e> alfombra *f*
Termin *m* <-(e)s, -e> (*Frist*) plazo *m;* (*Zeitpunkt*) fecha *f;* (*beim Arzt*) cita *f*
Terminal[1] *m o nt* <-s, -s> (*Flughafen*) terminal *f*
Terminal[2] *nt* <-s, -s> (INFOR) terminal *m*
Terminkalender *m* agenda *f*
Terrasse *f* <-n> terraza *f*
Terrorismus *m* <-, *ohne pl*> terrorismo *m*
Terrorist(in) *m(f)* <-en, -en; -nen> terrorista *mf*
Test *m* <-(e)s, -s *o* -e> prueba *f*
Testament *nt* <-(e)s, -e> testamento *m*
testen *vt* examinar
Tetanus *m* <-, *ohne pl*> tétano(s) *m*
teuer *adj* caro; **wie ~ ist das?** ¿cuánto vale?; **teurer werden** subir de precio
Text *m* <-(e)s, -e> texto *m*
Theater *nt* <-s, -> teatro *m*
Theke *f* <-n> (*in einer Gaststätte*) barra *f*
Thema *nt* <-s, Themen> tema *m*
theoretisch *adj* teórico
Theorie *f* <-n> teoría *f*
Therapeut(in) *m(f)* <-en, -en; -nen> terapeuta *mf*
Therapie *f* <-n> terapia *f*
Thermometer *nt* termómetro *m*
Thermosflasche *f* termo *m*
Thunfisch *m* atún *m*
tief *adj* profundo; **zwei Meter ~** dos metros de profundidad
Tief *nt* <-s, -s> (METEO) depresión *f* atmosférica; (PSYCH) depresión *f*
Tiefe *f* <-n> profundidad *f*
Tiefkühltruhe *f* congelador *m*
Tier *nt* <-(e)s, -e> animal *m*; **Tierquälerei** *f* maltrato *m* de animales
Tinte *f* <-n> tinta *f*
Tintenfisch *m* calamar *m*
Tipp[RR] *m* <-s, -s> (*fam: Rat*) consejo *m*
Tippfehler *m* errata *f*
Tisch *m* <-(e)s, -e> mesa *f*; **Tischdecke** *f*

mantel *m*

Titel *m* <-s, -> título *m*

Toaster *m* <-s, -> tostadora *f*

Tochter *f* <Töchter> hija *f*

Tod *m* <-(e)s, -e> muerte *f*

Toilette *f* <-n> (*WC*) servicio *m*; **auf die ~ gehen** ir al baño; **Toilettenpapier** *nt* papel *m* higiénico

tolerant *adj* tolerante

toll *adj* (*fam*) genial

Tollwut *f* rabia *f*

Tomate *f* <-n> tomate *m*

Tombola *f* <-s> tómbola *f*

Ton[1] *m* <-(e)s, -e> (*zum Töpfern*) barro *m*

Ton[2] *m* <-(e)s, Töne> tono *m*; **der gute ~** las buenas formas

Tonne *f* <-n> tonel *m*; (*Maßeinheit*) tonelada *f*

Topf *m* <-(e)s, Töpfe> (*Kochtopf*) olla *f*; (*Blumentopf*) maceta *f*

Tor *nt* <-(e)s, -e> portal *m*; (SPORT: *Gehäuse*) portería *f*; **ein ~ schießen** marcar un gol

Torte *f* <-n> tarta *f*

tot *adj* muerto

total *adj* total

Tote(r) *mf* <-n, -n; -n> muerto, -a *m, f*

töten *vt* matar

Tour *f* <-en> (*Ausflug*) excursión *f*; (*Rundfahrt*) vuelta *f*

Tourismus *m* <-, *ohne pl*> turismo *m*

Tourist(in) *m(f)* <-en, -en; -nen> turista *mf*

Tradition *f* <-en> tradición *f*

tragbar *adj* (*Geräte*) portátil; (*erträglich*) soportable

träge *adj* (*langsam*) lento; (*faul*) perezoso

tragisch *adj* trágico

Trainer(in) *m(f)* <-s, -; -nen> entrenador(a) *m(f)*

Training *nt* <-s, -s> entrenamiento *m*

trampen *vi* hacer autostop

Träne *f* <-n> lágrima *f*

Traube *f* <-n> uva *f*; **blaue/grüne ~n** uvas negras/blancas; **Traubenzucker** *m* glucosa *f*

trauen I. *vi*: **jdm/etw ~** confiar en alguien/algo **II.** *vr* **sich ~ etw zu tun** atreverse a hacer algo

trauern *vi*: **um jdn ~** llorar la muerte de alguien

Traum *m* <-(e)s, Träume> sueño *m*

Trauma *nt* <-s, Traumen *o* Traumata> trauma *m*

träumen *vi* soñar (**von** con)

traurig *adj* triste; **jdn ~ machen** entristecer a alguien; **~ werden** ponerse triste

Treffen *nt* <-s, -> encuentro *m*

Treffpunkt *m* lugar *m* de encuentro

Trend *m* <-s, -s> tendencia *f*; **modischer ~** moda *f*

Treppe *f* <-n> escalera *f*; **Treppenhaus** *nt* (caja *f* de la) escalera *f*

Tresor *m* <-s, -e> caja *f* fuerte

treu *adj* fiel

Trick *m* <-s, -s> truco *m*

trinken *vi, vt* beber (**aus** de/por)

Trinkgeld *nt* <-(e)s, -er> propina *f*; **Trinkwasser** *nt* <-s, -wässer> agua *f* potable

Triumph *m* <-(e)s, -e> triunfo *m*

trocken *adj* (*a. Wein*) seco

trocknen *vi, vt* secar(se)

trödeln *vi* (*fam*) perder el tiempo

Tropen *pl* trópicos *mpl*

Tropfen *m* <-s, -> gota *f*

Trost *m* <-(e)s, *ohne pl*> consuelo *m*

trösten *vt, vr*: **sich ~** consolar(se)

trotz *präp* a pesar de

Trotz *m* <-es, *ohne pl*> obstinación *f*; **aus ~** por despecho

trotzdem *konj* no obstante

trotzig *adj* obstinado

Truhe *f* <-n> arca *f*

Truthahn *m* pavo *m*

T-Shirt *nt* <-s, -s> camiseta *f*

Tube *f* <-n> tubo *m*

Tuch *nt* <-(e)s, Tücher> (*Halstuch, Kopftuch*) pañuelo *m*; (*Wischtuch*) trapo *m*

tüchtig *adj* aplicado

Tugend *f* <-en> virtud *f*

Tumor *m* <-s, -en> tumor *m*

Tunnel *m* <-s, -(s)> túnel *m*

Tür *f* <-en> puerta *f*

Türklinke *f* pestillo *m* de la puerta

Turm *m* <-(e)s, Türme> torre *f*

Turnschuh *m* tenis *m*

Tüte *f* <-n> bolsa *f*; **Suppe aus der ~** sopa de sobre

Typ *m* <-s, -en> tipo *m*; (*fam*: *Mann*) tío *m*

typisch *adj* típico (**für** de)

U u

U-Bahn *f* metro *m*
übel *adj* (*schlecht*) mal(o); (*unangenehm*) desagradable; **mir ist ~** me siento mal
Übelkeit *f* náuseas *fpl*
üben *vi, vt* practicar
überall *adv* por todas partes
Überdosis *f* sobredosis *f*
überein|stimmen *vi* (*einer Meinung sein*) estar de acuerdo (**in** sobre); (*gleich sein*) coincidir (**in** en)
überempfindlich *adj* hipersensible
überflüssig *adj* superfluo; **sich** *dat* **~ vorkommen** sentirse de más
überfüllt *adj* repleto
Übergewicht *nt* exceso *m* de peso
überhaupt *adv* (*im Allgemeinen*) en general; (*eigentlich*) en realidad; **~ nicht** en absoluto
überlegen *adj*: **jdm (in/an etw) ~ sein** ser superior a alguien (en algo)
übermorgen *adv* pasado mañana
Überraschung *f* <-en> sorpresa *f*
Überschrift *f* título *m*
Überschwemmung *f* <-en> inundación *f*
Übersetzer(in) *m(f)* <-s, -; -nen> traductor(a) *m(f)*
Übersetzung *f* <-en> traducción *f*
überzeugend *adj* convincente
üblich *adj* usual; **wie ~** como siempre; **das ist hier so ~** ésta es la costumbre aquí
Übung *f* <-en> ejercicio *m;* (*Erfahrung*) práctica *f;* **aus der ~ kommen** perder la práctica
Ufer *nt* <-s, -> orilla *f;* **am ~** en la orilla; **über die ~ treten** desbordarse
um|drehen *vt, vr*: **sich ~** volver(se)
Umgebung *f* <-en> (*Gebiet*) alrededores *mpl;* (*Milieu*) entorno *m*
umgekehrt *adj* (*entgegengesetzt*) contrario; **die Sache ist genau ~** es justo lo contrario
um|kehren *vi* volver
um|kippen I. *vi* caerse; (*Wagen*) volcar II. *vt* derribar
Umleitung *f* desvío *m*
Umschlag *m* (*Buchumschlag*) cubierta *f;* (*Briefumschlag*) sobre *m;* (MED) compresa *f*
umsonst *adv* (*unentgeltlich*) gratis; (*vergeblich*) en vano
um|steigen *vi* (EISENB) hacer tra(n)sbordo
um|tauschen *vt* cambiar (**gegen** por)
Umweg *m* rodeo *m;* **auf ~en** por vía indirecta
Umwelt *f* entorno *m;* (ÖKOL) medio *m* ambiente
um|ziehen I. *vi* mudarse (**nach** a) II. *vr*: **sich ~** cambiarse (de ropa)
unabhängig *adj* independiente
unangenehm *adj* desagradable; (*lästig*) molesto
unanständig *adj* indecente; (*obszön*) obsceno
unauffällig *adj* discreto
unbedeutend *adj* (*unwichtig*) insignificante
unbedingt I. *adj* absoluto; (*bedingungslos*) incondicional II. *adv* sin falta; **ist das ~ nötig?** ¿es realmente indispensable?; **nicht ~** no necesariamente
unbefriedigend *adj* no satisfactorio
unbegrenzt *adj* ilimitado
unbegründet *adj* injustificado
unbehaglich *adj* desagradable; **sich ~ fühlen** no estar a gusto
unbeholfen *adj* torpe
unbekannt *adj* desconocido
unbequem *adj* incómodo
unberechenbar *adj* incalculable; **er ist ~** es imprevisible
unbeschwert *adj* libre de toda preocupación
unbewusst[RR] *adj* inconsciente
unbrauchbar *adj* inutilizable; (*ungeeignet*) no apropiado; (*Person*) inútil
und *konj* y; **~ so weiter** etcétera
undankbar *adj* desagradecido; (*Aufgabe*) ingrato
uneben *adj* desigual; (*Gelände*) accidentado
unempfindlich *adj* insensible (**gegen** a)
unentbehrlich *adj* imprescindible
unermüdlich *adj* incansable
unerträglich *adj* insoportable
unerwartet I. *adj* imprevisto II. *adv* de improviso
unerwünscht *adj* indeseado
unfähig *adj* incapaz (**zu** de); (*beruflich*) incompetente
Unfall *m* accidente *m*
unfreundlich *adj* poco amable
ungeduldig *adj* impaciente
ungefähr *adj* aproximado; **~ 20 Euro** unos 20

euros
ungefährlich *adj* no peligroso; (*harmlos*) inofensivo
Ungeheuer *nt* <-s, -> monstruo *m*
ungemütlich *adj* desagradable; (*Wetter*) desapacible
ungenau *adj* impreciso
ungepflegt *adj* descuidado; (*Person*) desaseado
ungerecht *adj* injusto
Ungerechtigkeit *f* <-en> injusticia *f*
ungern *adv* de mala gana
ungeschickt *adj* torpe
ungesund *adj* (*Speise, Lebensweise*) poco sano; (*schädlich*) perjudicial (para la salud)
ungewöhnlich *adj* insólito
Ungeziefer *nt* <-s, *ohne pl*> bichos *mpl*
ungezwungen **I.** *adj* natural; (*ohne Hemmungen*) desenvuelto **II.** *adv* con naturalidad
unglaublich *adj* increíble
unglaubwürdig *adj* (*Person*) de poco crédito; (*Aussage*) inverosímil
Unglück *nt* <-(e)s, -e> (*Unheil*) desgracia *f;* (*Unfall*) accidente *m;* ~ **bringen** traer mala suerte
unglücklich *adj* infeliz
unglücklicherweise *adv* desgraciadamente
ungültig *adj* no válido; (*Pass*) caducado
unheimlich **I.** *adj* (*beängstigend*) inquietante; (*düster*) lúgubre **II.** *adv* (*sehr*) muy; ~ **viel** un montón (de)
unhöflich *adj* mal educado
unhygienisch *adj* antihigiénico
Uniform *f* uniforme *m*
uninteressant *adj* poco interesante
Universität *f* <-en> universidad *f*
Universum *nt* <-s, *ohne pl*> universo *m*
unklar *adj* poco claro; (*unverständlich*) incomprensible; (*ungewiss*) incierto
Unkraut *nt* mala hierba *f*
unlogisch *adj* ilógico
unmenschlich *adj* inhumano
unmöglich **I.** *adj* imposible; (*Benehmen*) inadmisible **II.** *adv* (*fam: auf keinen Fall*) de ninguna manera
unmoralisch *adj* inmoral
unnötig **I.** *adj* innecesario **II.** *adv* sin necesidad
unordentlich *adj* desordenado
Unordnung *f* desorden *m*
unpersönlich *adj* impersonal
unpraktisch *adj* poco práctico
unpünktlich *adj* impuntual
Unrecht *nt* injusticia *f;* **zu** ~ injustamente; **im** ~ **sein** no tener razón
unregelmäßig *adj* irregular
unreif *adj* inmaduro
Unruhe *f* inquietud *f;* ~ **stiften** causar alboroto
unruhig *adj* inquieto; (*Zeiten*) turbulento
unsachlich *adj* subjetivo
unschädlich *adj* inofensivo
unscheinbar *adj* poco llamativo
unschuldig *adj* inocente (**an** de); (*jungfräulich*) virgen
unsicher *adj* inseguro; (*ungewiss*) incierto
Unsinn *m*: **mach keinen** ~ no hagas tonterías
unsympathisch *adj* antipático
unten *adv* abajo
Unterbewusstsein[RR] *nt* subconsciente *m*
Unterführung *f* paso *m* subterráneo
unterhaltsam *adj* entretenido
Unterhaltung *f* (*Gespräch*) conversación *f* (**über** sobre/de); (*Vergnügen*) entretenimiento *m*
Unterhemd *nt* camiseta *f*
Unterhose *f* (*für Herren*) calzoncillos *mpl;* (*für Damen*) bragas *fpl*
Unterkunft *f* <-künfte> alojamiento *m*
Unterleib *m* <-(e)s, -e> bajo vientre *m*
Unternehmen *nt* <-s, -> (*Firma*) empresa *f*
Unterricht *m* <-(e)s, -e> (*Unterrichtsstunde*) clase *f*
Unterschied *m* <-(e)s, -e> diferencia *f*
unterschiedlich *adj* diferente
Unterschrift *f* firma *f*
Unterseite *f* parte *f* inferior
Untersuchung *f* <-en> (MED) examen *m* (médico)
Untertasse *f* platillo *m*
Unterwäsche *f* ropa *f* interior
unterwegs *adv* en camino; **für** ~ para el camino
untreu *adj* infiel
ununterbrochen *adv* sin parar
unverantwortlich *adj* irresponsable
unverbindlich *adj* sin compromiso
unvergesslich[RR] *adj* inolvidable
unvergleichlich *adj* incomparable
unverhofft *adj* inesperado
unvernünftig *adj* insensato
Unverschämtheit *f* <-en> desfachatez *f*
unvollständig *adj* incompleto
unvorsichtig *adj* imprudente
unvorstellbar *adj* inimaginable

unwahrscheinlich *adj* improbable; (*unglaublich*) increíble
Unwetter *nt* <-s, -> temporal *m*
unwichtig *adj* sin importancia
unwiderstehlich *adj* irresistible
unzertrennlich *adj* inseparable
unzufrieden *adj* descontento
unzuverlässig *adj*: ~ **sein** no ser de fiar
üppig *adj* exuberante; (*Essen*) abundante
uralt *adj* vetusto; (*Person*) viejísimo
Ureinwohner(in) *m(f)* indígena *mf*; **Urenkel(in)** *m(f)* bisnieto, -a *m, f*; **Urgroßmutter** *f* bisabuela *f*; **Urgroßvater** *m* bisabuelo *m*
Urin *m* <-s, -e> orina *f*
Urkunde *f* <-n> documento *m*
Urlaub *m* <-(e)s, -e> vacaciones *fpl*; **in ~ fahren** ir(se) de vacaciones
Ursache *f* causa *f*; **keine ~!** ¡no hay de qué!
ursprünglich *adv* al principio
Urteil *nt* opinión *f*; (JUR) sentencia *f*
urteilen *vi* juzgar
Urwald *m* selva *f*
UV-Strahlen *mpl* radiaciones *fpl* ultravioletas

V v

vage *adj* vago
Vagina *f* <Vaginen> vagina *f*
Vanille *f* vainilla *f*
Variante *f* <-n> variante *f*
Vase *f* <-n> florero *m*
Vater *m* <-s, Väter> padre *m*
väterlich I. *adj* paterno II. *adv* como un padre
vegetarisch *adj* vegetariano
Ventil *nt* <-s, -e> válvula *f*
Ventilator *m* <-s, -en> ventilador *m*
Verabredung *f* <-en> cita *f*
verächtlich I. *adj* despectivo II. *adv* con desprecio
Veranlagung *f* <-en> predisposición *f* (**zu** para/a)
Veranstaltung *f* <-en> acto *m*
verantwortlich *adj* responsable (**für** de)
Verantwortung *f* <-en> responsabilidad *f* (**für** de); **die ~ übernehmen** asumir la responsabilidad; **verantwortungslos** *adj* irresponsable
Verb *nt* <-s, -en> verbo *m*
Verband *m* (MED) vendaje *m*; (*Vereinigung*) asociación *f*; **Verband(s)kasten** *m* botiquín *m*
Verbot *nt* <-(e)s, -e> prohibición *f*
Verbrechen *nt* <-s, -> delito *m*; **ein ~ begehen** cometer un delito
Verbrecher(in) *m(f)* <-s, -; -nen> delincuente *mf*
Verbrennung *f* <-en> (MED) quemadura *f*
Verdacht *m* <-(e)s, -e> sospecha *f* (**auf** de)
verdächtig *adj* sospechoso
Verdauung *f* digestión *f*
verderben I. *vi* echarse a perder II. *vt* estropear; (*moralisch*) corromper
Verehrer(in) *m(f)* <-s, -; -nen> admirador(a) *m(f)*
Verein *m* <-(e)s, -e> asociación *f*
Vereinbarung *f* <-en> acuerdo *m*
Verfallsdatum *nt* fecha *f* de caducidad
Verfassung *f* (POL) constitución *f*; (*Zustand*) condición *f*; (*seelisch*) estado *m* de ánimo
Verfügung *f*: **jdm etw zur ~ stellen** poner algo a disposición de alguien
Vergangenheit *f* pasado *m*
Vergaser *m* <-s, -> carburador *m*
vergeblich I. *adj* inútil II. *adv* en vano
vergessen *vt* olvidar
vergesslich[RR] *adj* olvidadizo
Vergleich *m* <-(e)s, -e> comparación *f*
vergleichbar *adj* comparable (**mit** a)
Vergnügen *nt* <-s, -> (*Zeitvertreib*) diversión *f*; (*Freude*) placer *m*; **viel ~!** ¡que lo pase(s) bien!; **mit ~** con mucho gusto
Verhalten *nt* <-s, *ohne pl*> comportamiento *m*
Verhältnis *nt* <-ses, -se> ❶ (*Beziehung*) relación *f*; **ein ~ mit jdm haben** (*fam*) tener un lío con alguien ❷ *pl* (*Umstände*) condiciones *fpl*
verhältnismäßig *adv* relativamente
verheerend *adj* desastroso
verheiratet *adj* casado
Verhütungsmittel *nt* anticonceptivo *m*
Verkauf *m* venta *f*

V

Verkäufer(in) *m(f)* vendedor(a) *m(f)*; (*in Geschäft*) dependiente, -a *m, f*
Verkehr *m* <-(e)s, *ohne pl*> (*Straßenverkehr*) circulación *f*; **Verkehrsunfall** *m* accidente *m* de tráfico
verkehrt I. *adj* erróneo II. *adv* mal; ~ **herum** al revés
verklemmt *adj* (*Tür*) atascado; (*Person*) cohibido
verlassen *adj* (*einsam*) solitario; (*öde*) desierto
Verlauf *m* curso *m*; (*Entwicklung*) desarrollo *m*
verletzend *adj* ofensivo
Verletzung *f* <-en> (*Wunde*) herida *f*
verlieren *vi, vt* perder (**an**)
Verlierer(in) *m(f)* <-s, -; -nen> perdedor(a) *m(f)*
Verlobung *f* <-en> compromiso *m* matrimonial
verlockend *adj* tentador
Verlust *m* <-(e)s, -e> pérdida *f*
Vermögen *nt* <-s, -> fortuna *f*
Vermutung *f* <-en> suposición *f*
vernünftig *adj* razonable
Verpackung *f* embalaje *m*
verrückt *adj* loco; **jdn ~ machen** volver loco a alguien
Versammlung *f* reunión *f*
verschieden *adj* ❶ (*unterschiedlich*) diferente ❷ *pl* (*mehrere*) diversos
verschlossen *adj* reservado
Verschluss[RR] *m* cierre *m*; (*Stöpsel*) tapón *m*
Versehen *nt*: **etw aus ~ tun** hacer algo sin querer
Versicherung *f* (*Vertrag*) seguro *m*; (*Versicherungsgesellschaft*) compañía *f* de seguros
Verspätung *f* <-en> retraso *m*
Versprechen *nt* <-s, -> promesa *f*; **ein ~ einhalten** cumplir una promesa
verständlich *adj* comprensible; **sich ~ machen** explicarse
Verständnis *nt* <-ses, *ohne pl*> comprensión *f*; **verständnislos** *adj* incomprensivo; **verständnisvoll** *adj* comprensivo
Verstopfung *f* <-en> (MED) estreñimiento *m*
Versuch *m* <-(e)s, -e> intento *m*
Versuchung *f* <-en> tentación *f*; **jdn in ~ führen** tentar a alguien
Vertrag *m* <-(e)s, -träge> contrato *m*
Vertrauen *nt* <-s, *ohne pl*> confianza *f*
Verwandte(r) *mf* <-n, -n; -n> pariente *mf*
Verwirrung *f* <-en> confusión *f*
verwitwet *adj* viudo
Verwunderung *f* asombro *m*
verzeihen *vt* perdonar
Verzeihung *f* perdón *m*; **jdn um ~ bitten** pedir (le) perdón a alguien
Verzweiflung *f* <-en> desesperación *f*
Videokamera *f* cámara *f* de vídeo
viel *adj o adv o pron* <mehr, am meisten> mucho; **so ~** tanto; **zu ~** demasiado; **wie ~?** ¿cuánto?
vielleicht *adv* tal vez
vielseitig *adj* (*abwechslungsreich*) variado; (*Mensch*) polifacético
vier *adj* cuatro; **vierhundert** *adj* cuatrocientos
vierte(r, s) *adj* cuarto
Viertel *nt* <-s, -> cuarto *m*; (*Stadtviertel*) barrio *m*; **~ nach drei** las tres y cuarto
vierzehn *adj* catorce
vierzig *adj* cuarenta
Villa *f* <Villen> villa *f*
violett *adj* morado
virtuell *adj* virtual; **~er Raum** espacio virtual
Virus *m o nt* <-, Viren> (*a.* INFOR) virus *m*
Visum *nt* <-s, Visa *o* Visen> visado *m*, visa *f* AM
Vitamin *nt* <-s, -e> vitamina *f*
Vogel *m* <-s, Vögel> pájaro *m*; **einen ~ haben** (*fam*) estar chiflado
Volk *nt* <-(e)s, Völker> pueblo *m*
voll *adj* lleno (**von/mit** de); **halb ~** medio lleno; **~(er) Freude** rebosante de alegría; **~ und ganz** completamente
Volleyball *m* voleibol *m*
völlig *adj* completo; **er hat ~ Recht** tiene toda la razón
volljährig *adj* mayor de edad
Vollkornbrot *nt* pan *m* integral
Vollmacht *f* <-en> autorización *f*; **Vollmilch** *f* leche *f* entera; **Vollmond** *m* luna *f* llena; **Vollpension** *f* pensión *f* completa
vollständig *adj* completo
Volumen *nt* <-s, -> volumen *m*
von *präp* de; **~ hier aus** desde aquí; **~ nun an** de ahora en adelante; **~ vorn anfangen** empezar desde el principio; **~ morgens bis abends** de la mañana a la noche; **~ Zeit zu Zeit** de tiempo en tiempo
voneinander *adv* el uno del otro
vor I. *präp* (*räumlich*) delante de; (*zeitlich*) antes de; (*Zeitraum*) hace; **~ kurzem** hace poco; **~ allem** sobre todo; **~ Kälte** de frío II. *präp*

delante de **III.** *adv* adelante
Voraussetzung *f* <-en> (*Annahme*) suposición *f;* (*Vorbedingung*) condición *f* previa; **unter der ~, dass ...** bajo la condición de que... +*subj*
voraussichtlich I. *adj* previsto **II.** *adv* probablemente
vorbei *adv* pasado; **sie möchte hier ~** quiere pasar por aquí; **es ist drei Uhr ~** son las tres pasadas
vorbeugend *adj* preventivo
vordere(r, s) *adj* delantero
Vordergrund *m*: **im ~ stehen** tener prioridad; **Vorderrad** *nt* rueda *f* delantera; **Vorderseite** *f* parte *f* delantera
voreilig *adj* precipitado
vorerst *adv* de momento
Vorfahrt *f* prioridad *f* (de paso); **die ~ beachten** ceder el paso; **~ haben** tener preferencia
Vorfall *m* suceso *m*
vor|führen *vt* presentar; (*zeigen*) enseñar
vor|gehen *vi* (*Uhr*) adelantar; (*verfahren*) proceder; (*Vorrang haben*) tener prioridad; **was geht hier vor?** ¿qué está ocurriendo aquí?
vorgestern *adv* anteayer
vor|haben *vt* tener la intención (**zu** de); **hast du heute Abend schon etwas vor?** ¿tienes algún plan para esta noche?
vorhanden *adj* existente; (*verfügbar*) disponible
Vorhang *m* cortina *f*
vorher *adv* antes; (*im Voraus*) de antemano; **kurz ~** poco antes; **am Tag ~** el día anterior
vor|kommen *vi* (*sich ereignen*) pasar; (*scheinen*) parecer
vorläufig I. *adj* provisional **II.** *adv* provisionalmente; (*fürs Erste*) por el momento
vorlaut *adj* impertinente
vor|lesen *vt*: **jdm etw ~** leer algo a alguien
Vorliebe *f* <-n> preferencia *f* (**für** por)
Vormittag *m* mañana *f;* **am ~** por la mañana
vormittags *adv* por la mañana
vorn *adv* delante; **von ~** de delante; (*erneut*) de nuevo; **weiter ~** más adelante
Vorname *m* nombre *m* (de pila); **Vor- und Zuname** nombre y apellido
vornehm *adj* distinguido
vor|nehmen *vt*: **sich** *dat* **etw ~** proponerse algo
Vorrang *m* <-(e)s, *ohne pl*> prioridad *f* (**vor** sobre)
Vorrat *m* provisión *f* (**an** de)
vorrätig *adj* disponible
Vorsaison *f* temporada *f* baja
vorsätzlich I. *adj* premeditado **II.** *adv* a propósito
Vorschlag *m* propuesta *f*
vor|schlagen *vt* proponer
Vorschrift *f* prescripción *f*
Vorsicht *f* cuidado *m*
vorsichtig I. *adj* prudente **II.** *adv* con cuidado
Vorspeise *f* entrada *f*
vor|stellen I. *vt* (*Uhr*) adelantar; (*bekannt machen*) presentar; **sich** *dat* **etw ~** imaginarse algo **II.** *vr*: **sich ~** presentarse
Vorstellung *f* (*Bild*) idea *f;* (THEAT) función *f;* (FILM) sesión *f*
vor|täuschen *vt* simular
Vorteil *m* ventaja *f;* **im ~ sein** llevar ventaja
vorübergehend *adj* pasajero
Vorurteil *nt* prejuicio *m*
Vorwahl *f* (TEL) prefijo *m*
Vorwand *m* pretexto *m*
vorwärts *adv* hacia adelante
vorwärts|kommen *vi* avanzar
vor|werfen *vt*: **jdm etw ~** reprochar algo a alguien
vorwiegend *adv* principalmente
Vorwurf *m* reproche *m*
vor|ziehen *vt* (*bevorzugen*) preferir
vulgär *adj* vulgar
Vulkan *m* <-s, -e> volcán *m*

W w

Waage *f* <-n> ❶ balanza *f* ❷ *ohne pl* (ASTR) Libra *f*
waagerecht *adj* horizontal
wach *adj* despierto; ~ **werden** despertarse
Wachs *nt* <-es, -e> cera *f*
wachsen *vi* crecer; (*zunehmen*) aumentar
Waffe *f* <-n> arma *f*
Waffel *f* <-n> (*Eistüte*) barquillo *m;* (*Gebäck*) gofre *m*
wagen *vt* (*riskieren*) arriesgar; (*sich getrauen*) atreverse
Wagen *m* <-s, -> coche *m;* (*Eisenbahnwagen*) vagón *m*
wählen *vi, vt* (*auswählen*) elegir; (TEL) marcar; (POL) votar
wählerisch *adj* exigente
wahr *adj* verdadero; **etw** ~ **machen** realizar algo
während I. *präp* durante **II.** *konj* (*zeitlich*) mientras; (*wohingegen*) mientras que
Wahrheit *f* <-en> verdad *f*
wahrscheinlich *adj* probable
Währung *f* <-en> moneda *f*
Waise *f* <-n> huérfano, -a *m, f*
Wal *m* <-(e)s, -e> ballena *f*
Wald *m* <-(e)s, Wälder> bosque *m*
Walnuss[RR] *f* nuez *f*
Wand *f* <Wände> pared *f*
wandern *vi* hacer una excursión (a pie); (*herumgehen*) caminar (**in/durch** por)
Wange *f* <-n> mejilla *f*
wann *adv* cuándo
Ware *f* <-n> mercancía *f*
warm *adj* caliente; (*Wetter*) caluroso; **etw** ~ **machen** calentar algo; **mir ist** ~ tengo calor
Warnblinkanlage *f* dispositivo *m* de luces de aviso intermitentes; **Warndreieck** *nt* triángulo *m* de emergencia
warnen *vt* advertir (**vor** de)
Warnung *f* <-en> advertencia *f* (**vor** de); **ohne vorherige** ~ sin previo aviso
warten I. *vi* esperar (**auf** a) **II.** *vt* (TECH) inspeccionar
Wartezimmer *nt* sala *f* de espera
warum *adv* por qué
Waschbecken *nt* lavabo *m*
waschen *vt, vr:* **sich** ~ lavar(se)
Wäschetrockner *m* (*elektrisch*) secadora *f* para ropa
Waschmaschine *f* lavadora *f*; **Waschmittel** *nt* detergente *m*; **Waschsalon** *m* lavandería *f*
Wasser *nt* <-s, -> agua *f*
Wasserfall *m* cascada *f*; **Wasserhahn** *m* grifo *m*; **Wasserleitung** *f* cañería *f* de agua; **Wassermann** *m* <-(e)s, *ohne pl*> (ASTR) Acuario *m*; **Wassermelone** *f* sandía *f*
Watte *f* <-n> algodón *m*
Wechselgeld *nt* vuelta *f*; **Wechselkurs** *m* tipo *m* de cambio
wechseln *vi, vt* cambiar
wecken *vt* despertar
Wecker *m* <-s, -> despertador *m*
weder *konj:* ~ **... noch ...** ni... ni...
weg|bleiben *vi* (*fam*) no venir (más); **lange** ~ tardar en venir
wegen *präp* (*aufgrund von*) a causa de; (*bezüglich*) respecto a
weg|fahren *vi* partir
weg|gehen *vi* irse; (*Fleck*) salir; **über etw** ~ ignorar algo
weg|lassen *vt* (*fam: auslassen*) omitir
weg|laufen *vi* echar a correr; (*fam: ausreißen*) escaparse; **vor etw/jdm** ~ huir de algo/alguien
weg|nehmen *vt* quitar; (*Platz*) ocupar
weg|werfen *vt* tirar
wehen *vi* (*Wind*) soplar
wehleidig *adj* quejica; (*Stimme*) quejicoso
Wehrdienst *m* servicio *m* militar (en la ex-RFA)
wehren *vr:* **sich** ~ defenderse
weiblich *adj* femenino
weich *adj* blando; (*zart*) suave
weigern *vr:* **sich** ~ negarse (**zu** a)
Weihnachten *nt* <-, -> Navidad(es) *f(pl)*; **fröhliche** ~**!** ¡feliz Navidad!
Weihnachtsbaum *m* árbol *m* de Navidad; **Weihnachtsmann** *m* Papá *m* Noel
weil *konj* porque
Wein *m* <-(e)s, -e> vino *m*; **Weinberg** *m* viña *f*
weinen *vi, vt* llorar (**vor/aus** de)
Weise *f* <-n> manera *f*; **in gewisser** ~ en cierto

modo; **auf diese** ~ de esta manera
weiß *adj* blanco; **Weißbrot** *nt* pan *m* blanco; **Weißwein** *m* vino *m* blanco
weiter|kommen *vi* avanzar
Weizen *m* <-s, -> trigo *m*
Welle *f* <-n> ola *f*
Welt *f* <-en> mundo *m*
Weltkrieg *m* guerra *f* mundial; **Weltmeisterschaft** *f* campeonato *m* mundial; **Weltraum** *m* espacio *m* sideral; **Weltreise** *f* viaje *m* alrededor del mundo
wenden[1] **I.** *vi* (*Auto*) girar; (NAUT) virar **II.** *vt* dar la vuelta (a)
wenden[2] **I.** *vt* (*Kopf*) volver; (*Blick*) dirigir; **den Blick nicht von etw** ~ no apartar la vista de algo **II.** *vr*: **sich** ~ dirigirse (**zu/an** a)
wenigstens *adv* (*zumindest*) por lo menos; (*mindestens*) como mínimo
wenn *konj* (*konditional*) si; (*zeitlich*) cuando; **jedes Mal,** ~ **...** cada vez que...; ~ **auch** si bien
wer *pron* quién, quiénes *pl*
Werbung *f* (*Reklame*) publicidad *f*
werden **I.** *vi* ❶ (*Zustandsveränderung*) volverse; **alt** ~ hacerse viejo; **krank** ~ ponerse enfermo; **kalt** ~ enfriar(se); **mir wird kalt** empiezo a tener frío; **es wird Frühling** llega la primavera ❷ (*Entwicklung*) llegar a ser; **~de Mutter** futura madre; **es wird ein Junge** será un niño; **besser/schlechter** ~ mejorar/empeorar ❸ (*Resultat*) salir; **die Fotos sind gut geworden** las fotos salieron bien; **er ist 40 geworden** cumplió 40 años **II.** *aux* (*Futur*): **ich werde es tun** lo haré; **es wird gleich regnen** va a empezar a llover **III.** *aux* (*Passiv*) ser; **sie ist entführt worden** ha sido secuestrada; **mir wurde gesagt, dass ...** me han dicho que...
Werkstatt *f* <-stätten> taller *m*; **Werkzeug** *nt* <-(e)s, -e> herramienta *f*
wert *adj*: **etwas** ~ **sein** valer algo; **einer Sache** ~ **sein** merecer algo
Wert *m* <-(e)s, -e> valor *m*; **großen** ~ **auf etw legen** dar mucha importancia a algo; **wertlos** *adj* sin valor; **wertvoll** *adj* valioso
Wespe *f* <-n> avispa *f*
Wettbewerb *m* <-(e)s, -e> (*Veranstaltung*) concurso *m*; (SPORT) competición *f*; (WIRTSCH) competencia *f*
Wette *f* <-n> apuesta *f*
Wetter *nt* <-s, *ohne pl*> tiempo *m*; **es ist schönes** ~ hace buen tiempo; **Wetterbericht** *m* parte *m* meteorológico; **Wettervorhersage** *f* pronóstico *m* del tiempo
Wettkampf *m* competición *f*
wichtig *adj* importante; **etw** ~ **nehmen** dar importancia a algo
Widder *m* <-s, -> ❶ carnero *m* ❷ *ohne pl* (ASTR) Aries *m*
widerlich *adj* repugnante
widerspenstig *adj* rebelde; (*trotzig*) terco
Widerstand *m* resistencia *f* (**gegen** a); ~ **leisten** oponer resistencia
wieder *adv* otra vez; **immer** ~ una y otra vez; **nie** ~ nunca más
Wiederholung *f* <-en> repetición *f*
wieder|sehen *vt* volver a ver
Wiedersehen *nt* <-s, -> reencuentro *m*; **auf ~!** ¡hasta luego!
Wiege *f* <-n> cuna *f*
wiegen *vi, vt* pesar
Wiese *f* <-n> prado *m*
wild *adj* (*Tier, Landschaft*) salvaje; (*Pflanze*) silvestre; (*wütend*) furioso; ~ **entschlossen** (*fam*) totalmente decidido; **Wildschwein** *nt* jabalí *m*
Wille *m* <-ns, -n> voluntad *f*
willkommen *adj* (*Person*) bienvenido; (*Sache*) oportuno
Windel *f* <-n> pañal *m*
windig *adj*: **es ist** ~ hace viento
Windmühle *f* molino *m* de viento; **Windschutzscheibe** *f* parabrisas *m*
winken *vi* hacer señas
Winter *m* <-s, -> invierno *m*
winzig *adj* minúsculo
wir *pron 1. pl* nosotros *mpl*, nosotras *fpl*
Wirbelsäule *f* columna *f* vertebral
Wirbelsturm *m* ciclón *m*
wirklich *adj* real; (*echt*) verdadero
Wirklichkeit *f* <-en> realidad *f*
Wirkung *f* <-en> efecto *m*
Wirt(in) *m(f)* <-(e)s, -e; -nen> (*Gastwirt*) dueño, -a *m, f* de un restaurante
Wirtschaft *f* <-en> (*Volkswirtschaft*) economía *f*; (*Gastwirtschaft*) restaurante *m*
wischen *vt* limpiar; (*wegwischen*) quitar
Wissenschaft *f* <-en> ciencia *f*
Witwe *f* <-n> viuda *f*
Witwer *m* <-s, -> viudo *m*

Witz *m* <-es, -e> chiste *m*
witzig *adj* gracioso
wo *adv* dónde
woanders *adv* en otra parte
Woche *f* <-n> semana *f*; **Wochenende** *nt* fin *m* de semana
wöchentlich I. *adj* semanal II. *adv* cada semana
woher *adv* de dónde; (*auf welche Weise*) cómo
wohin *adv* adónde
wohl *adv* bien; (*wahrscheinlich*) probablemente; **~ oder übel** por las buenas o por las malas; **leb ~!** ¡que te vaya bien!
Wohl *nt* <-(e)s, *ohne pl*> bien *m*; (*Wohlergehen*) bienestar *m*; **auf dein ~!** ¡a tu salud!; **zum ~!** ¡salud!
wohnen *vi* vivir (**bei** en casa de)
Wohnmobil *nt* <-s, -e> coche *m* caravana
Wohnung *f* <-en> piso *m*, departamento *m* AM
Wohnwagen *m* caravana *f*; **Wohnzimmer** *nt* cuarto *m* de estar
Wolke *f* <-n> nube *f*
wolkig *adj* nuboso
Wolle *f* <-n> lana *f*
wollen *vi, vt* querer; **lieber ~** preferir; **ich wollte gerade gehen** estaba a punto de irme
Wort *nt* <-(e)s, -e *o* Wörter> palabra *f*
Wörterbuch *nt* diccionario *m*
wund *adj* escocido
Wunde *f* <-n> (*a. fig*) herida *f*
Wunder *nt* <-s, -> milagro *m*; **wie durch ein ~** como por arte de magia
wunderbar *adj* maravilloso
wundern *vt, vr*: **sich ~** sorprender(se) (**über** de)
Wunsch *m* <-(e)s, Wünsche> deseo *m* (**nach** de); **jdm einen ~ erfüllen** satisfacer a alguien un deseo
wünschen *vt* desear
Würfel *m* <-s, -> cubo *m*; (*Spielwürfel*) dado *m*
würgen I. *vt* estrangular II. *vi* (*Brechreiz haben*) tener náuseas; **an etw ~** intentar tragar algo
Wurm *m* <-(e)s, Würmer> gusano *m*
Wurst *f* <Würste> embutido *m*; (*Würstchen*) salchicha *f*
Wurzel *f* <-n> (*a. fig*) raíz *f*
würzen *vt* condimentar
würzig *adj* bien condimentado
Wüste *f* <-n> desierto *m*
Wut *f* rabia *f*; **in ~ geraten** enfurecerse
wütend *adj* furioso (**über** por, **auf** con/contra); **auf jdn ~ sein** tener rabia a alguien; **~ werden** enfurecerse (**auf** contra)

Xx

x-mal *adv* (*fam*) mil veces

Yy

Yacht *f* <-en> yate *m*

Zz

zäh *adj* (*Fleisch*) correoso; (*widerstandsfähig*) resistente
Zahl *f* <-en> número *m*
zählen *vi, vt* contar (**auf** con); **zu etw ~** figurar entre algo
zahllos *adj* innumerable
zahm *adj* manso
Zahn *m* <-(e)s, Zähne> diente *m*; **Zahnarzt, -ärztin** *m, f* dentista *mf*; **Zahnbürste** *f* cepillo *m* de dientes; **Zahnpasta** *f* <-pasten> pasta *f* dentífrica; **Zahnseide** *f* seda *f* dental; **Zahnstocher** *m* <-s, -> palillo *m*
Zange *f* <-n> tenaza(s) *f(pl)*
zanken *vi, vr*: **sich ~** pelearse
zart *adj* (*Fleisch*) tierno; (*Berührung*) suave
zärtlich I. *adj* cariñoso **II.** *adv* con cariño
Zärtlichkeit *f* cariño *m*
Zaun *m* <-(e)s, Zäune> cerca *f*
Zebrastreifen *m* paso *m* (de) cebra
Zecke *f* <-n> garrapata *f*
Zeh *m* <-s, -en> dedo *m* del pie
zehn *adj* diez
zehnte(r, s) *adj* décimo
Zeichen *nt* <-s, -> signo *m*; (*Signal*) señal *f*; (*mit der Hand*) seña *f*; (*Anzeichen*) indicio *m*
Zeichentrickfilm *m* (película *f* de) dibujos *mpl* animados
zeichnen *vi, vt* dibujar (**an**)
Zeichnung *f* <-en> dibujo *m*
zeigen I. *vt* mostrar; (*Film*) poner **II.** *vi* señalar (**auf** a) **III.** *vr*: **sich ~** mostrarse; **das wird sich ~** eso ya se verá
Zeit *f* <-en> tiempo *m*; (*Zeitpunkt*) momento *m*; (*Uhrzeit*) hora *f*; **zu jeder ~** a cualquier hora; **zu keiner ~** en ningún momento; **eine ~ lang** durante algún tiempo; (*eine Weile*) un rato; **das hat ~** eso no corre prisa; **von ~ zu ~** de vez en cuando; **in letzter ~** últimamente
Zeitpunkt *m* momento *m*; **Zeitraum** *m* período *m*; **Zeitschrift** *f* revista *f*
Zeitung *f* <-en> periódico *m*; (*Tageszeitung*) diario *m*
Zelt *nt* <-(e)s, -e> tienda *f* de campaña
zelten *vi* acampar
Zentimeter *m o nt* centímetro *m*
zentral *adj* central; **~ gelegen** céntrico
Zentrale *f* <-n> central *f*
Zentrum *nt* <-s, Zentren> centro *m*
zerbrechlich *adj* frágil
zerren I. *vi* tirar violentamente (**an** de); **das zerrt an meinen Nerven** esto me destroza los nervios **II.** *vt* arrastrar; **sich** *dat* **etw ~** distenderse algo
zerstreut *adj* distraído
Zettel *m* <-s, -> papel *m*; (*Notiz*) nota *f*
Zeug *nt* <-(e)s, *ohne pl*> (*fam*) cosas *fpl*; **red kein dummes ~!** (*fam*) ¡no digas tonterías!
Zeuge, Zeugin *m, f* <-n, -n; -nen> testigo *mf*
Ziege *f* <-n> cabra *f*
ziehen I. *vt* tirar (**an** de); (*zerren*) arrastrar; (*herausziehen*) sacar (**aus** de); (*Zahn*) extraer **II.** *vi* (*umziehen*) mudarse (**nach/in/auf** a); **sie ~ aufs Land** se van a vivir al campo **III.** *vunpers*: **es zieht!** ¡hay corriente!
Ziel *nt* <-(e)s, -e> (*Reiseziel*) destino *m*; (*Zweck*) fin *m*
ziemlich *adj o adv* bastante; **~ lange** bastante tiempo; **~ viel** bastante (cantidad); **so ~ alles** casi todo
zierlich *adj* grácil
Zigarette *f* <-n> cigarro *m*
Zigarre *f* <-n> puro *m*
Zimmer *nt* <-s, -> habitación *f*, pieza *f* AM
Zimt *m* <-(e)s, -e> canela *f*
zirka *adv* aproximadamente
Zirkus *m* <-, -se> circo *m*
Zitrone *f* <-n> limón *m*
Zitrusfrucht *f* cítrico *m*
zittern *vi* temblar (**vor** de)
Zivilisation *f* <-en> civilización *f*
zögern *vi* vacilar
Zoll *m* <-(e)s, Zölle> (*Abgabe*) derechos *mpl* de aduana; (*Behörde*) aduana *f*; **zollfrei** *adj* libre de derechos de aduana; **Zollkontrolle** *f* control *m* aduanero; **zollpflichtig** *adj* sujeto a derechos de aduana
Zone *f* <-n> zona *f*
Zoo *m* <-s, -s> zoo *m*
Zopf *m* <-(e)s, Zöpfe> trenza *f*
zornig *adj* colérico
zu I. *präp* (*Richtung*) a; **sie kommt ~ mir** viene a mi casa; **er setzte sich ~ den anderen** se

sentó con los demás **II.** *adv* ❶ (*allzu*) demasiado; ~ **sehr/viel** demasiado; ~ **schnell** demasiado rápido ❷ (*fam: geschlossen*) cerrado

züchten *vt* (*Tiere*) criar; (*Pflanzen*) cultivar

zucken *vi* trepidar

Zucker *m* <-s, -> azúcar *m*; **zuckerkrank** *adj* diabético

zu|decken *vt* tapar

zu|drehen *vt* (*Wasserhahn*) cerrar; (*zuwenden*) volver

zudringlich *adj* impertinente

zueinander *adv* el uno con el otro; **sie passen gut ~** hacen buena pareja

zuerst *adv* (*als Erstes, Erster*) primero; (*anfangs*) al principio

Zufall *m* casualidad *f*

zufällig I. *adj* casual **II.** *adv* por casualidad

zufrieden *adj* satisfecho; **jdn ~ lassen** dejar a alguien en paz

Zug[1] *m* <-(e)s, Züge> tren *m*; (*Charakterzug, Gesichtszug*) rasgo *m*; (*Luftzug*) corriente *f* (de aire)

Zug[2] *m* <-s> (GEO) Zug *m*

zu|geben *vt* (*einräumen*) admitir

zu|gehen *vi* dirigirse (**auf** a); (*fam: sich schließen lassen*) cerrar(se)

zugunsten *präp* a favor de

zu|hören *vi* escuchar

Zuhörer(in) *m(f)* oyente *mf*

zu|kommen *vi* (*sich nähern*) acercarse (**auf** a); (*Problem*) avecinarse

Zukunft *f* futuro *m*

zukünftig I. *adj* futuro **II.** *adv* en el futuro

zu|lassen *vt* (*gestatten*) permitir; (*fam: geschlossen lassen*) dejar cerrado; **ein Auto auf jdn ~** matricular un coche a nombre de alguien

zuletzt *adv* (*als Letztes*) por último; (*als Letzter*) el último

zumindest *adv* por lo menos; (*wenigstens*) como mínimo

zu|muten *vt*: **jdm etw ~** exigir algo a alguien

Zumutung *f* <-en> (*Unverschämtheit*) frescura *f*

Zündschlüssel *m* llave *f* de contacto

Zündung *f* <-en> (AUTO) encendido *m*

zu|nehmen *vi* aumentar (**an** de); (*dicker werden*) engordar

Zuneigung *f* afecto *m* (**für** por)

Zunge *f* <-n> lengua *f*

zurecht|finden *vr*: **sich ~** orientarse (**in** en)

zurecht|kommen *vi* (*mit Sachen*) apañarse *fam*; (*mit Personen*) entenderse

zurück *adv* de vuelta; (*nach hinten*) (hacia) atrás; **hin und ~** ida y vuelta

zurück|fahren *vi* volver; (*rückwärtsfahren*) dar marcha atrás

zurück|geben *vt* devolver

zurück|gehen *vi* volver; (*nachlassen*) disminuir; **etw ~ lassen** devolver algo

zurückhaltend *adj* (*reserviert*) reservado

zurück|kommen *vi* volver

zurück|nehmen *vt* (*Ware*) aceptar la devolución (de); (*Behauptung*) retirar

zurück|ziehen *vr*: **sich ~** retirarse

zurzeit[RR] *adv* actualmente

zusammen *adv* (*miteinander*) juntos; (*gleichzeitig*) al mismo tiempo; (*insgesamt*) en total; ~ **mit** (junto) con; ~ **sein** estar juntos

zusammen|arbeiten *vi* cooperar

zusammen|brechen *vi* (*Mensch*) sufrir un colapso; (*Verkehr*) colapsarse

zusammen|halten *vi* ser solidario

Zusammenhang *m* relación *f*

zusammen|stoßen *vi* chocar

zusammen|zählen *vt* sumar

zusammen|ziehen *vi*: **mit jdm ~** ir a vivir con alguien

zusätzlich I. *adj* adicional **II.** *adv* más

Zuschauer(in) *m(f)* <-s, -; -nen> espectador(a) *m(f)*; (*Fernsehzuschauer*) telespectador(a) *m(f)*

Zuschuss[RR] *m* subsidio *m*

Zustand *m* estado *m*; (*Lage*) situación *f*

zuständig *adj* competente (**für** para); (*verantwortlich*) responsable (**für** de)

zu|stimmen *vi* estar de acuerdo (con)

zu|trauen *vt*: **jdm etw ~** creer a alguien capaz de algo

zu|treffen *vi* ser correcto; (*passen*) ser aplicable (**auf** a)

Zutritt *m* (*Zugang*) acceso *m* (**zu** a); (*Eingang*) entrada *f* (**zu** a)

zuverlässig *adj* (*Person*) de confianza; (*Mittel*) eficaz

zuversichtlich *adj* optimista

zuwider *adv*: ~ **sein** repugnar

zuzüglich *präp* más

Zwang *m* <-(e)s, Zwänge> (*Druck*) presión *f*

zwangsläufig *adj* (*unvermeidbar*) inevitable

zwanzig *adj* veinte
Zweck *m* <-(e)s, -e> fin *m;* (*Sinn*) sentido *m;* **zwecklos** *adj* inútil; **es ist ~** no tiene sentido
zwei *adj* dos
zweideutig *adj* ambiguo; (*anstößig*) picante
Zweifel *m* <-s, -> duda *f;* **etw in ~ ziehen** poner algo en duda; **daran besteht kein ~** no cabe la menor duda
zweifelhaft *adj* dudoso; (*verdächtig*) sospechoso
zweifellos *adv* sin duda
zweifeln *vi* dudar (**an** de)
Zweig *m* <-(e)s, -e> rama *f*
zweihundert *adj* doscientos; **zweisprachig** *adj* bilingüe
zweite(r, s) *adj* segundo
Zwerg(in) *m(f)* <-(e)s, -e; -nen> enano, -a *m, f*
Zwieback *m* <-(e)s, -bäcke *o* -e> pan *m* a la brasa
Zwiebel *f* <-n> cebolla *f*
Zwilling *m* <-s, -e> ❶ (*Mensch*) gemelo, -a *m, f* ❷ *pl* (ASTR) Géminis *m*
zwingen *vt, vr:* **sich ~** obligar(se) (**zu** a)
zwischen *präp* entre; **zwischendurch** *adv* (*immer wieder*) entremedias; (*in der Zwischenzeit*) entretanto; (*räumlich*) en medio; **Zwischenlandung** *f* escala *f;* **Zwischenzeit** *f:* **in der ~** entretanto
zwölf *adj* doce
Zylinder *m* <-s, -> cilindro *m*
zynisch *adj* cínico

Das Wichtigste für Unterwegs

Seite

Lo más importante para el viaje

Página

Reisen

Viajar

Zoll und Passkontrolle

Aduana y control de pasaportes

Ich habe nichts zu verzollen.	No tengo nada que declarar.
Muss ich das verzollen?	¿Tengo que declarar esto?
Das ist (nicht) meines.	Esto (no) es mío.
Ich habe (k)ein Visum.	(No) tengo visado.
Kann ich hier ein Visum bekommen?	¿Pueden darme aquí un visado?
Staatsangehörigkeit	la nacionalidad
Wohnort	el lugar de residencia
EU-Bürger	el ciudadano comunitario
EU-Bürgerin	la ciudadana comunitaria
Grenze	la frontera
gültig	válido
Personalausweis	el carnet de identidad
Reisepass	el pasaporte
ungültig	no válido
Zoll	la aduana
Zollgebühren	las tasas de aduana

Flughafen

Aeropuerto

Wo ist …	¿Dónde está…
der Schalter der Fluggesellschaft …?	el mostrador de la compañía…?
Flugsteig/Gate …?	la puerta de embarque/puerta…?
Halle/Terminal …?	la terminal…?
der Check-in-Automat?	la máquina para hacer la facturación automática?
Ich möchte meinen Flug …	Quisiera…
stornieren.	anular un vuelo.
umbuchen.	cambiar un vuelo.
Hier ist …	Aquí tiene…
mein Flugschein/Ticket.	mi billete de avión.
meine Bestätigungsnummer.	mi número de confirmación.
Wann fliegt die nächste Maschine nach …?	¿Cuándo sale el próximo avión hacia…?
Sind noch Plätze frei?	¿Quedan plazas aún?

Wann muss ich einchecken?	¿Cuándo tengo que facturar?
Kann ich …	¿Puedo…
das einchecken?	facturar esto?
das als Handgepäck mitnehmen?	llevar esto de equipaje de mano?
Wann …	¿Cuándo…
fliegt das Flugzeug ab?	sale el avión?
ist die Einsteigezeit?	es la hora de embarque?
kommt der Flug an?	aterrizará el avión?
Wo ist die Gepäckausgabe?	¿Dónde se recogen las maletas?
Wo sind …	¿Dónde están…
die Toiletten?	los servicios?
die Gepäckwagen?	los carros portaequipajes?
Mein Gepäck ist …	Mis maletas…
beschädigt worden.	han sufrido desperfectos.
verloren gegangen.	se han perdido.
An wen kann ich mich wenden?	¿A quién puedo dirigirme?
Wie komme ich …	¿Cómo puedo llegar…
zur Bushaltestelle?	a la parada de autobuses?
zur U-Bahn-Station?	a la estación de metro?
zum Bahnhof?	a la estación de trenes?
zum Taxistand?	a la parada de taxis?
Abflug	salidas
Ankunft	llegadas
Bordkarte	la tarjeta de embarque
einchecken	facturar
Flughafen	el aeropuerto
Flugsteig/Gate	la puerta
Flugzeug	el avión
Handgepäck	el equipaje de mano
Koffer	la maleta
Schalter	el mostrador
Sicherheitskontrolle	el control de seguridad
Terminal/Halle	la terminal
Ticket/Flugschein	el billete de avión
Übergepäck	el exceso de equipaje
Verspätung	el retraso

Öffentliche Verkehrsmittel / Transporte público

Bahn / Tren

Eine einfache Fahrt nach ..., bitte.	Un billete sencillo para..., por favor.
Einmal ... hin und zurück, bitte.	Un billete de ida y vuelta a..., por favor.
Mit Platzreservierung, bitte.	Con reserva de asiento, por favor.
Gibt es eine Ermäßigung für ...	¿Hay descuento para...
Kinder?	niños?
Studenten?	estudiantes?
Senioren?	personas mayores?
Gibt es einen Spartarif?	¿Hay alguna tarifa económica?
Wann fährt der (nächste) Zug ab?	¿Cuándo sale el (próximo) tren?
(Wo) muss ich umsteigen?	¿(Dónde) tengo que hacer transbordo?
Von welchem Gleis fährt der Zug nach ...?	¿Desde qué vía sale el tren para...?
Ist dieser Platz noch frei?	¿Está libre este asiento?
Das ist mein Platz.	Este asiento es mío.
Hält dieser Zug in ...?	¿Para este tren en...?
Ausdruck	el ejemplar impreso
Bahnhof	la estación
Fahrkarte	el billete de tren
Fahrplan	el horario de trenes
Internetbuchung	la reserva por Internet
Schließfächer	las taquillas
Wagen	el vagón
Zuschlag	el suplemento

Schiff / Barco

Wann fährt das nächste Schiff nach ..., bitte?	¿Cuándo sale el próximo barco para..., por favor?
Wie lange dauert die Überfahrt?	¿Cuánto dura el viaje?
Wann legen wir in ... an?	¿A qué hora llega el barco a puerto?
Zwei Karten nach ..., bitte.	Dos billetes para..., por favor.
Autofähre	el transbordador de coches
Hafen	el puerto

Bus | Autobús

Welche Linie fährt …	¿Qué línea va…
nach …?	a…?
zur Stadtmitte?	al centro de la ciudad?
zum Bahnhof?	a la estación?
Wann fährt der nächste Bus nach …?	¿Cuándo sale el próximo autobús para…?
Wo bekomme ich eine Fahrkarte?	¿Dónde venden billetes?
Wo muss ich aussteigen?	¿Dónde debo bajar?
Wie viele Haltestellen sind es?	¿Cuántas paradas son?
Fährt dieser Bus nach …?	¿Va a… este autobús?
Gibt es …	¿Hay…
Tageskarten?	abonos de día?
Wochenkarten?	abonos semanales?
Touristentickets?	abonos para turistas?

Taxi | Taxi

Ich möchte ein Taxi bestellen für …	Quisiera pedir un taxi para…
morgen.	mañana.
… Uhr.	las…
Wie viel kostet es nach …?	¿Cuánto vale hasta…?
Nach …, bitte!	A…, por favor.
Zum … Hotel, bitte!	Al hotel…, por favor.
In die Innenstadt, bitte!	Al centro de la ciudad, por favor.
Schalten Sie bitte den Taxameter ein.	Conecte el taxímetro, por favor.
Könnten Sie bitte hier …	¿Podría…
halten?	parar aquí, por favor?
warten?	esperar aquí, por favor?

Unterwegs mit dem Auto | Viajar en coche

Vermietung | Alquiler

Ich möchte ein Auto mieten …	Quisiera alquilar un coche…
mit …	con…
Automatik	cambio automático

Klimaanlage	aire acondicionado
Navigationsgerät	navegador
für …	por…
… Tage.	… días.
… Wochen.	… semanas.
Wieviel kostet es pro …	¿Cuánto vale por…
Tag?	día?
Woche?	semana?
Ist das mit unbegrenzter Kilometerzahl?	¿Es con kilometraje ilimitado?
Ist das Fahrzeug …	¿Tiene el vehículo…
vollkaskoversichert?	seguro a todo riesgo?
teilkaskoversichert?	seguro a terceros?
Ist es möglich, das Fahrzeug in … abzugeben?	¿Es posible entregar el vehículo en…?
Führerschein	el carnet de conducir

Wegbeschreibung — Descriptión de un camino

Entschuldigen Sie bitte, …	Perdone, por favor,…
wie komme ich nach …?	¿cómo puedo ir hasta…?
wo ist …?	¿dónde está…?
ist das die Straße nach …?	¿es esta la calle que va a…?
Wie weit ist es?	¿Cómo está de lejos?
Bitte zeigen Sie es mir auf der Karte.	Me lo puede enseñar en el plano.
Ampel	el semáforo
Autobahngebühren	el peaje de autopista
Citymaut	el peaje urbano
Ecke	la esquina
gegenüber	enfrente de
geradeaus	todo recto
hinter	detrás de
in der Nähe von	cerca de
Kreisverkehr	la rotonda
Kreuzung	el cruce
Kurve	la curva
links	a la izquierda
nah	cerca

neben	junto a
Raststätte	área de descanso
rechts	a la derecha
Straße	la calle
vor	antes de
weit	lejos
zwischen	entre

Tankstelle — Gasolinera

Wo ist die nächste Tankstelle?	¿Dónde está la próxima gasolinera?
Ich möchte … Liter …, bitte.	Quisiera… litros de…, por favor.
Benzin bleifrei	gasolina sin plomo
Super bleifrei	gasolina super
Super verbleit	gasolina super con plomo
Diesel	gasoil
Öl	aceite

Panne — Avería

Ich habe …	Tengo…
eine Panne.	una avería.
kein Benzin mehr.	el depósito sin gasolina.
eine Reifenpanne.	un pinchazo.
Die Batterie ist leer.	La batería está vacía.
Könnten Sie mir …	¿Puede
mit Benzin aushelfen?	darme un poco de gasolina?
Starthilfe geben?	ayudarme a arrancar el coche?
beim Reifenwechsel helfen?	ayudarme a cambiar la rueda?
Können Sie ihn abschleppen?	¿Podría remolcarlo?
Was wird das kosten?	¿Cuánto costará?
Auspuff	el tubo de escape
Blinklicht	el intermitente
Bremse	el freno
Bremsflüssigkeit	el líquido de frenos
Gang	la marcha

Gaspedal	el pedal del gas
Getriebe	la caja de cambios
Handbremse	el freno de mano
Kühler	el radiador
Kühlwasser	el refrigerante
Kupplung	el embrague
Luft	el aire
Motor	el motor
Nebelscheinwerfer	los faros antiniebla
Öl	el aceite
Ölwechsel	el cambio de aceite
Rad	la rueda
Reifen	el neumático
Rücklicht	la luz trasera
Scheibenwischer	el limpiaparabrisas
Scheinwerfer	el faro
Tank	el depósito
Wasser	el agua
Windschutzscheibe	el parabrisas
Zündkerze	la bujía
Zündung	el encendido

Unfall	Accidente
Es ist ein Unfall passiert!	¡Ha habido un accidente!
Rufen Sie bitte schnell …	¡Llame rápidamente a…
einen Krankenwagen!	una ambulancia!
die Polizei!	la policía!
Es ist nicht meine Schuld.	No ha sido culpa mía.
Bitte geben Sie mir Ihren Namen und Ihre Adresse.	Déme su nombre y dirección.
Bei welcher Versicherung sind Sie?	¿Cuál es su aseguradora?

Aktiv werden / En actividad

Touristeninformation / Información turística

Ich hätte gern ..., bitte.	Quisiera..., por favor.
einen Stadtplan	un plano de la ciudad
ein Hotelverzeichnis	una guía de hoteles
einen Veranstaltungskalender	un calendario de actos
ein Verzeichnis der Museen und Galerien	una guía de museos y galerías
Ich möchte ... sehen.	Me gustaría ver...
Wo ist ...?	¿Dónde está...?
Wie kommen wir dorthin?	¿Cómo podemos llegar allí?
Wann ist ... geöffnet?	¿Cuándo abren...
das Museum	el museo?
die Ausstellung	la exposición?
die Kirche	la iglesia?
Gibt es eine Führung (auf Deutsch)?	¿Hay guías (en alemán)?
Was kostet der Eintritt?	¿Cuánto cuesta la entrada?
Gibt es Ermäßigungen für ...	¿Hay descuentos para...
Kinder?	niños?
Studenten?	estudiantes?
Senioren?	personas mayores?

Ausflüge / Excursiones

Gibt es Ausflüge nach ...?	¿Hay excursiones a...?
Wie lange dauert der Ausflug?	¿Cuánto dura la excursión?
Wann fahren wir los?	¿A qué hora se sale?
Wo treffen wir uns?	¿Dónde nos encontramos?
Wann kommen wir zurück?	¿A qué hora se vuelve?

Strand und baden / Playa y baño

Gibt es hier ein ...	¿Hay... aquí?
Schwimmbad?	piscina
Freibad?	piscina al aire libre
Wo ist der Strand?	¿Dónde está la playa?

Ist die Strömung stark?	¿Hay mucha corriente?
Ich möchte … mieten, bitte.	Quisiera alquilar…, por favor.
eine Liege	una tumbona
einen Sonnenschirm	un parasol
Was kostet es pro …	¿Cuánto vale por…
Stunde?	hora?
Tag?	día?

Unterhaltung und Nachtleben / Diversión y vida noctura

Was ist … los?	¿Qué hay…
dieses Wochenende	este fin de semana?
heute Abend	esta noche?
Gibt es hier …	¿Hay… aquí?
Livemusik?	música en directo
ein Kino?	cine
ein Theater?	teatro
Kneipen?	bares
eine Disco?	discoteca
eine Schwulen-/Lesbenszene?	locales para homosexuales y lesbianas
Wer spielt/singt?	¿Quién toca/canta?
Wann beginnt die Vorstellung?	¿A qué hora empieza la actuación?
Wo bekommt man Karten?	¿Dónde se compran las entradas?

Sich verabreden / Despedirse

Hast du/Haben Sie heute Abend schon was vor?	¿Tienes plan/tiene plan para esta noche?
Magst du/Mögen Sie …?	¿Tienes ganas/tiene ganas de…?
Das gefällt mir (nicht).	(No) me gusta.
Wollen wir zusammen hingehen?	¿Vamos juntos?
Wann/Wo treffen wir uns?	¿A qué hora nos encontramos?
Treffen wir uns um acht Uhr …	Quedamos a las ocho…
vor/im …	frente a/en…
am Eingang.	en la entrada.
Ich hole dich/Sie ab.	Te pasaré a buscar/Le/La *(m/f)* pasaré a buscar.

Essen gehen

Salir a cenar

Wo gibt es hier …	¿Dónde hay por aquí…
ein Restaurant?	un restaurante?
ein Café?	un café?
eine Kneipe?	un bar?
einen Schnellimbiss?	un tenderete para comer algo?
Ist es …	¿Es
billig/teuer?	barato/caro?
landestypisch?	típico de aquí?
Ich möchte einen Tisch für … Personen reservieren für heute Abend.	Quisiera reservar una mesa para esta noche para… personas.
Ich hätte gern einen Tisch für … Personen, bitte.	Una mesa para… personas, por favor.
Haben Sie eine (Nicht-)Raucherzone?	¿Tienen zona de (no) fumadores?
Frühstück	el desayuno
Mittagessen	el almuerzo
Abendessen	la cena
Imbiss	el tentempié
Zwischenmahlzeit am Nachmittag	la merienda
Ich hätte gern …	¿Puede traerme…
die Speisekarte.	la carta?
die Weinkarte.	la carta de vinos?
Gibt es auch …	¿Hay también…
ein Tagesgericht?	menú del día?
vegetarische Gerichte?	platos vegetarianos?
Ich nehme …	Tomaré…
ein Glas …	un vaso de…
eine Flasche …	una botella de…
Könnten wir noch etwas … bekommen?	¿Nos podría traer más…
Brot	pan?
Wasser	agua?
Wein	vino?
Besteck	los cubiertos
Gabel	el tenedor
Gedeck	el cubierto
Glas	el vaso

Kellner/Kellnerin	el camarero/la camarera
Löffel	la cuchara
Messer	el cuchillo
Serviette	la servilleta
Tasse	la taza
Teller	el plato
Trinkgeld	la propina
Ich esse kein …	No como…
Ich bin …	Soy…
Diabetiker/Diabetikerin.	diabético/diabética.
Vegetarier/Vegetarierin.	vegetariano/vegetariana.
Veganer/Veganerin.	vegano/vegana.
Ich bin allergisch gegen …	Soy alérgico…
Eier.	a los huevos.
Milchprodukte.	a los productos lácteos.
Natriumglutamat.	al glutamato monosódico.
Nüsse.	a las nueces.
Bezahlen, bitte.	La cuenta, por favor.
Die Rechnung stimmt nicht.	La cuenta no está bien.
Das ist für Sie.	Esto es para usted.
Es stimmt so.	Ya está bien así.

Die Speisekarte — La carta

Entrantes	Vorspeisen
Sopas	Suppen
Pescados y mariscos	Fisch und Meeresfrüchte
Carnes	Fleisch und Geflügel
Ensalada y verduras	Salat und Gemüse
Postres, queso y fruta	Desserts, Käse und Obst
arroz con leche	Milchreis
bistec	Beefsteak
canalones	Cannelloni
cereales	Getreideflocken
cocido	Eintopf mit Fleisch, Kichererbsen, Gemüse, Kartoffeln, usw.

conejo al ajillo	Kaninchen mit Knoblauch
consomé	Kraftbrühe
copa de helado	Eisbecher
cordero asado	gebratenes Lamm
croissant	Hörnchen
empanada gallega	gefüllte Teigtasche
ensaimada	typisches Gebäck aus Mallorca
ensalada	Salat
ensalada mixta	gemischter Salat
escalope de ternera	Kalbsschnitzel
fabada	Bohneneintopf
filete a la plancha	gebratenes Lendenstück
fruta	Obst
gazpacho	kalte Suppe aus pürierten, rohen Tomaten, Paprika, Gurken, Zwiebeln, mit Öl und Essig gewürzt
marisco	Meeresfrüchte
menestra de verduras	Gemüseeintopf
paella	Paella (Reisgericht mit verschiedenen Fleisch- und Fischsorten)
parrillada (de carne/de pescado)	Grillplatte (mit Fleisch/mit Fisch)
patatas con huevos	Pommes frites mit Spiegeleier
pollo con guarnición	Hähnchen mit Beilagen
profiteroles	Windbeutelchen mit Schokolade
queso	Käse
sorbete	Sorbet
tapa	Appetithappen
tarta	Torte
tortilla de patatas	Omelett mit Kartoffeln
tostada	Toast
turrón	typisches spanisches Weihnachtsgebäck
Bebidas	Getränke
agua mineral (con gas/sin gas)	Mineralwasser (mit/ohne Kohlensäure)
café con leche	Milchkaffee
café solo	Espresso
cerveza (de barril)	Bier (vom Fass)
chupito	Schnaps

copa	Likör
cortado	Espresso mit einem Schuss Milch
limonada	Limonade
té	Tee
vino (rosado/tinto/blanco)	Wein (rosé/rot/weiß)
zumo	Saft

Fisch und Meeresfrüchte / Pescado y marisco

Aal	anguila
Austern	las ostras
Barsch	perca
Forelle	trucha
Garnelen	las gambas/las camarones
Goldbrasse/Dorade	dorada
Hering	el arengue
Hummer	bogavante
Kabeljau	bacalao
Karpfen	carpa
Krabben	las gambas
Languste	langosta
Lachs	salmòn
Makrele	caballa
Meerbarbe	salmonete
Miesmuscheln	los mejillones
Riesengarnelen	Langostinos
Scholle	platija
Schwerfisch	el pez espada
Seebarsch/Wolfsbarsch	lubina
Seehecht	merluza
Seeteufel	el rape
Seezunge	lenguado
Thunfisch	bonito, el atùn
Tintenfisch	los calamares
Venusmuscheln	las almejas

Für weitere Lebensmittel siehe auch **Auf dem Markt**.

Shopping / De compras

Shopping	De compras
Wo ist …, bitte?	¿Dónde está…, por favor?
die Apotheke	la farmacia
die Bäckerei	la panadería
das Lebensmittelgeschäft	la tienda de comestibles
der Markt	el mercado
der Souvenirladen	la tienda de souvenirs
der Supermarkt	el supermercado
der Tabakladen	el estanco
der Zeitungshändler	el quiosco
Haben Sie …?	¿Tienen…?
Ich möchte dieses Hemd in Größe …, bitte.	Quisiera esta camisa en la talla…, por favor.
klein	pequeño/a (m / f)
mittelgroß	mediano/a (m / f)
groß	grande
Kann ich es anprobieren?	¿Puedo probármelo?
Es passt./Es passt nicht.	Me va bien./No me va bien.
Ich nehme es.	Me lo/la (m / f) quedo.
Danke, ich sehe mich nur um.	Gracias, sólo quería mirar.
Verschicken Sie es ins Ausland?	¿Lo envían al extranjero?
Kann ich bitte eine Tüte haben?	¿Me podría dar una bolsa?
Ich möchte bitte …	Quisiera…
dies umtauschen.	cambiar esto.
mein Geld zurück.	que me devolvieran el dinero.
Es ist beschädigt.	Está defectuoso/a (m / f).
Es ist kaputt.	Está roto/a (m / f).
Ich suche etwas von …	Busco algo de…
Ist das eine Raubkopie?	¿Es una copia pirata?
Wie viel kostet das?	¿Cuánto cuesta esto?
Können Sie mir bitte den Preis aufschreiben?	¿Puede anotarme el precio, por favor?
Haben Sie etwas Billigeres?	¿Tiene algo más barato?
Nehmen Sie …	¿Aceptan…
Euro?	euros?
Kreditkarten?	tarjetas?

Geben Sie mir bitte …	Déme…, por favor.
mein Wechselgeld.	el cambio
eine Quittung.	un recibo
Adapter	el adaptador
Ansichtskarte	la postal
Armbanduhr	el reloj de pulsera
Badeanzug	el traje de baño
Badehose	el bañador
Batterie	la batería
Buch	el libro
Duschgel	el gel de baño
Einwegkamera	la cámara de un solo uso
Einwegrasierer	la cuchilla de afeitar de un solo uso
Feuerzeug	el encendedor
Film	la película
Gold	el oro
Gürtel	el cinturón
handgemacht	hecho a mano
Hemd	la camisa
Hose	el pantalón
Hut	el sombrero
Insektenschutzmittel	el protector contra picaduras de mosquitos
Kleid	el vestido
Kontaktlinsen	las lentillas
Landkarte	el mapa
Pflaster	la tirita
Präservativ	el preservativo
Rasierschaum	la espuma de afeitar
Rock	la falda
Sandalen	las sandalias
Schirm	el paraguas
Schmuck	las joyas
Schuhe	los zapatos
Shampoo	el champú
Seife	el jabón
Slipeinlagen	el salvaslip

Sonnenbrille	las gafas de sol
Sonnencreme	la crema de protección solar
Souvenir	el souvenir
Stadtplan	el plano de la ciudad
Strandmatte	la estera de playa
Streichhölzer	las cerillas
Tampons	los tampones
Tasche	el bolsillo
Taschenlampe	la linterna
Taschentücher	los pañuelos
Toilettenpapier	el papel higiénico
Unterwäsche	la ropa interior
Vorhängeschloss	el candado
Waschmittel	el detergente
Zahnbürste	el cepillo de dientes
Zahnpasta	la pasta dentífrica
Zeitung	el periódico
Zigaretten	los cigarrillos

Auf dem Markt / En el mercado

Geben Sie mir bitte …	Póngame…, por favor
100 g …	100 g. de…
ein Kilo …	un kilo de…
ein Pfund …	una libra de…
zehn Scheiben …	diez lonchas de…
ein Stück von …	un trozo de…
Das ist zu viel./Das ist zu wenig.	Es demasiado./Es demasiado poco.
Was ist das?	¿Qué es esto?
Kann ich es probieren?	¿Puedo probarlo?
Äpfel	las manzanas
Aprikosen	los albaricoques
aus der Region	de la región
Bananen	los plátanos
Bio-	bio-
Bier	la cerveza

Essig	el vinagre
Fisch	el pescado
Fleisch	la carne
Gemüse	la verdura
Gurke	el pepino
Hähnchen	el pollo
Karotten	las zanahorias
Kartoffeln	las patatas
Käse	el queso
Kirschen	las cerezas
Knoblauch	el ajo
Konfitüre	la confitura
Kräuter	las hierbas
Lammfleisch	la carne de cordero
Melone	el melón
Nüsse	las nueces
Obst	la fruta
Öl	el aceite
Oliven (grüne/schwarze)	las aceitunas (verdes/negras)
Olivenöl	el aceite de oliva
Orangen	las naranjas
Paprikaschoten	los pimientos
Pfirsiche	los melocotones
Rindfleisch	la carne de vacuno
Salami	el salchichón
Salat	la lechuga
Schweinefleisch	la carne de cerdo
Schinken	el jamón
Tomaten	los tomates
Wein (rosé/rot/weiß)	el vino (rosado/tinto/blanco)
Wurst	los embutidos
Zitronen	los limones
Zwiebeln	las cebollas

Zahlen und Zeitangaben

Números y horario

Zahlen

Números

0	cero	23	veintitrés
1	uno	24	veinticuatro
2	dos	25	veinticinco
3	tres	26	veintiséis
4	cuatro	27	veintisiete
5	cinco	28	veintiocho
6	seis	29	veintinueve
7	siete	30	treinta
8	ocho	40	cuarenta
9	nueve	50	cincuenta
10	diez	60	sesenta
11	once	70	setenta
12	doce	80	ochenta
13	trece	90	noventa
14	catorce	100	cien
15	quince	101	ciento uno
16	dieciséis	200	doscientos
17	diecisiete	300	trescientos
18	dieciocho	1 000	mil
19	diecinueve	2 000	dos mil
20	veinte	10 000	diez mil
21	veintiuno	100 000	cien mil
22	veintidós	1 000 000	un millón

Zeitangaben

La hora

gestern	ayer
heute	hoy
jetzt	ahora
morgen	mañana
nächste Woche	la próxima semana
sofort	en seguida
später	más tarde

Uhrzeit	La hora
9:00	las nueve de la mañana
10:05	las diez y cinco
11:15	las once y cuarto
12:00	las doce del mediodía
14:30	las dos y media
15:45	las cuatro menos cuarto
17:55	las seis menos cinco
19:00	las siete de la tarde
24:00	las doce de la noche

Wochentage	Días de la semana
Montag	lunes
Dienstag	martes
Mittwoch	miércoles
Donnerstag	jueves
Freitag	viernes
Samstag	sábado
Sonntag	domingo

Monate	Meses
Januar	enero
Februar	febrero
März	marzo
April	abril
Mai	mayo
Juni	junio
Juli	julio
August	agosto
September	septiembre
Oktober	octubre
November	noviembre
Dezember	diciembre

Notizen

Notizen

Notizen

Notizen

Notizen

Notizen

Notizen